清和天皇に諫言《かんげん》する藤原良房（『伴大納言絵巻《ばんだいなごんえまき》』）

貞観8年（866）閏3月10日，応天門が炎上した．大納言伴善男《とものよしお》は，犯人は左大臣源信《みなもとのまこと》だとして，右大臣藤原良相《よしみ》に進言して源信の邸を囲ませたが，太政大臣良房は清和天皇に源信の無実を訴え，囲みを解かせた．

2　平等院鳳凰堂《びょうどういんほうおうどう》の阿弥陀如来《あみだにょらい》像

市聖《いちのひじり》空也《くうや》の活動と，源信《げんしん》の『往生要集』執筆を画期に，浄土教が隆盛を迎え，上層貴族も競って寺院を建立し，浄土を模した装飾で飾った．藤原頼通は宇治に平等院を建て，鳳凰堂に阿弥陀如来を中心とする浄土世界を現出した．

3　阿弥陀聖衆《しょうじゅ》来迎《らいごう》図《ず》

阿弥陀が菩薩を従え来迎するさまを描く．末法到来を迎えて，貴族たちは浄土への往生を願い，信仰に精進した．

4　藤原道長が埋納した経筒

道長は，寛弘4年（1007）吉野の金峯山《きんぷせん》に参詣し，法華経など15巻の経を納めた豪華な経筒を埋納した．高さ36.4 cm.

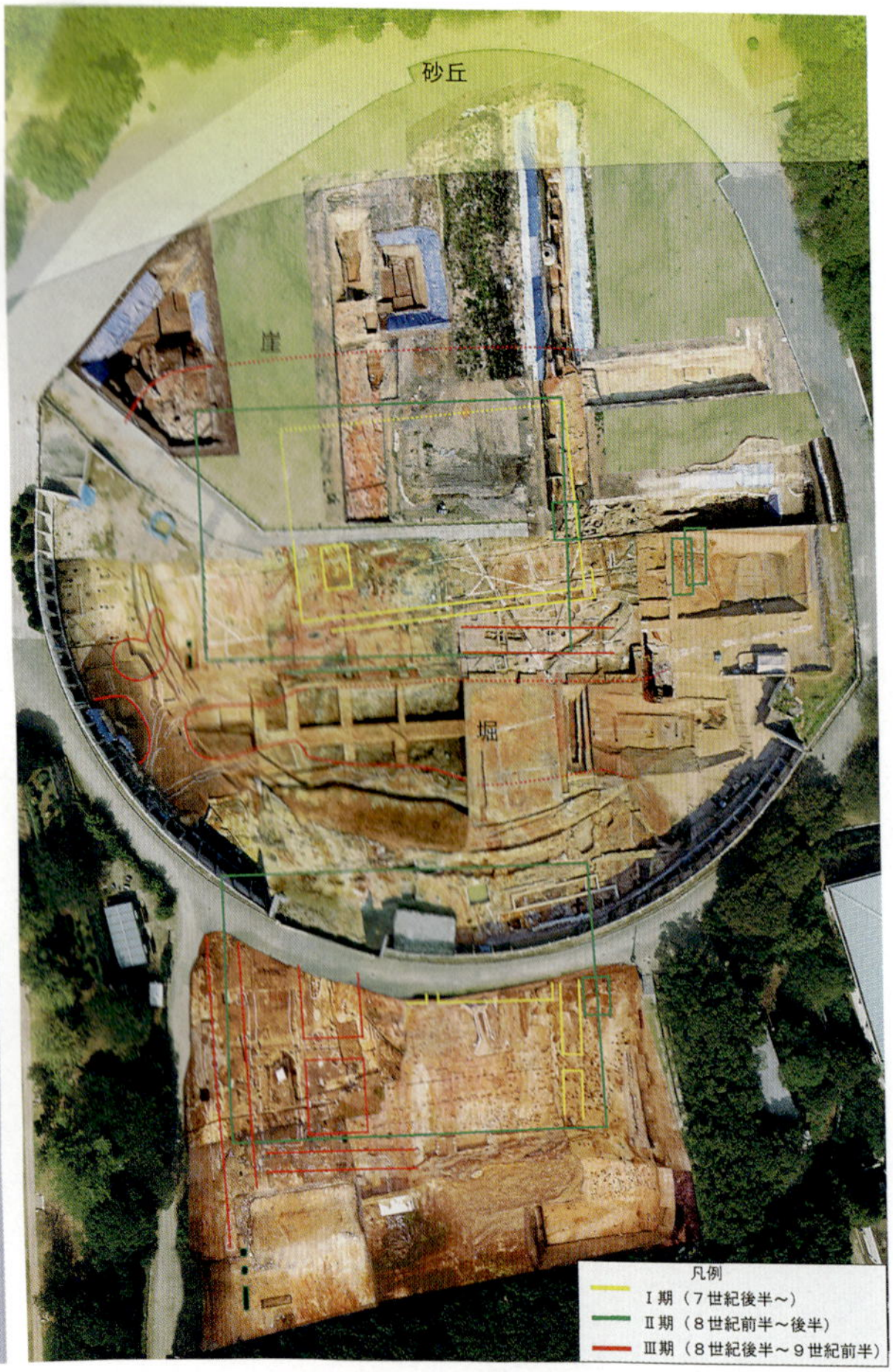

5　大宰府鴻臚館遺跡と出土砂金

鴻臚館《こうろかん》は外交使節の接待施設として平安京・難波《なにわ》・筑紫《ちくし》に設置された．前2者は衰退したが，筑紫の鴻臚館は，正式の国交がとだえた後も，外国商人の応接機関，貿易市場として繁栄した．発掘された遺構は7～11世紀にわたり，中国・朝鮮・イスラムの陶磁器やガラス器，木簡など様々な遺物が出土している．

砂金は貿易の決済に使ったものと推定される．長さ16.08 mm，重さ2.75 g.

日本古代の歴史 5

坂上康俊

摂関政治と地方社会

吉川弘文館

企画編集委員
佐藤　信
佐々木恵介

目　次

図版目次

〔口絵〕

〔挿図〕

摂関政治の時代―プロローグ

本書の取り扱う期間

本書で主に取り扱う九世紀後半から一一世紀半ばまでは、一般に摂関政治の時代と呼ばれている。摂関政治とは、摂政《せっしょう》あるいは関白《かんぱく》が主導する政治をいい、摂関とは摂政と関白とをまとめて表現したものである。あとで詳しく説明するが、簡単にいえば摂政とは天皇の代理として、関白とは天皇の補佐として政治を主導する地位であり、両者が同時に置かれることはない。

摂政は、古くは六世紀末〜七世紀初頭の推古天皇の時に、聖徳太子（厩戸皇子《うまやどのおうじ》）がこれに任じられたと伝えられ（『日本書紀』では、推古元年〈五八九〉四月一日〜三〇年二月二二日）、また、一番新しい摂政の例としては、大正天皇が発病して政務が執れなくなったために、皇太子裕仁《ひろひと》（のちの昭和天皇）が、「摂政宮《せっしょうのみや》」になった例がある（大正一〇年〈一九二一〉一一月一五日〜一五年一二月二五日。同日に大正天皇死去）。一方関白の方は、九世紀末の藤原基経《もとつね》がこれにはじめて任じられ、一番新しい例としては、江戸時代の末期の孝明《こうめい》天皇の代に、二条斉敬《なりゆき》がこれに任じられている（文久三年〈一八六三〉一二月二三日〜慶応二年一二月二五日。同日に孝明天皇死去、斉敬は翌年正月九日、明治天皇の践祚《せんそ》とともに摂政となる）。

しかし、一般に摂関政治の時代といえば、皇族以外ではじめて藤原良房《よしふさ》（藤原基経の叔父。八〇四〜七二）が摂政に任じられ、さらに基経が新しく置かれた関白に任じられて以降を指し、特に天皇が成人していない時は摂政が、元服して以後は関白が置かれるという通例の、その初例を作った藤原忠平《ただひら》（基経の子。八八〇〜九四九）の時から、久しぶりに藤原氏出身の母を持たない後三条天皇（在位一〇六八〜七二）、及びその子で譲位ののち院政を始めた白河上皇よりも前の時代を指す。なぜなら、この期間には、文字通り摂関が、摂関として政治を主導したからである。ただし、よく摂関政治の時代の代表的政治家とされる藤原道長《みちなが》は、その子頼通《よりみち》に政権を譲る直前に摂政になっただけで、その政治的生涯のほとんどを摂関ではなしに過ごした。この事情については、後に述べよう。

政所政治論

ところで、この「摂関政治」という言葉には、どのようなイメージが込められていたであろうか、これについて説明しておきたい。明治時代に近代歴史学が誕生してから第二次世界大戦後しばらくまでは、摂関政治といえば摂関家が日本の政治をすることと理解されていた。もう少し具体的には、摂関の指揮のもとで、摂関家の家政機関である政所《まんどころ》が国政を担うというイメージで捉えられていたのである。当時の貴族たちが記した日記は、世界記憶遺産に登録された藤原道長自筆の『御堂関白記《みどうかんぱくき》』を初めとして、写本も含めれば、一〇〜一一世紀頃のものとしては世界に類を見ないほど大量に伝存しているが、それを見ても貴族たちは儀式にばかり熱心のように見えるし、主として女性たちによって著された文学作品群を見ても、そこには権力争いの片鱗が顔をのぞかせてはいるが、やはり恋愛や宮中での生活に重点が置かれたものであることは間違いない。そこで、こういった文献には見えないところで、具体的には摂政・関白の家政機関である政所において、摂関の指揮のもとで政治的判断が下され、それが全国に指令されたのだという想像が、もっともらしいものとして受け容れられていたのであった。これを「政所政治論」といい、政治の私物化をよく表している事態と理解されていたのである（黒板勝美一九〇八、吉村茂樹一九三四）。

政所政治論の否定

しかし、第二次世界大戦後、この「政所政治論」には根拠がないことが明らかにされた。摂関政治の時代には、摂政や関白という地位は置かれたが、彼らの政治判断のための下ごしらえをしたり、摂関が行政のトップとして指揮する対象は、太政官《だいじょうかん》を頂点とする律令官僚機構であることが明らかにされたのである（土田直鎮一九六一）。関白や摂政は、太政官の一員である大臣や大・中納言、さらには参議といった公卿《くぎょう》たちの判断を踏まえて政治的判断を下すのであり、摂政の決裁、あるいは関白の判断をも踏まえた天皇の決裁を承けて、太政官符《だいじょうかんぷ》や弁官下文《べんかんくだしぶみ》（官宣旨《かんせんじ》）などといった形の文書が作られ、諸司・諸国に下達されていたのであった。確かに摂関家の政所が下した命令書（摂関家政所下文《せっかんけまんどころくだしぶみ》という）は残っているが、摂関時代のそれらは、すべて摂関家の経営に関するものだから、摂関家政所が文書を出すのは当然なのであって、これらは国政文書とは次元が異なるのである。もっとも、太政官以下の律令官僚機構とはいっても、その内実は、有力な令外官《りょうげのかん》が置かれたり、編成替えがされていたり、世襲化が進んだり、勤務評定と昇進のありかたも元来のそれとは異なってくるなど、八・九世紀のそれと同じというわけではないが（吉川真司一九九五）。

ともかくこうして政所政治論は、「そんなものはない」と一蹴されたのであった。この結果、貴族の日記に儀式ばかりが記されているのは、そういう儀式こそが政務だったのであって、これ以外に当時の政務はなかったのだという理解が、広く行き渡ることになる。

政務と儀式

ただ、政務と儀式というのは、やはり分けて考えておく必要がある。確かに政務処理は、定められた一定の作法で遂行されていた。当時の儀式次第を記した書物（儀式書とか故実書《こじつ》という）には、上申や決裁の作法が事細かに記されており、そういう意味で政務は儀式の一つであった（土田直鎮一九七四）。しかし、決裁そのものは政治判断であり、権力闘争の所産であって、その次元まで儀式書に記すことができるはずもない。ある程度の準則はあり、また先例集も準備されるが、それらは常に正当性を主張できるものではなく、また先例のみで懸案が解決できるはずがないのである（龍福義友一九七七）。したがって決裁者の判断は、まさに権力（他人を、その意志にかかわりなく行動させる力）の発動以外の何者でもないのである。

そういう意味では儀式は、あくまでも可視化された秩序、あるいは秩序が可視化される場と理解した方が良い。人々が、それぞれの地位やその場の状況にふさわしく行動することが求められる行事、それが儀式なのである。もちろん多くの場合は、先例に従って行動することがふさわしいが、先例に従わず、臨機応変に行動したり判断したりする方が高く評価されることもある。その時の行動によって「無能だ」「先例を知らないのか」と批判されたり、「さすがだ」と賞賛されたりする、そういう試験を、個々の貴族が絶えず受け続けているようなものであるから、行事の式次第を、自分と子孫のために、日記に書き残しておきたくなる心理も理解できよう。

こういった儀式の流れと、その中での個々の人々の動きや批評の中に、そこに登場する人々が期待されている行動を読みとることができる。こういうわけだから、儀式を政治的に利用することは、もちろん可能である。今の自分の地位と権力とを確認するために、また、権力関係が変わったのだということをあからさまに示すために。しかし、すべての儀式に、常に政治的意義があるとまではいいにくい。だから、政務は儀式に則って行われることは確かであり、また儀式は政治的に利用できることも確かであるが、儀式だけが政治というわけではないのである。

先例主義

さて、摂関時代の政治といえば、今も何度か持ち出したように、「先例」が重視されていたことは間違いない。わかりやすくいえば、今の裁判の「判例」に従うようなものであって、法の支配を貫徹し、価値観を安定させるために大事なことではある。しかし、「判例」にばかり従っていると、ややもすれば判断が硬直化して、世の中の動きに逆らうようなことも起こりかねない。現代の例を挙げてみれば、「わいせつ」かどうかの判断はかなり変わってきたし、子が親を殺すよりも親が子を殺す方が刑が軽いというように、いわゆる「尊属殺《そんぞくさつ》」を重く罰していた刑法の条文は、法のもとの平等を定めている憲法に違反するとして一九九五年に改正されている。極端にいえば明治維新の時のように、政府が次々に法律を作り、政策を立案・実行して、新しい国家の体制を作っていくこともある。

ところが貴族の日記を見ると、「先例」万能主義のようにうかがえるし、また実際に当時の政務についての記述には、地方や中央の役所から伺いを立てられたものについて、先例を考慮しながら決裁するという場面が多い。「受付政治」と揶揄されても仕方がないように見えてしまう。

しかもその際の先例の当てはめ方には、杓子定規《しゃくしじょうぎ》なものも混じっている。よく知られている例を一つ挙げよう。一一世紀初めの寛仁《かんにん》三年（一〇一九）夏に、中国東北部からロシア領沿海州《えんかいしゅう》あたりに住んでいた刀伊《とい》（女真人《じょしんじん》）が、対馬・壱岐・北部九州を襲った。大宰府から来襲の報告を受けた政府は、その討伐に功をたてた者に恩賞を出すという命令を出したが、その命令が現地に届く前に、大宰権帥《だざいのごんのそち》藤原隆家《たかいえ》に指揮された北部九州の武士たちが、刀伊を撃退してしまった。そこで貴族の中には、命令が到達する以前の働きに恩賞を出す必要はないと主張する者も現れ、陣定《じんのさだめ》の定文《さだめぶみ》でもこの意見が正当とされ、ただ今後のこともあるので褒賞することとされた（『小右記《しょうゆうき》』寛仁三年六月二九日条）。この意見などは、杓子定規の典型であるといえよう。

こういった「受付政治」の様相、杓子定規な議論を追っていくと、やはり当時の貴族たちは政治家としての抱負や先見性、指導力というものを欠く、その意味ではだらしのない存在であったという評価を免れないように見えてくる（土田直鎮一九六五）。政治家自らが武人であり、国政の方向を巡っての権力闘争が武力闘争にも発展する奈良時代の政争や、白村江《はくすきのえ》の戦い、対隼人《はやと》戦争・対蝦夷《えみし》戦争を指揮し、あるいは自ら遣唐使の一員にもなるという、中大兄皇子《なかのおおえのおうじ》、大伴旅人《おおとものたびと》、藤原宇合《ふじわらのうまかい》、吉備真備《きびのまきび》といった飛鳥・奈良時代の貴族たちを見てきた目で見ると、地方での反乱に対処するのに自ら指導力を発揮したようには見えない摂関政治の時代の貴族たちは、それだけ惰弱《だじゃく》で覇気がないように見えてしまう。遣唐使が行かなくなった後、列島の中に閉じこもって専ら宋《そう》や高麗《こうらい》の商人がやってくるのを待つばかりに見える当時の貴族たちの姿勢は、その退嬰《たいえい》ぶりの象徴ともされてきたのである（森克己一九七五）。ましてや日柄が悪いとか、方角が悪いとかいう迷信に行動が縛られていたのだとすれば、彼らには同情の余地がなさそうではないか。

王朝国家論

しかし、平安時代の研究が進み、深まって行くにつれて、こういった見方に対して疑問が出されるようになった。その行き着いた先の一つとして「王朝国家体制論」（坂本賞三一九七二）を挙げることができるだろう。一〇世紀初頭に基準国図《きじゅんこくず》を定めて免除領田《めんじょりょうでん》制を施行し、あわせて国内に名《みょう》を編成することを通じて、受領《ずりょう》に一国の支配が委ねられる前期王朝国家体制が確立したが、その後の国司苛政上訴《かせいじょうそ》闘争と開発領主の叢生《そうせい》を承けて、一一世紀第二四半期には公田官物率《こうでんかんもつりつ》法《ぽう》の制定と郡郷制の改変が行われ、ここに後期王朝国家体制に移行するというものである。

律令制度の崩壊、より実態に即していえば律令制度を支えてきた郡司などの地方豪族の没落、その一方での富豪層《ふごうそう》の台頭という事態に直面した為政者、すなわち貴族たちは、現実を踏まえながら対応策を策定し、これを実施することによって、以後二百年近くに及ぶ繁栄をもたらすことができたのだという筋道になろう。こういった観点から、国家（貴族）の主導性を強調し、その主導性を背景とする国制の抜本的転換によって律令国家に続く王朝国家という段階が作り出されたという考え方を王朝国家論といい、高尾一彦の提言（一九五六）に始まり、村井康彦（一九六五）、戸田芳実（一九六七）らの研究から本格化した（森田悌一九八〇）。こういった観点から生まれた「王朝国家」論は、どちらかといえば土地制度、収取制度の画期を大きく見積もるものであるが、摂関制度のような政治制度の面でも用いられる言葉になっている（佐々木宗雄一九九四など）。

ところで、奈良時代の貴族に比べて、摂関政治の時代の貴族たちは遙かに富んでいたのではないかという議論がある（吉田孝一九八八）。簡単に比較はできないが、建築や仏教行事の遂行などの面を見ると、奈良時代よりは平安時代、それも院政期に下るほど、規模と数にものをいわせようというような奢侈《しゃし》・散財がうかがわれるのである（土田直鎮他一九七四）。富の集中度という観点から見れば、確かに摂関時代の貴族たちは非常に裕福であった。しかもこの裕福さは、荘園によって維持されたものとはいえない。諸国の受領たちを介してもたらされた租税が分配されたのである。九世紀末葉から一〇世紀前半にかけての政府は、国司の四等官制を事実上骨抜きにして受領個人に責任と権限を集中させる行財政制度に移行し（北條秀樹一九七五）、その受領の監督の強化を通じて、一〇世紀後半から一一世紀半ばにかけて、全国の富を見事に集中させたのである（大津透一九九〇）。

重視する分野が異なる関係で、論者によって時期区分の上で若干のズレが生じるのは仕方がないし、また、そのために坂本が厳密に定義した「王朝国家体制」という概念を用いない論者も多い。たとえば大津透は、一〇世紀後半からを「後期律令国家体制」と呼ぶことを提唱し（大津透一九九三）、吉川真司は同じ時期を「初期権門体制」と呼ぼうとしている（吉川真司一九九五）。ともあれ、先例にとらわれ、迷信に縛られ、受付政治に甘んじていた貴族たち、優美ではあるが覇気に乏しく、政治家としてはだらしない貴族たちというイメージを転換し、当時の社会の変化に対応しながら、その中から十分に利益を引き出し、一方で美術・文学等の面で日本独自の高い芸術性を育んだ貴族たちを、もっと評価してもよいのではないかということになる。

こうした評価は、対外交渉の面で平安貴族たちが退嬰的とされてきたその評価に対して疑問を投げかけ、むしろ唐・新羅《しらぎ》の滅亡後の東アジアの混乱や、宋・高麗といった国々の中華意識に巻き込まれないように細心の注意を払った「積極的孤立主義」を採用したというべきだとの主張（石上英一一九八二）とも、その方向性が合致しているといえよう。

荘園公領制への道程

さらに重要なこととして、荘園公領《しょうえんこうりょう》制への移行の契機と原動力をどう考えるかという問題がある。かつて中田薫は、荘園制への移行の一典型を示す文書として「鹿子木《かのこぎの》庄事書《しょうことがき》」を取り上げた（中田薫一九〇六）。開発領主が開発地を上位者に寄進し、上位者を領家《りょうけ》や本家《ほんけ》といった荘園領主として仰ぎながらも、自らは子々孫々にわたり預所《あずかりどころ》という荘官となって現地の支配権を維持し続けるという事例は、その後長い間にわたって、荘園成立の契機を在地領主の主体的な寄進に求め、かつ在地領主の強い現地支配力を認める学説として有力であり続けた。

ところが問題の「鹿子木庄事書」は、実は開発領主の権利を継承した東寺《とうじ》（教王護国寺《きょうおうごこくじ》）が、裁判に際して作成したもので、そのせいで開発領主の主体性と権利が強調された可能性が極めて大きいことが、石井進によって論証された（石井進一九七〇）。振り返ってみれば、日本の荘園は西欧の荘園と対比されることが多かったものの、西欧に比して求心性が強く（石井進一九七六）、荘園に関する重層的な諸権利を表す「職《しき》の体系」も、そもそもは官職に由来するものとされている（永原慶二一九六八）。土地の所有権という観点から見るならば、やはり所有権を保持していたのが荘園領主側であることは間違いなく、寄進した側ではないことが明らかにされた今（西谷正浩二〇〇六）、開発領主側の主体性を膨大な荘園群形成の原動力と見ることについては、疑問が呈されてきたのである。

では開発領主の主体的な寄進ではなくして、どのような契機が荘園の広範な展開をもたらしたのか。この点でひとつのヒントになるのは、主として東大寺に残された封戸《ふこ》関係の史料の分析を通じて得られた、封戸制は一一世紀末になって急激に崩壊したという大石直正の理解（大石直正一九七〇）である。この研究と、それ以前に提起されていた、全盛期の摂関家の経済的基盤は、荘園ではなく律令制的給与であるという竹内理三の主張（竹内理三一九五二・一九五四）とを重ね合わせたとき、一一世紀末になって、封戸という律令制的給与からの収益が入ってこないという事態に陥った中央貴族が、これに対応するために、その経済的基盤を大幅に荘園にシフトさせたのではないか、あるいは、中央貴族が公領を見限り、その経済的基盤を大幅に荘園にシフトさせたから、封戸制が崩壊したのではないか、という理解が導かれる。ここでいう中央貴族の中には、もちろん天皇家も入る。

長久元年（一〇四〇）以降に頻出する荘園整理令を瞥見しただけでも、この背景に権門（貴族や寺社）による活発な所領形成と官物・雑役免除の申請を想定せざるを得ず、荘園の叢生と、それに伴う免除特権の乱発が、一一世紀前半にはかなりの規模で進展していたことは間違いない。こういった事態に対して、内裏造営などの必要に迫られて頻りに荘園整理令を出し、公領の確保に腐心する段階があった。しかし、一一世紀末葉、すなわち院政期に入ると、院・女院、更にはこれに便乗して摂関家などの権門が、さまざまな伝手を使って立荘する時代が到来した。白河院政期（一〇八六～一一二九）に大規模な天皇家領荘園群が形成されはじめ（川端新一九九七）、次の鳥羽院政期（一一二九～一一五六）には後の時代に残る荘園の多くが成立する（石井進一九七〇・一九九一）。院政期に入って、天皇家は一気に大荘園領主に脱皮したのである。このように近年の荘園公領制成立史研究は、開発という契機を無視するわけではないが、天皇家・摂関家主導で荘園公領制に移行したという理解が主流になりつつあるといって良いだろう（鎌倉佐保二〇一三）。この移行があったからこそ、一一世紀末の封戸制崩壊が起こったと考えられるのである。

荘園公領制の成立の原動力は、在地にではなく中央貴族の方にあるとする見方は、武士の発生史研究の動向にも通底するものである。武士職能論《しょくのう》（石井進一九六九、戸田芳実一九七〇・一九八六）に触発された形で発展してきた、武家《ぶけ》権門の成立は中央政府による国家的編成（元木泰雄一九九四）、ないしは国衙による武力の編成（下向井龍彦二〇〇一）を通じて達成されたと見る見方は、武家社会への道程をラディカルに国家主導で捉えようとする点に特徴があり、現在の通説を作っている。

「反証不可能な「理論」」といわれながらも、古代史ないし初期中世史研究者の多くが、中世初期の国家を「権門体制《けんもんたいせい》」として捉え、本来天皇が持つべき統治権が、「治天の君《ちてんのきみ》」のもとで公家・武家・寺家《じけ》などに委任・分有され、彼らは競合対立しつつも、ともに荘園・公領を基盤とする封建領主階級として、相互補完関係を保ちながら国家権力機構を形成していたという黒田俊雄の見方（黒田俊雄一九六三）を終着点として措定していることと、中央貴族の主体的な選択による国家体制の転換という見方の優勢化とは対応しており（桜井英治二〇一三）、中世が草深い農村から始まったという見方は、こうして、少なくとも一二世紀ころまでの日本の歴史過程の説明としては、過去のものとして葬り去られたのであった。

以上に述べたように、本書が取り扱う時代に関する現代の研究者が持つイメージは、ここ数十年の間に大きく変遷してきているが、このことは当該時代が、まだまだ史料を読み込み、問題を発見し、日本史上において持つ意義について、新しい見解を提示する余地のある、面白い時代であることをも示している。本書では、主として中央の貴族社会の動向と、地方の土地制度・収取制度の変化、とりわけ受領による諸国の支配の実情とを追って、荘園公領制の成立までをたどり、もって日本社会が古代から中世に移りゆくさまを描いてみたい。

一　摂政・関白の成立と宇多・醍醐親政

1——摂政藤原良房

清和天皇の即位

嘉祥《かしょう》三年（八五〇）三月二一日、かねてから病気がちであった仁明《にんみょう》天皇が、内裏《だいり》の清涼殿《せいりょうでん》で歿したところから、摂関政治への道程をたどろうと思う。

仁明天皇の死去を承け、道康《みちやす》親王が直ちに践祚《せんそ》した。これが文徳《もんとく》天皇で、同年四月一七日に即位《そくい》の儀が挙行されている。仁明天皇には数人の皇子があったが、道康親王は藤原良房《よしふさ》の妹の順子《じゅんし》との間に生まれており、道康親王自らも、既に皇太子時代に良房の娘明子《あきらけいこ》をキサキとしていた。承和《じょうわ》九年（八四二）七月に起こった承和の変で、他氏のみならず北家《ほっけ》以外の藤原氏をも排斥することに成功した良房は、変に際して廃太子された恒貞《つねさだ》親王（淳和天皇の皇子で仁明天皇の従兄弟にあたる）に代えて、翌八月には甥の道康親王を立太子させていたのであり、親王の即位はずっと以前から既定の路線になっていたのである。

その文徳天皇は、自身も病弱で結局正式に内裏には入らないまま（良房に阻まれたという説もある。目崎徳衛一九七〇）、天安《てんあん》二年（八五八）八月に歿した。これに先だつ天安元年二月には、良房が太政大臣《だいじょうだいじん》に任じられている。太政大臣については、養老職員令《しきいんりよう》の規定では「一人《いちにん》に師範《しはん》、四海に儀形《ぎけい》、邦《くに》を経《おさ》め道を論じ、陰陽《いんよう》をやわらげおさめる」べき地位で、本当にふさわしい人がいなければ任じる必要がない（「その人無くんば則ち闕《か》く」）とされていた（「則闕《そつけつ》の官」）。要するに天皇を指導するほどの立派な人物が現れたときのために設けられている官で、具体的な職務は規定されていないともいえるようなポストなのである。奈良時代後半に恵美押勝《えみのおしかつ》（藤原仲麻呂《なかまろ》）が「大師《だいし》」（太政大臣）に任じられ、また道鏡《どうきょう》は太政大臣禅師《ぜんじ》に任じられたが、それらは平安時代の太政大臣の先例として引かれることはなく、実際にはそれまで、天皇の外祖父（母方の祖父）に贈られるという先例（ただし、「贈られ」ているのであって、贈られた時には本人は既に死去していた）が積み重ねられてきたのみであった（北村有貴江二〇〇〇）。いずれ即位するであろう惟仁《これひと》親王の外祖父という立場の良房を、あらかじめ太政大臣に任じておいたという理解（逆にいえば、惟仁親王の即位を確約する意味での良房の太政大臣任命という理解）も一応可能ではある。しかしその一方で、摂関時代の太政大臣は上卿《しょうけい》にならない、すなわち首席の公卿として公卿会議をリードすることはないので（そういった慣行自体を良房が作ったわけだが）、太政大臣良房の立場が政務処理の上でどういう意義を持たされたのか、『大鏡』などに記されているように、文徳天皇には惟仁親王ではなく年長の惟喬《これたか》親王への伝位を望むという意向があったらしいことと絡んで、なかなかわかりにくいものがある。

ともあれ、文徳天皇の死去を承けて惟仁親王が即位した。清和《せいわ》天皇である。このとき天皇はわずかに九歳（数え年の九歳であり、天皇は三月生まれなので、満年齢では八歳。以下、年齢は数え年で記す）にすぎなかった。これ以前の歴代天皇に関していえば、即位時の年齢の最年少は文武《もんむ》天皇（在位六九七〜七〇七年）の一五歳だから、清和天皇がいかに異常に幼くして即位したかがわかろう。天皇が幼少でも政務処理に支障が無いほどに日本の官僚機構が成熟してきたということも可能ではあるが、少なくとも清和の即位という形で幼帝が出現した直接の背景と契機についてみれば、やはり良房の権勢と、ここに至るまでに彼が打ってきた布石とを、大きく評価しなければなるまい。このときの公卿の構成は、太政大臣良房を筆頭に、左大臣は嵯峨《さが》源氏の代表といえる源信《みなもとのまこと》、右大臣は良房の弟の藤原良相《よしみ》で、この構成が貞《じょう》観《がん》九年（八六七）の良相の死去まで続く。

図1　天皇・藤原氏関係系図Ⅰ

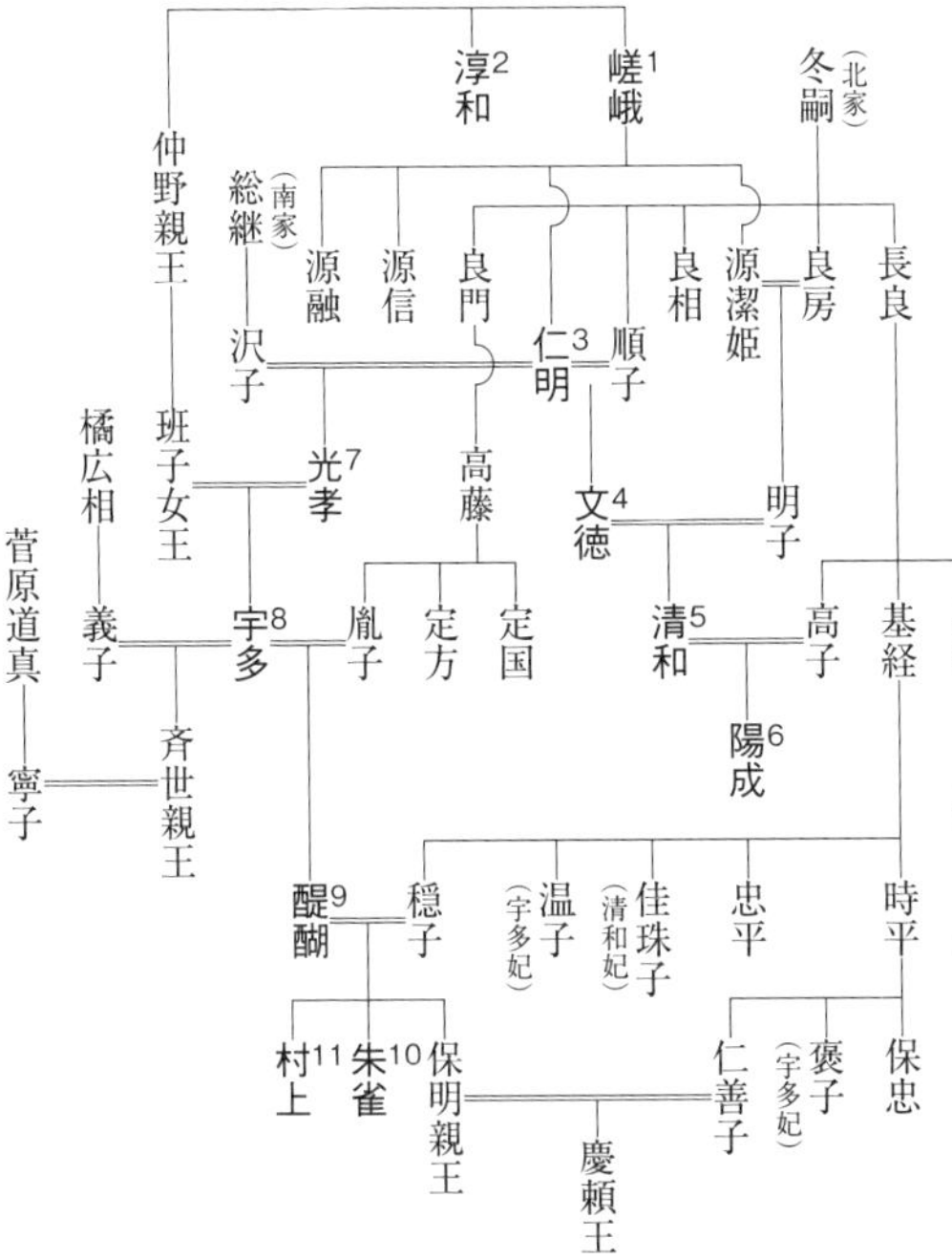

応天門の変

良房が摂政になったのはいつか。これはなかなか難題で、清和の即位とともに事実上の摂政の任を果たしていたが、貞観八年閏三月に発生した応天門《おうてんもん》の炎上という事件（応天門の変）を処理する中で、同年八月に良房が摂政に任じられたとする『日本三代実録《さんだいじつろく》』（以下

『三代実録』と略す）の記事を活かして、この時に正式に摂政になったのだと説かれることが多い。しかし、この考え方には若干の修正が必要である。なぜならば、やや後のことにはなるが、幼帝だった朱雀《すざく》天皇の摂政となっていた藤原忠平が、承平七年（九三七）正月四日の天皇の元服を機会に、翌天慶元年八月になって良房の先例にならって摂政を辞任しようと申し出たのに対して、そうするとまた応天門の変のような事件が起こるといけないので、しばらく摂政に留まっていて欲しいという天皇の勅答《ちょくとう》が出されたことがあるからである（『朝野群載《ちょうやぐんさい》』巻七、貞信《ていしん》公天皇元服後辞摂政表《じせつしょうひょう》、勅答）。このやりとりから推測すると、良房は幼帝清和の摂政であったが、貞観六年元日の天皇の元服を機に一旦摂政を辞した、ところが応天門の変が起きたので、再度、今度は成人してはいるものの清和天皇の摂政になった、ということになろう。少なくとも朱雀天皇と、良房の孫の世代に当たる忠平とは、そのように理解していたと考えざるを得ない（坂上康俊二〇〇三）。清和天皇の即位後数年間の良房の地位は、公式には太政大臣としかいえないから、本来は「天皇のお手本たるべき模範的人物」という役割が規定されていたこのポストに、事実として天皇の代わりに決裁するという権限を、一旦付加してしまったということができるだろう。ただし、天皇が元服すると、良房は太政大臣ではあり続けるが摂政は辞めている

図２　応天門（縮小復元，平安神宮）

わけだから、この時には、太政大臣だから必ず天皇の代理として決裁するということではないとされたことになる。このように太政大臣と摂政、また太政大臣と関白とは、初めの頃不即不離《ふそくふり》の関係があり、いずれ整理が必要になってくることが予想されるのである。

さて、応天門の変は良房の一人勝ちに終わる。うるさ型の大納言伴善男《とものよしお》、すなわち奈良時代以前からの有力氏族で、旅人《たびと》・古麻呂《こまろ》・家持《やかもち》など錚々《そうそう》たる人物を輩出した大伴《おおとも》氏が出した最後の公卿は、放火犯人の一味ということで配流され、貞観一〇年に死去する。はじめ犯人と名指された左大臣源信は、逼塞《ひっそく》したまま善男と同年に死去、右大臣良相も変の翌年には死去している。院政期に描かれた『伴大《ばんだい》納言《なごん》絵巻《えまき》』（口絵参照）において、良房の肖像が異様にこすられているのを、誰もが本当の悪人を良房と見たのだ、といううがった解釈があるが（黒田日出男二〇〇二）、あながち不当ともいえまい。その後の貞観一三年には、良房は准三后《じゅさんごう》（准后《じゅごう》・准三宮《じゅさんぐう》とも）、つまり皇后・皇太后《こうたいごう》・太皇太后《たいこうたいごう》なみの待遇を受けることになった。この地位には「年官《ねんかん》・年爵《ねんしゃく》」、すなわち任官や五位の位階を授ける際の推薦権が付随しており、この権利を行使することで被推薦者から任料・叙料と呼ばれる推薦料が得られるというしくみであった（時野谷滋一九七七）。その翌年に良房は死去しており、死去の前一年ほどは病気がちだったようではあるが、少なくとも貞観一三年春の除目までは良房が摂政の任を果たしていたと見て良いだろう（佐々木恵介二〇一三）。この間、良房の猶子《ゆうし》（後継者）とされた甥の基経は順調に出世し、良房の死去の前月には右大臣に昇っている。その時彼の上位には、左大臣の源融《みなもとのとおる》（河原《かわらの》左大臣）がいるのみであった。

2——関白藤原基経

陽成天皇

清和天皇は厭世的《えんせいてき》な気質を持っていたようで、貞観一八年（八七六）一一月には、自分と藤原高子《たかいこ》との間に儲けた皇太子の貞明《さだあきら》親王に譲位してしまった。親王は即位して陽成《ようぜい》天皇となる。清和上皇の方はその後諸国を巡って仏事に励んでいたが、元慶《がんぎょう》四年（八八〇）には三一歳の若さで亡くなってしまった。後世その子孫が清和源氏として著名になるが（後述のように、いわゆる清和源氏は、実は陽成天皇の子孫とする説もある）、陽成天皇が乱暴な行動で有名であるのに対し、父親の清和の方は、祖父・父にあたる仁明・文徳両天皇の血を受けたか、いささか蒲柳《ほりゅう》の質というべきものがあった。

清和天皇の皇后の藤原高子は、基経の妹である。清和と良房との関係のように孫と外祖父というわけではないが、陽成天皇も即位の時点で九歳と幼年であり、伯父—甥の関係からいっても、右大臣という公卿の第二番目（筆頭は、前述のように、嵯峨源氏の左大臣源融）という地位からいっても、基経が政治を指導していくべきであった。実際、清和は退位に当たって、基経に「幼主を保《まも》り輔《たす》け、天下の政を摂行すること、忠仁公《ちゅうじんこう》（良房）の故事のごとくせよ」と命じている（『三代実録』貞観一八年一一月二九日条）。つまり、基経は幼少の陽成天皇の摂政に任じられたのであった。その陽成天皇も、元慶六年正月には元服するが、基経はそのまま摂政を続けている。つまり天皇は成人しているのに摂政が立てられたままだったことになる。

陽成天皇には、いくつかの逸話が残っており、特に、自分の乳母《めのと》の子である源益《みなもとのまさる》を格殺《かくさつ》（殴り殺すこと）したという話と、天皇が宮中で密かに飼っていた馬と、その世話役として宮中にいた「庸猥《ようわい》なる群少」を基経が追放した話とは、正史に記されている（『三代実録』元慶七年一一月一〇・一六日条）。これより先の同年七月と一〇月に基経は摂政の辞表を出しているので、これらの事件は、陽成を廃位に持ち込むために基経が画策した可能性もあるが、ともかく天皇の行動は基経との間に確執をもたらし、その結果、陽成は退位を迫られ、陽成から見れば祖父（文徳天皇）の弟にあたる光孝《こうこう》天皇が即位することになった。

その後の陽成天皇

どうにも乱暴な君主に見えるが、陽成上皇は大変な長命で、天暦三年（九四九）に八二歳で亡くなった際の法要の願文には「釈迦如来の一年の兄」と記されたほどであった（『大鏡』）。父清和や祖父文徳、さらには曾祖父仁明とは大変な違いである。その性格も剛毅なところがあったようで、後に光孝天皇の息子の源定省《みなもとのさだみ》が宇多《うだ》天皇として即位した折り、「当代（宇多天皇）は（昔は自分の）家人《けにん》にはあらずや」と嘲《あざけ》ったという伝えがある（『大鏡』）。若くして廃位された鬱憤《うつぷん》のせいかも知れないが。

こういう乱暴とも剛毅ともいえる性格が、いかにもふさわしいと思われるのが、いわゆる清和源氏は、実は清和天皇の皇子（貞純《さだずみ》親王）の子孫ではなく、陽成天皇の子孫だという伝説である。永承元年（一〇四六）に河内守源頼信《かわちのかみみなもとのよりのぶ》が石清水八幡宮《いわしみずはちまんぐう》に捧げたと伝える告文《ごうもん》（『平安遺文』六四〇号）には、「敬《つつし》みて先祖の本系を熳《あきら》め奉《たてまつ》らば、大菩薩の聖体（ここでは応神天皇を指す）は、忝《かたじけな》くも某《それがし》廿二世の氏祖なり。先人は新発《しんぼち》（満仲）、その先は経基、その先は元平《もとひら》親王、その先は陽成天皇、その先は清和天皇、……」と明記されており、明治時代にこれを見出した星野恒《ほしのひさし》が注意を喚起し（星野恒一九〇〇〜一九〇二）、のち竹内理三がこれを紹介している（竹内理三一九六五）。

もっとも、『大鏡』では「この御末《おんすえ》ぞかし、今の世に源氏の武者《むしゃ》の族《やから》は」と、通説どおり源氏は清和の子孫としており、長く決め手を欠いていた。最近になって、天暦七年（九五三）に陽成天皇の孫と偽って五位になろうとした清和天皇の孫源経忠の事件に着目した藤田佳希は、「経」の字を共有すること、貞純親王は清和の第六皇子で、経基の異称「六孫王」の由来が説明できること、などを根拠に、通説通り経基＝清和源氏説を妥当としている（藤田佳希二〇一五）。

伊勢物語の背景

清和天皇の皇后藤原高子、別名「二条后《にじょうのきさき》」は、若いころに在原業平《ありわらのなりひら》と恋仲であったらしい。『大鏡』には、次のように見えている。

この后《きさき》の宮仕《みやづか》へしそめたまひけむやうこそ、おぼつかなけれ。いまだよごもりておはしける時、在中将（在原業平）のしのびて率《ゐ》て隠したてまつりけるを、御兄の君達、基経の大臣、国経の大納言などの、若くおはしめしけむ程の事なりけむかし、取り返しにおはしたりける折、「つまもこもれり」とは詠みたまひたるは。

『伊勢物語』第六段にも、同様の業平と高子らしい女性とのロマンスが描かれており、一〇〜一一世紀の人々にとっては、ほとんど事実と考えられていたようである。高子は寛平八年（八九六）九月になって、僧との間の不行跡を口実に皇太后を廃されているので、そのイメージが過去に投影された可能性も否定できないが、陽成の性格・体質があまりにも父祖と異なること、及び基経による廃位の遠因を、この伝説と結びつけて考える研究者もいる（角田文衛一九六八）。結局は陽成の子孫ではなく、光孝の子孫が歴代の天皇位を継いだため、いわば行き止まりとなった皇統については、どれほどスキャンダラスな噂でも、さして問題とされなかったという当時の世相こそ、注目すべきなのかもしれない。

図３　『伊勢物語絵巻（模本）』第６段

なおこの陽成天皇の元慶《がんぎょう》年間には、元慶二年（八七八）に始まり、良吏《りょうり》として有名な藤原保則《ふじわらのやすのり》が鎮圧に努力した出羽国《でわのくに》の夷俘《いふ》の反乱（元慶の乱）があり、また元慶三年には畿内五ヵ国に計四千町の官田（元慶官田）が設けられ、その二年後にはこれが中央諸官司に分割されて諸司領の基礎が作られることになる。これは、調庸未進が累積して、季禄などの官人への給与の原《もと》資《で》が減少しているにもかかわらず、その原資を公卿や出納官司（主計寮・主税寮など）には規定通りに配分し、中下級官人には給与が行き渡らないという状況（三善清行の「意見封事十二箇条」）の打開策の一つとして、諸司が自立して所領を経営し、そこから所属の官人の給与を捻り出すようにする方策であった（村井康彦一九六三）。こうして中央財政の統括性は、次第に失われていった。

関白の端緒　さて光孝天皇は、基経に対して、

今日より官庁に坐《いまし》て就《つき》て万政《よろずのまつりごと》領《あずかり》行《おこな》ひ、入りては朕の躬《み》を輔《たす》け、出ては百官を総《す》ぶべし。奏すべきのこと下すべきのこと、必ず先ず諮稟《しりん》せよ。朕まさに垂拱《すいきょう》して成るを仰《あお》がん。

と命じた（原宣命体漢文、『三代実録』元慶八年六月五日条）。自分を天皇にしてくれた基経に対して、大いに敬意を払った処遇ということになろう。ここで重要なことは、天皇に対して申し上げるべきことがあったり、また天皇の方から命令することがあったときには、必ず先ず基経を経由せよ、という部分であり、これが後の関白の職掌につながっていった。

光孝天皇は高齢で即位したので、即位三年後の仁和《にんな》三年（八八七）八月には死去してしまう（五八歳）。これより前、光孝天皇の皇子は、全員源氏の姓を賜って臣下にしてあった。思いがけなく皇位についた者として、謙譲の意を示したものとされている。しかしこの際仕方がないので、天皇の死去する直前に、第七皇子の源定省《さだみ》を皇太子に定め、即日践祚という段取りになった。これよりも先、陽成天皇の後継をめぐって、左大臣源融が「近き皇胤《こういん》を尋ぬれば融《とおる》らも侍《はべ》るは」と欲気を出したと伝えられるが（『大鏡』）、嵯峨天皇の子の融は光孝天皇の叔父に当たり、世代が更に遡ってしまう（一五頁「図1天皇・藤原氏関係系図Ⅰ」参照）。おそらくは太政大臣基経の意向によって、融は却けられて光孝が即位し、一方、定省の方は一旦臣籍に降ったにもかかわらず、即位が実現したのだろう。

ところがその定省、すなわち宇多天皇と基経とは、即位直後に激突してしまった。阿《あ》衡《こう》の紛議《ふんぎ》である。宇多天皇は、自分を皇位につけてくれた基経を尊重して、即位早々の仁和三年一一月二一日に、

阿衡の紛議

それ万機《ばんき》巨細《こさい》、百官己《おのれ》に惣《す》べ、皆太政大臣に関《あずか》り白《もう》すこと、一《いつ》に旧事《きゅうじ》の如《ごと》くせよ。

という詔書を出した（原漢文、『政事要略《せいじようりやく》』巻三〇、阿衡事）。これが、名詞ではないが「関白」という語の初見である。内容的には、「旧事の如くせよ」といっているのだから、光孝天皇の時代と同様にせよ、つまり「奏すべきのこと下すべきのこと、必ず先ず（基経に）諮稟せよ」ということになる。

おそらくは基経にとっても予想通りの宇多の命令であったろうが、高官に任じられたときには三度ほど辞退するのが礼儀に適っているとされていた時代なので、形式通りに上表して、政界引退を申し出た。これに対して宇多天皇が、侍臣《じしん》で学者の橘広相《ひろみ》に作らせた勅答において、再度基経に要請する中で、「宜《よろ》しく阿衡《あこう》の任を以て汝《なんじ》の任となすべし」と、今回の基経の地位を「阿衡」にたとえたことに、基経が反発した。

阿衡というのは中国古代の殷《いん》の時代の名臣伊尹《いいん》が任じられたとされている大変結構なポストではあるが、ポストに付随する具体的な職務は伝わっていない。中国の古典に見える伝説的な名臣の話なので、それも当然といえば当然である。しかし、基経の疑念は膨らんだ。せっかく「奏すべきのこと下すべきのこと、必ず先ず（基経に）諮稟せよ」という極めて具体的な職務を手中にしたはずなのに、ここで「阿衡」といい換えられてしまったら、単なる名誉職に後退してしまう可能性があるからであ

る。そこで基経は、自分の願いを聞き届けた宇多天皇が、阿衡に任ずるという形で事実上の政界引退を認めたものという解釈をしてみせ、その解釈に従って、政務を一切見ないままにしておいた。

太政官の方では、先の詔書に従い、また光孝天皇時代以来の慣例（「旧事」）に従い、天皇に決裁を仰ぐべき文書をすべてまず基経のもとに持ってくる。しかし、基経は天皇に引退を認められたという立場をとっているので、光孝天皇死去以来そうしていたように、政務文書を一切見ない。これが半年以上続いた。宇多天皇の方では、起草した橘広相を擁護する意向もあって対応に苦悩したが、結局、仁和四年六月二日になって、

朕の本意は、万政を関り白して、その輔導に頼らんとしてなも前の詔は下せる。しかるに旨を奉《うけたまは》って勅答を作るの人広相が阿衡を引くは、すでに朕の本意に乖《そむ》きたるなり。（原宣命体）

と、罪を広相に被ってもらった上で、再度具体的な職掌（「奏すべきこと」云々）を規定した命令を出して、基経の関白就任を要請したのであった。

この事件には、個々の天皇によって任じられる関白というポストの職掌を確立したという意義が認められ、基経の政治的感覚の鋭さを物語っているといえよう。というのは、宇多天皇や橘広相の本当の意図は誰にもわからないのであって、もしも勅答にある「阿衡」をそのまま基経が認めていたら、その後の基経は単なる名誉職に甘んじなければならなかったかもしれないからである（坂上康俊一九九三）。

自分の股肱《ここう》の臣ともいえる橘広相が、自分の意図を取り違えたのだという声明を出す羽目に陥った

宇多天皇は、まさに煮え湯を飲まされたように悔しがった。そのことは、この紛争の最中に記された宇多の日記にかなり赤裸々に記されている。基経が死去すると直ちに、基経に入れ知恵してこの紛争の原因を作ったと思われた藤原佐世《すけよ》を、陸奥守に左遷して鬱憤を晴らした程だった。

宇多の意図をねじまげたという理由で広相の罪を問うという役回りを演じた左大臣源融の追従じみた姿勢は、この時の政界模様をよく表しているように思われる。この阿衡の紛議の最中に、任国の讃《さぬ》岐《き》から基経に対して、ことを荒立てないようにと諫言《かんげん》したのが（「奉㆓昭宣公《しょうせんこう》㆒書」『政事要略』巻三〇、御画事）、橘広相（寛平二年死去）の亡き後に、宇多天皇の推挽《すいばん》によって政界に躍り出た菅原道真《すがわらのみちざね》であった。

3――宇多親政

菅原道真の登場

関白の地位を確立した基経は、寛平《かんぴょう》三年（八九一）正月に死去した。宇多天皇は成人天皇であったし、特に有力な公卿も存在しなかった。おそらくは天皇自身、阿衡の紛議で屈辱を強いられた関白という地位に誰かを任じようという気は起こらなかっただろう。宇多の寵臣として、橘広相の後を追うように昇進していったのが菅原道真である。道真の家系はもともと土師《はじ》氏で、葬儀に関連する役割を持たされていた氏族であったが、自らその呼称を厭《いと》ったのと、桓武《かんむ》天皇の、官僚を輩出するような新興氏族を作り出そうという意図とが合わさって、土師氏は菅原・秋篠《あきしの》・大枝《おおえ》（大江）の三氏に改姓した。この三氏は、期待に応えて有力な官僚氏族となっていったが、中でも菅原氏は、遣唐使にも選ばれ、儒家としての菅家の基礎を築いた清公《きよとも》、その子で参議、つまり最下級とはいっても公卿の一員となり、『日本文徳天皇実録』や貞観格式の編纂に参加した是《これ》善《よし》、そしてその子で右大臣にまで昇った道真といったように、順調に勢力を伸ばしていった。その背景には、代々文章《もんじょう》博士を歴任し、邸宅内に設けた私塾（菅家廊下《かんけろうか》）で育てた教え子が、官僚世界に広く根を張っていったという事実があった（桃裕行一九四七）。

九世紀には、一種の合理的精神を発揮して、特に地方支配上の懸案を解決しようとした、「良吏」と評価されるような官僚群が出現していた（佐藤宗諄一九六四）。道真の自選詩文集『菅家文草《かんけぶんそう》』巻九に含まれている、寛平八年七月五日に宇多天皇に対して奉った「請レ令三議者反二覆検税使可否一状」（議者をして検税使の可否を反覆せしめんことを請ふ状）などは、現実を直視しつつ合理的精神を発揮して国司の立場を擁護しようとしたもので、良吏的発想がよく現れたものといえるだろう（藤原克己一九八三）。

宇多天皇によって遣唐大使に任命されたものの、在唐していた僧侶中瓘《ちゅうかん》からの手紙を慎重に分析し直して、派遣の停止を提唱した経緯も（『菅家文草』巻一〇、寛平六年七月二二日「奉レ勅為二太政官一報二在唐僧中瓘一牒」、巻九、同年九月一四日「請レ令三諸公卿議二定遣唐使進止一状」）、同様の考え方に基づくものである。

寛平の治

そういった道真を好ましく思い、抜擢していったのが宇多天皇であった。寛平三年（八九一）二月には蔵人頭《くろうどのとう》に任じられ、宇多天皇の身近に奉仕することになる。同年には良吏の評価の高い藤原保則を、民部卿《みんぶきょう》を兼ねたまま左大弁《さだいべん》（太政官の事務中枢である弁官のトップ。寛平五年二月まで）に据え、翌年には彼を参議に任命している（寛平七年死去）。道真は寛平五年に参議として公卿の一員となり、左大弁と勘解由使《かげゆし》を兼ねるなど、まさに太政官の事務機構と国司監察の中枢を担うことになった。寛平七年には中納言、九年には権大納言、醍醐《だいご》朝に入って昌泰《しょうたい》二年（八九九）には右大臣と、目覚ましい出世であった。このころに出された法令には、

院宮王臣家が盛んに使者を諸国に派遣して勝手に税を取り立てたりしていたのを、国司たちの訴えによって禁止（『類聚三代格』巻一九、寛平三年六月一七日官符）

京に本貫を持つ者が諸国に居住し、諸国の百姓が京に戸籍を移すことを禁止（『同』同巻、同年九月一一日官符）

諸国の百姓が王臣家の家人と詐称することを禁止（『同』同巻、寛平六年一一月三〇日官符）

王臣家の私出挙を禁止（『同』巻一四、寛平七年三月二三日官符）

五位以上や孫王がみだりに畿内諸国に出ることを禁止（『同』巻一九、寛平七年一二月三日官符）

院宮王臣家が百姓の代理として田宅資財の訴訟の当事者になることや、五位以上が私営田を営むことを禁止（『同』同巻、寛平八年四月二日官符）

などがあり、いずれも中央貴族や諸官司と地方の勢力との結びつきを排除し、律令制本来の在り方通りに地方は国司が統治するという原則に立帰るべしとする方向性をもっている。これは当時の国政の懸案事項がどのあたりにあるかということを示しているとともに、その解決の方向は、後に触れる醍醐朝の施政方針と共通していることが注目されよう。宇多天皇と良吏が中心になって推進した一連の

政治は、時に「寛平の治」と呼ばれて、後の「延喜の治」の先蹤と見なされることがあるのも、もっともに思われる。

殿上人と滝口の武者

宇多天皇の治世には、蔵人所の拡充や昇殿制など、宮廷社会の秩序を整備する動きも活発化した。昇殿制、すなわち天皇と同じ建物の殿上に座を持つ資格は天皇が決めるという制度は、宇多朝に天皇の日常空間が清涼殿に固定化した際に（角田文衛一九七二）、清涼殿の南庇《みなみびさし》の「殿上《てんじよう》の間《ま》」に①公卿の大半、②四位・五位の殿上人《てんじようびと》、③五位・六位の蔵人《くろうど》ら、一〇世紀初めで三〇人ほどが伺候《しこう》する制度として確立し、②③は蔵人頭《くろうどのとう》の指揮下でさまざまな業務に携わった（古瀬奈津子一九八七）。天皇の代替わりや本人の地位の変更に際して、昇殿を許されるか否かがあらためて天皇から確認されるのである。

律令制で定められた官僚機構を構成するポストにあっては、もちろん高官の任免権は究極的には天皇にあるが、天皇の代替わりとは関係なく転任したり退任したりする。こうした人事システムは、いわば個人としての天皇からは相対的に自立したものといえよう。ところが昇殿という資格は、個々の天皇の意向で更新されたり拒否されたりするものであり、しかもそれが視覚的に明瞭な形で日常的に示されるものとして案出されたのである。個々の天皇の意向という新しい秩序の編成原理が持ち込まれたことになり、天皇の権威を高めるという作用が期待されたことは疑いない。宇多の意図もそのあたりにあったと推測できるわけであり、物語類においてまで、あるいは中世・近世にいたるまで「殿《てん》上人《じょうびと》」（「堂上《とうしょう》」）か「地下《じげ》」かという対比が強調されている点からいえば、この意図はとりあえず成功したものということができ、やがて東宮《とうぐう》殿上や院殿上も出現するなど、主人にどこまで近いかを、場所をどこまで共有できるかで表示することが広がっていく。もっとも結局のところ、参議以上、つまり公卿はほとんどすべて殿上人になるのであって、そのあたりのクラスでは、さすがに天皇個人の恣意は働く機会がなかったようであるが。

図4　殿上の間（京都御所）

宇多天皇の施策の一つで後世に伝えられたものには、他に「滝口の武者」もある。「滝口」というのは、清涼殿の東庭の北の出入り口で、『西宮記』によれば寛平年間に、ここに蔵人所《くろうどどころ》の管轄を受ける警備の陣を設けたという。一〇〜二〇人、時に三〇人と、人数はさほど多くないが、天皇直属の武力ということで、京中の盗賊捜索などにも動員され、また、譲位後は院武者所詰めとされた（笹山晴生一九九七）。内裏でもしばしば盗賊の乱入事件が起こる物騒な世の中になりつつあったことも背景にある。

蔵人所の拡充

その滝口をも管轄する蔵人所の実質的な長官である蔵人頭は（形式的には上に公卿が任じられる別当が置かれていた）、いわゆる「薬子《くすこ》の変」に際して設置されたものである。律令の規定では、天皇への上奏の権限は内侍司《ないしのつかさ》の尚《ない》侍《しのかみ》以下の女官と大納言に認められているが、最後に直接天皇に申し上げるのは女性に限られていたのであり（吉川真司一九九七）、その女性に取り次ぎを依頼するのが大納言なのであった。ところが「薬子の変」の際、尚侍に任じられていた藤原薬子を経由すると、嵯峨天皇の意向が平城上皇に筒抜けになることが予想された。そこで、これを防ぐために蔵人という職を設け、そのトップとして蔵人頭二人が置かれた。その時の蔵人頭のうち一人が、良房の父の冬嗣《ふゆつぐ》であった。こうして蔵人が、女官に代わって天皇と太政官との取り次ぎに当たることになった（佐藤全敏一九九八）。ただ、少なくとも摂関時代の蔵人は、あくまでもメッセンジャーとしての役割に徹しており、政治権力を握るようなことはない（曾我良成一九九四）。

遅くとも承和年間には蔵人所が内廷諸司を指揮することが生じていたが（古尾谷知浩一九九三）、この組織は宇多朝に拡充され、寛平二年（八九〇）、橘広相によって、『蔵人式』が撰定された（寛平蔵人式。後に延喜蔵人式と蔵人所例により、画期的に発展する。西本昌弘一九九八）。蔵人所では、蔵人頭二人（ふつうは、弁官の弁を兼ねる頭弁《とうのべん》と、近衛中将を兼ねる頭中将《とうのちゅうじょう》）に率いられる五位・六位の蔵人が中核となり、その下には雑色《ぞうしき》・所衆《ところのしゅう》・出納などの職員が配置された。彼らは、四衛府が天皇に食材をたてまつる「日次《ひなみの》御贄《みにえ》」（寛平九年開始）や、近江と畿内諸国に置かれた御厨《みくりや》から交替で魚や鳥などの生鮮食料品が貢進される「六箇国日次御贄《ろくかこくひなみのみにえ》」（延喜一一年〈九一一〉開始）を管理しながら、内膳司などが用意した天皇の食事を差し上げることを担当する「御厨子所《みずしどころ》」・「進物所」など、さまざまな「所《ところ》」を構成して、天皇の家政機関として発達していった（所京子一九六八）。また、蔵人所のメンバーは、内蔵寮《くらりょう》・修理職《しゅりしき》・木工寮《もくりょう》・主殿寮《とのもりょう》などの宮中の現業部門を担当する官司と兼帯するようになり、いわば太政官の指揮命令系統とは別立てに、天皇の私的生活を支えられるように成長していった（玉井力一九七五）。

宇多の譲位

外交権の所在を明示する役割も果たす遣唐使派遣計画の立案など、宇多天皇は天皇の権威を高めることに努力し続けた。これは摂政・関白という地位が一旦生じてしまったことを十分に意識した上でのことと思われる。ところが、寛平九年七月三日、宇多天皇は仏事に専念したいという理由を述べて、長男で皇太子の敦仁《あつぎみ》親王に位を譲ってしまう。譲位の翌年の昌泰元年には、道真等の文人を連れて大和・河内・摂津方面に御幸《ごこう》し（『扶桑略記《ふそうりやっき》』一〇月二一日～一一月一日条）、さらには金峯山《きんぷせん》や（『同』昌泰三年七月条）、竹生島《ちくぶしま》（『同』同年一〇月条）にも足をのばすといった点から見れば、帝王という立場を離れて自由を享受したかったのかとも思われるが、仁和寺《にんなじ》で出家（『日本紀略』昌泰二年一〇月二四日条）、その後東大寺で受戒（『同』同年一一月二四日条）、さらには東寺で伝法灌頂《でんぽうかんじょう》を（『同』延喜元年一二月一三日）、また比叡山でも灌頂を受けるといったように（『扶桑略記』延喜一〇年九月二五日条）、顕教《けんぎょう》・密教《みっきょう》双方の修得者となり、延喜四年三月には仁和寺に御室《おむろ》を造営する（『仁和寺御伝』）という経過からみると、仏道の修行に専念したかったという意思も確かに強かったのだろう。宇多天皇が譲位に当たって醍醐に示した「寛平御遺戒《かんぴょうのごゆいかい》」では、ずいぶん前から譲位の意志があったのだが道真に諫められていたと述べている。

官奏候侍制

宇多は、譲位に当たって、「伝国の詔命」として、

春宮大夫《とうぐうだいぶ》藤原朝臣（時平）・権大夫菅原朝臣（道真）、少主《しょうしゅ》未長の間、一日万機の政、奏すべく請ふべきの事、宣すべく行ふべきの事云々（原漢文）

と、関白ではなく官奏候侍《かんそうこうし》という制度を定めた（寛平九年七月三日）。これは特定の有力公卿にのみ天皇に対して直接太政官の政務について奏上する権限を与えるという制度で、その官奏候侍に最初に当たらせたのが基経の子である大納言時平《ときひら》と、宇多が抜擢した文人政治家の筆頭・権大納言菅原道真であった。

官奏というのは、先にも述べたように、太政官の政務案件を天皇に奏上して決裁を仰ぐ儀式である。奈良時代にもこういう政務は当然あったはずだが、そのやり方の詳細はわかっていない。九世紀の後半には、太政官を代表して天皇に奏上する、あるいは奏上してもらう人間は、中納言以上の公卿の中で特定されてはいなかったらしい。それを宇多天皇は二人に限定したので、道真へのやっかみも混じったのか、二人以外の公卿が公卿会議そのものに出席しなくなるという事態が生じてしまった（『菅家文草』巻九　上二太上天皇一請レ令下二諸納言等一共参中外記上状）。あわてた宇多天皇は、官奏候侍と公卿会議とは必ずしも連動しないということを明示して、とりあえず官奏候侍の制度を軌道に乗せたのであった。この後、官奏候侍に従事するのは、「大臣といへども（許可の）宣旨の後に候ふべし。大納言候ふ時は宣旨を書下《かきくだ》し、大臣候ふ時は詞《ことば》をもって仰《おお》せ下す。大納言参上の事、大臣の申請に依るなり」（『西宮記』巻七　官奏）とあるように、大臣もしくは特に天皇に指名された大中納言に限られるようになる（山本信吉一九七二）。

昌泰の変

こうして即位した一三歳の醍醐天皇は、宇多天皇の遺言に従って時平と道真を重用し、道真を右大臣にあげた。ところが醍醐は、即位後間もない昌泰四年（延喜元年、九〇二）正月二五日、謀反の疑いで道真を大宰権帥《だざいのごんのそち》に左遷してしまった（昌泰の変）。道真がその娘婿の斉《とき》世《よ》親王（宇多と橘広相の娘との間の子）を皇位につけようと画策しているというのが左遷の理由である。例によって真偽のほどはわからないが、ライバルがいなくなったという意味で最大の受益者が時平であったことは間違いない。当時まだ子供がいなかった醍醐天皇にとってみれば、弟に当たる斉世を皇太子にという声が重圧となっていたとも考えられる（河内祥輔一九八六）。また、三善清行《みよしきよゆき》が道真に「その止足《しそく》を知り、栄分を察」せよと迫ったように（昌泰三年一〇月「菅右《う》相府《しょうふ》に奉る書」『本朝文粋』七）、学閥という観点から反発するものもいただろうし、さらには目覚ましい出世を遂げた道真に対する、他の公卿の嫉視も広がっていたことと思われる。急を聞いて宇多上皇は内裏に入ろうとしたが、醍醐は断固としてこれを認めなかった。公権力の発動への上皇の介入を避けるという、嵯峨天皇の打ち出した原則は、ここでも確認されたわけである。

天神信仰の誕生

道真は大宰府の街中に設けられた邸宅に閉じこもったまま、憂悶の内に死去した（延喜三年二月二五日）。現地では安楽寺《あんらくじ》を創建し、道真の廟《びょう》を設けたが（延喜五年八月）、これが安楽寺天満宮《てんまんぐう》であり、発展して今の太宰府天満宮となった。

「その後七年ばかりやありて、左大臣時平のおとど、延喜九年己巳四月四日失《う》せたまふ。御年三十九。……またこの時平の大臣のむすめの女御（褒子《ほうし》、宇多妃）も失せたまふ。御孫の東宮（醍醐の子の保《やす》明《あきら》親王）も、（時平の）一男八条の大将保忠《やすただ》卿も失せたまひにきかし」（『大鏡』上）。延喜一〇年代には京中の火災や諸国の旱害・疫病など、天変地異も相次いだ。こう続くと不安になるのも道理で、延長元年（九二三）四月には道真を右大臣に復し、正二位を贈るなど慰撫《いぶ》に努めていたが、特に延長八年六月、宮中に落雷があり、大納言藤原清貫《きよつら》らが震死したのがとどめとなって、北野に天満宮が勧請《かんじょう》され、ここに天神《てんじん》信仰が公認される運びとなる。同年九月には醍醐は譲位、そして死去してしまった。

こうした経緯からみて、天神信仰が御霊《ごりょう》信仰の一種の発展であることは疑いない。御霊信仰というのは、疫病《えきびょう》等の災厄《さいやく》を、政治的に非業《ひごう》の死をとげた、つまり身に覚えのない罪を背負って抹殺された人々の報復とみなし、これを祭ることで鎮魂《ちんこん》して災厄から免れようという信仰である。この祭りが表面に現れたのは貞観五年（八六三）に神泉苑《しんせんえん》で挙行された御霊会《ごりょうえ》で、その時には早良《さわら》親王・伊予《いよ》親王・橘逸勢《たちばなのはやなり》・文室宮田麻呂《ふんやのみやたまろ》ら六人の鎮魂が主旨であった。貞観一一年創始と伝える祇園祭《ぎおんまつり》（天禄《てんろく》元年〈九七〇〉創始説もある）も、御霊信仰のひとつであるが、道真の場合は、以前から北野で祭られていた雷神（雨を降らせる神）信仰（元慶年間に藤原基経が雷公を祭って豊年を祈ったという。『西宮記』巻七裏書《うらがき》）とも結びついて、強力な御霊、逆にいえばこれさえ祀っておけば安泰が保証される、そういう神として朝野の尊崇を集めることになった。

4——延喜の治

延喜の格式

醍醐・村上両天皇の時代は、律令制度励行への最後の努力がなされた時期であった。その最も象徴的なものを挙げれば、延喜の格式《きゃくしき》の編纂と施行、銭貨の発行、これに加えて班田励行命令を含む延喜荘園整理令となる。

まず、延喜の格式であるが、ここでいう格とは、律令の規定を改めるように命じた個別の命令を、二官八省などの官司別に集成した法典のことで、式は律令や格の施行細則を、これも官司別に集めた法典である。

平安時代に入ってのち、嵯峨天皇の時に弘仁の格式、清和天皇の時に貞観の格式が編纂されていた。ところが、格についていうならば、『貞観格』に収められた命令(弘仁一一年以来貞観一〇年までに出された詔勅や太政官符)以後にも命令は出続けるので、延喜七年までに出された律令や格の規定を変更するような命令を収めたものが作られた。これを『延喜格』という。現在、格は三代いずれの格もそのままの形では残っていないが、三つの格に収められた法令をテーマ別・年代順に並べ直した『類聚三代格《るいじゅうさんだいきゃく》』という書物が一一世紀に編纂されており(編者不明)、これを用いて三代の格のほとんどを知ることができる(関晃・熊田亮介一九八九)。

式についてはもっと複雑な経緯があり、『弘仁式』が編纂されたのち、そこに記された個々の規定を変更・補足した規定だけを集めた『貞観式』が編纂されていたのだが、これでは官僚は常に弘仁・貞観の両式を調べなければならないので不便だった。そこで、式ならばこれだけ見れば良いという形のものを作ろうとしてできあがったのが『延喜式』である。その編纂過程では、醍醐天皇が自らチェックした形跡があり、確かに完成度の高い詳細な施行細則集ができあがった(虎尾俊哉一九六四・一九八五)。

しかし、それらの施行細則は律令格の施行細則であり、当然ながら律令制のさまざまな規定、たとえば戸籍・計帳・班田収授の制度が活きているときには大きな意味を持つが、それらの制度が立ちゆかなくなった時には、実際に行われていることとズレが生じてしまうのはやむを得ない。そこでせっかく体系的で膨大な施行細則集として『延喜式』はできあがったものの、それはしばらく放って置かれ、施行されたのは村上天皇死去直後、冷泉天皇即位前の康保四年（九六七）七月になってからであった。施行がこのように遅れたのは、その施行が必ずしも時の要請によったものでないことを示しており、村上天皇の文化事業の一つとして、醍醐天皇の意思を尊重するという姿勢の象徴と見るのが穏当である。ただ、唐の式も弘仁・貞観の両式も一部しか伝わっていないのに対して、『延喜式』は、ほぼ全文が伝わっているので、結果的には奈良平安時代史の研究上、非常に重要な役割を果たすことになった。また、『延喜式』以後、こういった施行細則集は編纂されなかったので、徴税なども含めて一〇世紀以降のさまざまな行事・政務処理上での、根本の基準ともされたのであった。

延喜の荘園整理令

醍醐天皇時代の施策として最も著名なのは「延喜の荘園整理令」であろう。延喜二年三月一二・一三両日、合わせて九通の太政官符が発せられた。二日間にまとめて出されているので、九通の官符の内容は相互に関連が強く、その基本姿勢が一貫したものであったことは容易に想像される。ただ、その時の政府としては一貫させたつもりではあっても、現実の作用としては政府の思惑とは異なってしまうことも十分にあり得ることである。そのあたりが、これらの官符の歴史的意義を考える際の鍵になるだろう。

九通の官符の中には、班田収授（『三代格』巻一五）や田租・調庸の収取（『三代格』巻八・一五）、あるいは国司制度について（『三代格』巻五、『政事要略』巻五四）、若干の譲歩をしながらも、できるだけ律令の規定に立ち帰って実施するようとの命令が盛られており、ここから全体の基調を推し量れば、いわゆる律令制度再建の取り組みの最後の努力を示したものという評価に落ち着く。実際問題としては、後で述べるように土地制度・租税制度・国司制度といった分野では、現実を直視した施策が次々に打たれたのであった。したがってこれらの官符は、一応の建前を述べたもの、歴史的にはそのように理解すべきであって、積極的な意義を見出しがたいということになるだろう。

一方、残りの四通の官符は、（一）御厨《みくりや》や勅賜田《ちょくしでん》の停止（『三代格』巻一〇・一九）、（二）院宮王臣家《いんぐうおうしんけ》の山川藪沢《さんせんそうたく》占有の禁止（『三代格』巻一六）、（三）院宮王臣家と地方有力者との結合の禁止（『三代格』巻一九）、という内容である。中央の貴族達が地方の有力者と結託すると、国司・郡司という正規の支配機構を通じて政府の収入を確保することが難しくなり、裁判その他の秩序維持のシステムも正常に機能しなくなる。そこで、個々の貴族としての利害を超えて、貴族たちが構成・運営する政府機構の統治システムを再確認し、そのシステムを通じて集めた利益を分配するという基本方針が確認されたのだというように、これらの官符の意義を捉えることができる。この時期の荘園は、中央の貴族や寺社が、購入したり寄進・施入されたりといった形で獲得した耕地の集積体であった。さらに開発する予定ということで占有した広大な荒れ地も荘園に含み込まれていた。これらの土地の獲得に当たっては、国司や郡司などの支配から脱して、彼らの上に立つ者に保護を求めたいという地方有力者と院宮王臣家との間に共通の利害関係があっただろうから、これら一連の官符の中の、特に「応に停止すべき勅旨開田、并《なら》びに諸院・諸宮及び五位以上の、百姓の田地・舎宅《しゃたく》を買取り、閑地・荒田を占請《せんせい》する事」「応に禁制すべき諸院・諸宮及び王臣家の、山川藪沢を占め固むる事」を「荘園整理令」と呼ぶことは可能ではある。

しかし、延久の荘園整理令（一〇六九年）の時のように記録荘園券契所を設けて個別に証文を審査するといったことも行わず、一片の法令でもって、しかもこれまでにも何度も同趣旨の法令がでているにもかかわらず、ほかならぬこの延喜の荘園整理令でもって、地方有力者と中央の院宮王臣家との結合が遮断され、そして荘園の拡大が阻止されるというようなことがおこりうるのだろうか。実際の歴史は、中央政府が受領統制に努めて歳入を確保する方向へと進み、単に中央の院宮王臣家と地方有力者との間の結合の禁止令を出して済ますことを繰り返さなくなったと考える方が理解しやすいように思う。

戸籍制度の崩壊

平安時代に入って、戸籍の制度が乱れ、班田収授も令の規定の六年に一度というのが十二年に一度になるなど、弛緩してきた。延喜年間ともなると窮まるところまで行ったということができる。実例で検討しようと思えば、延喜八年（九〇八）の周防国玖珂郡玖珂郷戸籍（『平安遺文』一九九号）が好例であろう。一戸の構成人数が膨大になっているうえ、高齢の女性が非常に多い。これは、班田を受けながらも、課丁《かてい》すなわち成人男子に課せられる調庸の負担はなるべく少なくなるように作為された戸籍、より具体的には、ずっと以前に死亡したはずの女性を戸籍上では残しておくという操作によって作られたものと考えられる。こういう戸籍に基づいて班田収授を行えば、いくら耕地があっても足りるはずがない。

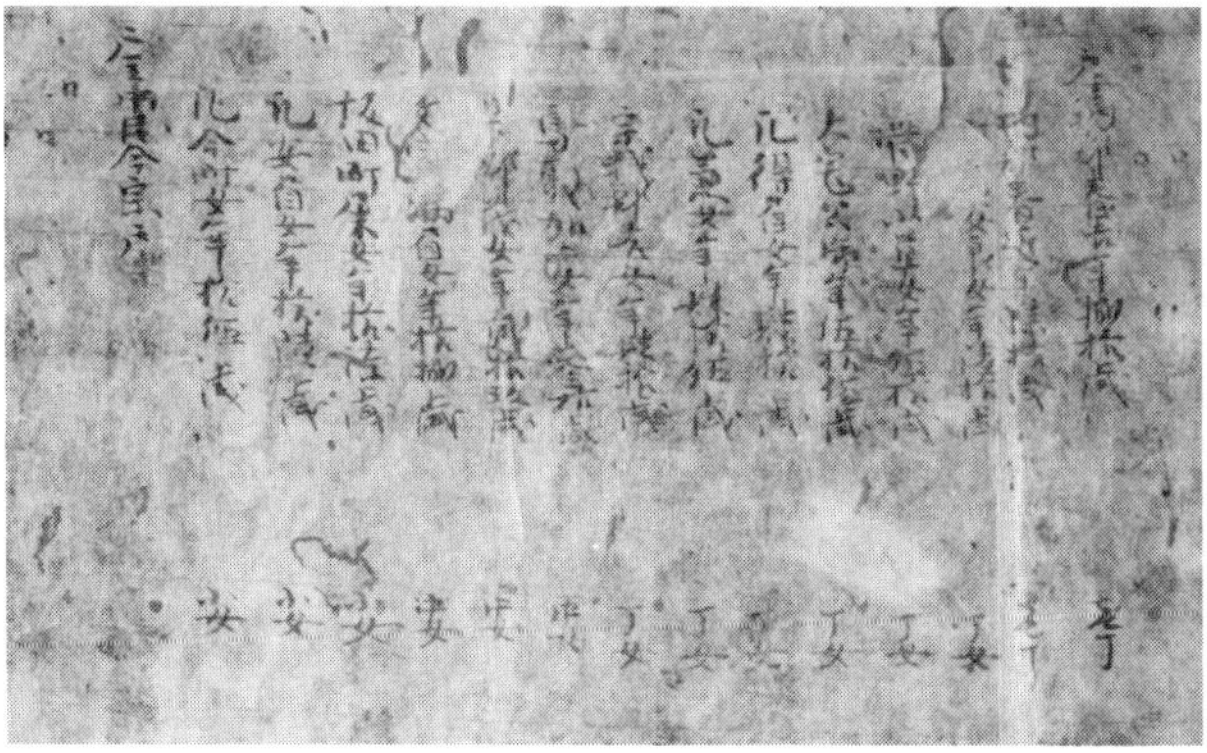

図5　寛弘元年讃岐国大内郡入野郷戸籍（九条家本延喜式紙背）

三善清行の意見封事十二箇条

律令制的な人身把握の崩壊を物語るもう一つの著名な史料が、三善清行の意見封事十《いけんふうじじゅう》二《に》箇条《かじょう》である。意見封事というのは、天皇が臣下の率直な見解を求めたのに対して、天皇だけが読めるように密封して提出した意見書である。いくつかの例が残っているが、三善清行が延喜一四年四月に醍醐天皇に提出したそれは、確かに調子よく読めるなかなかの名文である。その書き出しの部分に、次のような一節がある。

備中国《びっちゅうのくに》の下道郡《しもつみち》の迩磨《にま》郷という地名は、斉明《さいめい》天皇の百済《くだら》救援の際に二万人の兵士を提供しえたことから生まれた「二万《にま》郷」という呼称がもとになっている。天平神護年間（七六五～七）に吉備真備《きびのまきび》が調べたところでは、課丁（調庸を出す義務を持つ成人男子）が千九百余人いたという。貞観の初めに藤原保則が数えたときには、課丁はわずかに七十余人しかいなかった。自分が寛平五年（八九三）に備中介になったときには、この郷の課丁は老丁二人、正丁四人、中男三人しか在籍せず、延喜一一年に任期を終えて帰京した備中介藤原公利《きんとし》に尋ねたところ、戸口は一人もいないということであった。いささかショッキングな課丁の激減ぶりで、もしも本当に全国的にこのような課丁の減少があったならば大変なことになるだろう。しかし、これは少なくとも一種のトリックか、特殊例を一般化しようとしたものとしかいえない。そもそも奈良時代前半における一つの郷の課丁数は、せいぜい二百数十人であり、二万人はもちろん、千九百人もあり得ない数字である。戸籍で三十年、計帳の保存期間はそれより短いから、真備の時代の数字の根拠も検証しようがなかった。『延喜式』巻二五主計下には「凡そ諸国の大帳にて、課丁の数に損有らば、随って即ち返帳せよ。若《も》し（大帳）使等塡ずべきの状官に申さば、外題を下して、返抄に注し載せ、後年塡《うず》めしめよ」とあり、国司は課丁の数の減少を極力抑えることが求められていた。国司としての勤務評定の大事な要素に課丁の維持、すなわち調庸の維持があったので、簡単には課丁の数は減らせないのである。疫病・飢饉の影響で増減は免れないが、奈良時代から平安時代中期にかけての課丁数は、大きくは変わらなかったと見て良い。となると清行の意見封事での記述は、播磨国迩磨郷の特殊例と見なさざるを得ないだろう。ただし、平安京の近傍では、伝手《つて》を頼って六衛府の舎人《とねり》（下級武官）になったり、院宮王臣家の保護を受けたりして課役免除の特権を手に入れる輩が大勢いたらしく、そうなると確かにこれらの地域の課丁は減少した筈である。

ここで一例として延喜八年の周防国の戸籍を見れば、確かに多数の班田を受けられるように女性の、しかも年寄りが多いことはわかるが、だからといって課丁の数が少ないわけではないことがわかる。ここからわかる国司の、ひいては政府の方針は、班田収授は崩壊しても仕方がないが、調庸は確実に規定量を確保したいということだろう。実際の施策も、この方針に沿って行われた。その施策の中心は国司の受領化と、その受領が税を取り立てる対象としての負名《ふみょう》の制度の確立である。その過程は次章で説明していこう。

二　藤原忠平の時代

1――受領の誕生

藤原忠平と摂政・関白

醍醐天皇には多くの皇子がいたが、延喜四年（九〇四）、基経の娘穏子《おんし》を母とする保明《やすあきら》親王を皇太子に立てた。しかし、親王は延喜二三年三月に二一歳で死去してしまう。そこで次には保明親王と時平の娘（仁善子《にぜこ》?）との間に生まれた慶頼《よしより》王を皇太子に立てたが、彼も延長三年（九二五）六月に死去してしまった。そこで同年一〇月には、醍醐天皇と穏子との間に生まれた当時三歳の寛明《ゆたあきら》親王を立てて皇太子とし、延長八年九月二二日、病状が重くなった醍醐天皇は、皇太子に譲位した。この時皇太子は、まだ八歳だったので、譲位の詔書の中で醍醐天皇は、筆頭公卿の左大臣であり、また母后となる穏子の兄でもある藤原忠平に摂政を命じた。二九日に天皇が歿すると、一一月二二日に皇太子が即位して朱雀《すざく》天皇となった。こうして久しぶりに天皇の親政が止められ、摂政が置かれることになったのである。

忠平が太政大臣に任じられた承平《じようへい》六年（九三六）の翌年正月四日、朱雀天皇は元服したが、忠平はなおしばらくの間、摂政を務めており、最終的に彼が摂政を辞して関白になったのは天慶《てんぎよう》四年（九四一）のことであった。もっともこの間、忠平は摂政を辞そうとしなかった訳ではない。天皇の元服から一年半以上経った天慶元年八月一三日、忠平は「摂政を辞するの表」を出し、忠仁公《ちゅうじん》（良房）も清和天皇の元服後に摂政を辞めているのだから、自分もそれに倣《なら》いたいと申し出ている。しかしこれに対しては勅答で、忠仁公が摂政を辞めた後に応天門の変が起こっていることを想起し、やはりこれまで通りに摂政を務めるようにと命じたことは前述した。こうして最終的に忠平の摂政辞任が認められ、関白になったのは、平将門・藤原純友の乱が終息した後の天慶四年一一月である。

朱雀天皇には皇子が生まれなかったので、天慶七年四月に同母の弟である成明《なりあきら》親王を皇太子とし、天慶九年には譲位した。母の穏子に迫られて、心ならずも退位したと伝えられている（『大鏡』下）。宇多法皇が亡くなって以降（承平元年〈九三一〉）、朱雀朝から村上朝の初期までは、太皇太后穏子は天皇家の最長老であり、忠平の妹でもあったので、朱雀の譲位のみならず、村上天皇と中宮安子との間に生まれた憲平親王（後の冷泉天皇）の立太子など、さまざまな面で大きな発言力を持っていたようである（藤木邦彦一九六四）。藤原氏にとっては、二人の天皇（と亡くなった皇太子保明）の母がいたからこそ忠平が摂関を復活できたともいえるわけで、このためのちに穏子は「大后《おおきさき》」と呼ばれている（冷泉・円融両天皇の母となった藤原安子〈村上中宮〉が中后《なかのきさき》と呼ばれている）。

既に二一歳になっていた皇太子成明が即位して村上天皇になったが、忠平は結局、天暦三年（九四九）八月に死去する年の正月まで関白を続け、その後に天皇の親政が復活、後世いうところの「天《てん》暦《りゃく》の治《ち》」が展開することになる。

この忠平の執政期には、三つの重要な事象が見られる。第一は、公領《こうりょう》における「名《みょう》」の初見がこの時期であることであり、「負名《ふみょう》」という呼称もこの頃までは遡りうることである。第二は平将門《たいらのまさかど》と藤《ふじ》原純友《わらのすみとも》の乱が彼の執政下に起こっていることである。第三は政務処理の面で、行事所など、全盛期の摂関政治を駆動させていたシステムが確立したことである。このうち前の二つの事象は、必ずしも忠平の個性に関わるものではないが、受領制度の確立とともに、彼の統治していた時期の地方の情勢を描くには欠かせないものであるので、ここで説明しておこう。三番目の事象については、次章で扱うこととする。

受領とは何か

受領《ずりょう》制度と負名制度の確立、これこそが、摂関政治最盛期の人々が「延喜天暦の治」から実質的な恩恵を被った最大のものである。ここでいう受領の制度というのは、諸国の統治を、現地に赴任している国司の最上位者（通常は守《かみ》）に一任する制度であり、負名の制度というのは、いま述べた受領が国内から税を取り立てるときのシステムのことである。まずは受領制度の成立について、簡略にその背景と経過を説明することにしよう。

そもそも律令制の規定では、国司は他の官司と同様に四等官制を採っていた。すなわち守《かみ》・介《すけ》・掾《じょう》・目《さかん》であり、彼らは都から派遣され、原則的に四年（大宰府管内、すなわち西海道の国司は五年）の任期で交替する。国には課丁の数や田畠の面積を考慮した大・上・中・下のランクがあり、大国なら掾・目にそれぞれ大・少各一人が定員とされるなど、ランクに応じて国司の員数には違いがあったが、いずれにせよ国司の行政は、この四等官の連帯責任制であった（原田重一九五八）。

留国官物と解由状

中央政府から見た場合に、国司に最も期待されたのが円滑な国内運営であることはいうまでもないが、財政面でいうならば、諸国の財政を健全に保つことと、中央政府の財源である調庸《ちょうよう》等の納入をきちんと済ませることであった。前者は、諸国の財産の管理・運営が中心となる。財産の中には役所の建物そのものなども含まれるが、特に重要だったのは公《く》出挙《すいこ》の本稲《ほんとう》である。この本稲を春夏に公民に貸し出して、秋に三割の利息を加えて返させ、その利息分で諸国の様々な費用をまかない、また中央が必要とする物資を購入して納入する仕組みなのである。諸国の財政状況は、年度ごとに政府に提出される「正税帳《しょうぜいちょう》」その他の帳簿でチェックされたが、これとは別に国司交替の際には、役所の建物等をも含めた留国官物《りゅうこくかんもつ》（現地にあるべき公の財産）が、前任者から後任者に問題なく引き渡されたかどうかが重要となる。

そこで奈良時代に既に、新任者（「新司《しんじ》」、あるいは「後司《こうし》」という）が「間違いなく前任者から官物（官庁の備品。諸国の備品の場合には「留国官物」）を受け取りました」という趣旨の文書（解由状《げゆじょう》）に、同僚とともに署名して前任者（前司《ぜんじ》）に手渡し、前任者はそれを太政官に提出することで無事に引き継ぎが完了し、次のポストに任命されるのを待つという仕組みが作られていた。このやりとりのうち、前司が新司に官物（諸国では留国官物）を引き継ぐことを「分附《ぶんぷ》」といい、新司がこれを受け取ることを「受領《ずりょう》」と呼ぶ。これが語源となって、早くも『日本後紀《にほんこうき》』弘仁三年（八一二）一一月戊辰条には、

制すらく。解由《げゆ》を与ふるの日、受領之官、署名已《すで》に畢《おわ》るも、任用之人《にんよう》、假《け》（休暇）に依りて署せず、此の如きの類は、式・兵両省、例に依りて勘返《かんぺん》（受け取り拒否）せよ。

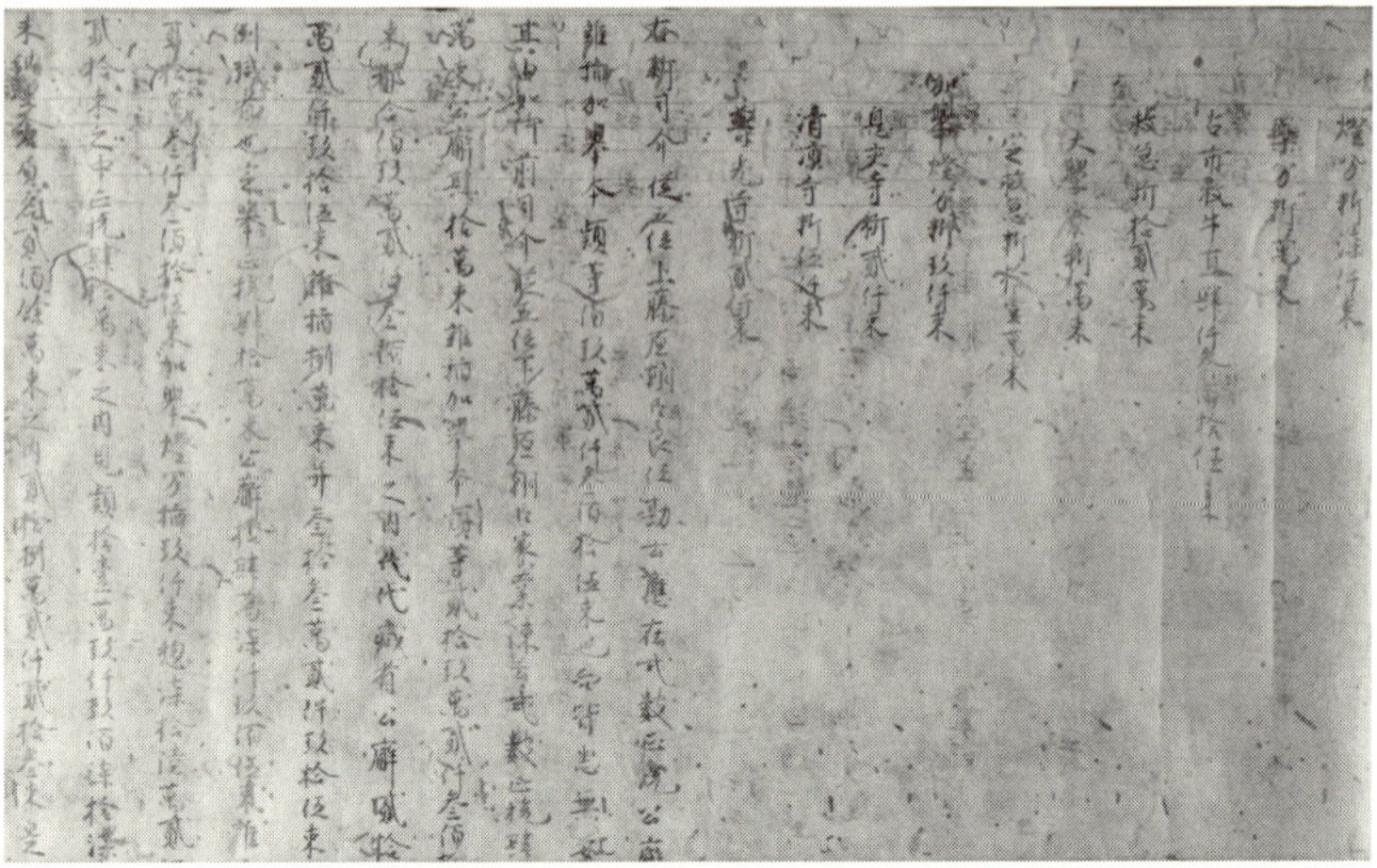

図6　上野国不与解由状案（九条家本延喜式紙背）

と、「受領之官」という表現が出ており、「任用之人」と対比されて、その官庁のトップ（官長）のことを指していたことが知られる（寺内浩一九九二）。ここでは国司には限られていないが、監督の目の届きにくい遠隔地で引き継ぎをせざるを得ないことと、財産運用の規模の大きさとの理由から、「受領」「任用」「交替政」「分附」「解由状」という言葉は、ほとんどが国司について、あるいは国司の交替の場面で用いられることになっていった。

実際には新司から前司に解由状がスムーズに手渡されることは稀で、留国官物に生じた欠損の責任のありかをめぐって紛糾することが多かった。そういう場合は新司の摘発した問題点とこれに対する前司の反論とをともに記し、双方が署名した「不与解由状《ふよげゆじょう》」（「解由を与えざるの状」の意）という文書が作られることが多かった。そこで平安時代に入ると、勘解《かげ》由《ゆ》使《し》という役職が設けられて（延暦一六年〈七九七〉

ころ設置、大同元年〈八〇六〉廃止、天長元年〈八二四〉再置）、不与解由状に記された双方の主張を検討し、責任の所在を明らかにして補塡を命じるという仕組みが整えられた。

調庸の納入責任

一方、調庸等の方は、中央から見た場合、違期《いご》・麁悪《そあく》・未進《みしん》の三つが問題になった。違期とは、調庸等の納入期限が守られないことであり、麁悪とは、品質が悪いことである。大げさな表現ではあろうが、蜘蛛《くも》の網のような布が納められたという。最悪の事態が未進で、これは文字通り、納入されないことであった。こまかい経緯は省略するが、九世紀後半の紆余曲折を経て、調庸等の納入責任は、現地に赴任する国司の最上席者に集中されることになり、さらに良吏として知られる藤原保則が提唱して出された仁和四年（八八八）七月二三日官符（『類聚三代格』巻五）によって、任期中の調庸の納入責任は、本質的には関係がない留国官物の維持責任とリンクさせられた。これ以後、調庸に未進があれば解由を返却（受け取り拒否）されることになったのである（北條秀樹一九七五）。時期的にいえば、これは宇多天皇の治世の初め、あらためて基経を関白に任ずる宣命を下して阿衡の紛議が収束へと向かった（同年六月二日）直後のことであった。

『土佐日記』の冒頭近くに、

ある人、県《あがた》のよとせいつとせ果てて、例のことども皆し終へて、解由など取りて、住む館《たち》より出でて、船に乗るべきところへわたる

とあるのは、忠平が摂政をしていた承平四年（九三四）一二月、その年四月二九日に新しく土佐守に任じられた島田公鑒《しまだのきみあき》との間の交替手続を終え、これから都に帰ろうとする紀貫之《きのつらゆき》の状況を表している。

もっともこの時に貫之が受け取った「解由」は、不与解由状であった可能性が大きいが。

受領と任用

納入責任が一人に集中すると、当然その一人には大きな権限が与えられなければならない。こうして国司の四等官制は有名無実となり、現地にはその一人、多くの場合は守のみが赴任することになっていった。ただし、常陸《ひたち》・上野《こうづけ》・上総《かずさ》の三国は、親王任国《しんのうにんごく》といって親王が守に任命され、守としての給与は、赴任はしないが任じられた親王の取り分になる仕組みだったので、そこでは介が受領として赴任することになる。

赴任するトップ（官長）一人は、納入責任だけでなく、留国官物の管理・運営の責任を、そして当然引き継ぎの責任を負うことになる。ここに、現地に赴任する国司の最上席者を指して「受領」という呼称が用いられるようになるいわれがある。その一方で、「受領」に対してそれより下のポスト（「任用」と呼ばれる）には、任命されるのみで国務を執らない者もでてきた。国司のポストには、公廨《くげ》稲《とう》の配分に預かる根拠という一面があるので（大津透二〇一五）、赴任しないポストにも任命はされるのである。受領が任命された時に、太政官から任国に向けて出される任符《にんぷ》（赴任通知書）には「官物《かんもつ》一事已上依ㇾ例分附」（官物一事以上、例に依りて分附せよ）と命じられているのに対して、任用の任符にはただ「至即任用」（至らば即ち任用せよ）とあるのは（『類聚符宣抄』巻八）、受領と任用との違いをよく表している（佐藤泰弘二〇〇一）。

つまり、「受領」とは、留国官物の管理・運営と、受け取り・引き継ぎの全責任を、また調庸等一切の中央政府への納入責任を負うポストとして誕生したのであった。この事実を反映するように、国司から中央政府（太政官）へ出す文書（国解《こくげ》）において、また国司から郡以下へと出す文書（国符《こくふ》）においても、本来四等官が署名するべきところ、下向けの国符はいうまでもなく、上向けの国解においてすら、長官（守）一人しか署名しなくなってしまったのであった（富田正弘一九七五）。

富豪層の出現と郡司

ここまでは専ら、律令制本来の国司四等官連帯責任制から、現地赴任最上席国司への権限・責任集中という筋を説明したが、同じころ、律令制において国司の下に置かれた郡司の立場にも大きな変化が生じていた。

律令制の地方行政組織は、中央から派遣される国司のもとで、その土地の有力者から任命される郡司が、戸籍づくり、班田収授と公出挙、調庸の徴収と都への搬入等、国内の行財政を実質的に切り回していた。そういった郡司には、したがって大化前代の国造の子孫や、あるいは大化改新の直後に評が置かれた頃に指名された有力者の子孫が任命されるのが常であった。郡内の住民との伝統的な支配関係を温存して利用しなければ、律令制に基づく地方支配は成り立たなかったのである。

しかし平安時代に入る頃には、そうした郡司の郡内支配がかなり動揺していた。その原因はいくつか挙げられる。第一に、郡内の住人の中には、稲穀を貯え、これを元手に私出挙を展開し、それによって周りの住民との間に支配関係を作り出す者が生まれてきたのである。こうして富裕になった者のことを「富豪層」と呼ぶことがある（戸田芳実一九五九）。もちろん富豪層の中には、才覚を発揮した郡司も含まれる場合があったが、その土地の開発者という伝承を負っていたり、祖先の時代からの支配者という伝説を背負っていた伝統的な郡司の権威は、全く別の経済的論理・力関係に基づいて勢力を伸ばしてきた富豪層の存在によって、著しく失墜していったのである。

第二に富豪層は、国司や郡司の支配のもとに置かれることを拒否する傾向があった。富豪層の事実上の支配下の住民の中には、浮浪・逃亡してきた者もいたし、自活できない（自活できない境遇に落とされた）公民も大勢いた。彼らを抱え込んで大規模な経営を営もうとし、また墾田開発にも手を出そうとする場合に、問題になるのは公出挙や調庸の負担である。国司・郡司は戸籍を基準として毎年作られる計帳に基づいて調庸を、また戸籍に基づいて班田された戸ごとの田の面積に応じて田租を徴収し、また公出挙を強制割り当てしていたのだが、富豪層としては、こうした負担は少なければ少ないほど良い。もちろん富豪層の中には、先ほども述べたように、伝統的な郡司の一族の出身であったり、あるいは郡司その人であったりする場合もあるが、そういった場合も、郡司であることのメリットよりデメリットの方が大きくなれば、国司のもとで郡司で居つづけることを厭うようになる。こういった場合、国司よりも上の権威にすがって国司の支配を逃れようとするのは当然である。

院宮王臣家

ここに現れたのが、前章でも取り上げた院宮王臣家、すなわち中央の有力貴族たちと、調庸を収納したり財源としている在京諸司とであった。院宮王臣家は、権威としては国司よりも上にあり、国司の人事をも左右しうる立場にある。また、国司を通じて、職封や位封などといった封戸《ふこ》からの収入を受け取る権利を持っていることも多い。封戸が京・畿内に近い地域にあれば、院宮王臣家の方から使者を現地に派遣するか、現地の有力者と結託して自分の取り分を確保し、あわよくば墾田《こんでん》を買収したり様々なサーヴィスを手に入れようとするのは当然の流れである。

こういった情況が、九世紀後半に盛んに問題とされた院宮王臣家や諸司と、諸国の有力者との結託の背景である。これを根本的に解決するには、寛平から延喜にかけての法令のように「結託してはいけない」というだけでは不十分であり、院宮王臣家や在京諸司の方も納得する方策を打ち出さなければならない。この問題を正攻法で解決しようとすれば、官司や定員の統廃合などの合理化を進める一方で、正規ルートで入ってくる中央の総収入を確保せねばならず、そのために国司の国内支配の貫徹が目指されたのである。

さて、九世紀後半の郡司の郡内支配の動揺の第三の原因は、上に述べたような情況が、郡内を上手にとりまとめ、住民から調庸を取り集め、それを都に運ぶという、律令制のもとで郡司に期待された役割を、根底から崩壊させる方向にあることに求められる。調はミツギモノ、庸は郡内の住民の代表（軍団から選抜される衛士《えじ》や、五〇戸から二人の成人男子が都に派遣される仕丁《じちょう》）や、郡司の子女を都に呼び寄せる兵衛《ひょうえ》・采女《うねめ》などといった一種の服属儀礼にともなう仕送り物資に由来する。つまり、郡司は擬制的な意味での国造の後身として、調庸を滞りなく負担しなければならなかった。ところが郡内住民の中で自分のいうことを聞く者たちが減り、逆に中央の権威を笠に着て郡司のいうことを聴かない者たちが増えてきたのである。郡司になり手がないという状況が生まれたのも、けだし当然であろう（森公章二〇〇〇）。

国衙雑色人郡司制への改編

こうした郡司制の危機に当たって、まず政府は、国司の指導性を大きく認める方策を採用した。弘仁年間には、従来からのいきさつにかかわらず、国司がこれと思った国内有力者を郡司に試験採用することを認めたのである。

こうして試験採用された郡司のことを擬任《ぎにん》郡司という。従来の郡司採用は、国司が国内の伝統的な家柄の人物や、能力が認められる人物を選んで中央に推挙し、これを中央の式部省で試験して候補者を決定し、最終的には天皇の承認を得て任命されるという、他の諸官僚よりは遙かに厳格な、ある意味では屈辱的なシステムがとられていた。これ自体が、国造の大王に対する服属儀礼を受け継いだものではないかとすら評価されている（早川庄八一九八四）。こういった厳格な制度を徐々に改め、とうとう国司の試験採用を、そのまま郡司とすることを認めたのであった（山口英男一九九三）。国司に郡司の人事権を一任することによって、国司の郡司指揮権を強化し、郡司を国司の手足として使えるようにしたのである。これは同時に、郡司定員の実質的増加と、郡司になりうる階層の拡大、職務の分掌といった、実務を処理しやすい体制への転換をも意味する。九世紀末から一〇世紀初めにかけての郡司は、従来の大領・少領といった肩書きが崩れ、郡老、検校などといったさまざまな肩書きを持たされて国衙の行政を分担していったので、国衙雑色人郡司制と呼ばれることもある（山口英男一九九一）。

こうして郡司は、郡内の伝統的豪族という基本的な性格を喪失し、国司のもとでの徴税事務係官という性格を強くしていった。実際に一〇世紀に入ると郡司の多くは国衙の役職を兼ねることが多くなる（高田実一九六八）。本章第三節で取り上げる将門の乱のきっかけの一つを作った武蔵国足立郡司武芝《たけしば》も、一方で国衙の判官代《はんがんだい》を兼ねていたのであり、郡内の徴税を怠りなく務めていた優秀な郡司として描かれているが、これはそういうことが義務として期待されていた伝統的な郡司から、国司の手足、国衙の役人としての郡司への転換期という、一〇世紀前半という時代層を反映しているといえよう。

国衙雑色人郡司制は、九世紀を通じて進められた国郡行政の一体化ともとらえることができる（加藤友康一九八八）。その際、国司の行政機能が郡司ないし在地勢力によって担われていく方向性を重視すれば、ここに在地勢力の成長を見出すことができるかも知れない。なにしろ国司は受領以外は実質的に機能しないのだから、受領が引き連れてきた郎等以外には、受領の下で国内の行政を担当するのは郡司や国衙の役人としての在庁官人《ざいちょうかんじん》という見方ができ、国衙は郎等と在地の勢力によって実質的に占拠されたと捉えられるわけである。

一方で郎等はもちろん在地の勢力も完全に受領に人事権を握られており、受領によって配分された職務権限に応じて収益・権益が設定された存在である（小原嘉記二〇一一）。国衙機構が政所・税所・田所などのさまざまな「所」によって構成され、さまざまな役目を負った在庁官人が国使として負名のもとに出向き、検田・徴税等の業務を果たす姿が史料上に現れるのは一一世紀になってからであり（中込律子一九八五・二〇〇〇）、在庁官人が安定した地位を築くまでの過程は複雑であるが、その間に受領による国内支配のリーダーシップを相当見込まなければならないことは確かであろう（坂上康俊一九八五）。

さて、こういった国司・郡司関係の変化は、国衙による郡家《ぐうけ》の吸収というように表現されることがある。この変化に対応するように、郡家が、一〇世紀になると消滅していくという現象が、考古学的に確かめられている（山中敏史一九九四）。郡家というのは、郡司の執務場所で、典型的には政務を処理するための郡庁《ぐんちょう》がある空間（郡庁院）と、田租や公出挙本稲・利稲を収納する巨大な倉庫が建ち並ぶ空間（正倉院）とからなっていた。郡家は、国庁よりも早く、七世紀末期にまで遡る例もかなりあるが（したがってそれらは「評家」と呼ぶべきものといえようが）、現在までに見つかっている郡家は、一〇世紀後半までにすべて廃絶している。このことは、伝統的な郡司の力が失われ、郡司は国衙の役人として受領に任用され、使われる存在になった情勢とよく対応しているといえるだろう。もっとも、治安元年（一〇二一）に焼かれた平致経《むねつね》（第五章に出てくる致頼の子）の尾張の宅は、「郡庁を壊却し、新たに作る所」（『左経記』同年六月三日条）とあるので、一一世紀に入るころまで郡庁が残っていたところもあったようであるが。

消えゆく郡家

郡家の廃絶とともに、郡司を輩出する有力な数家の地盤としての郡域の内部区画も、流動的な様相を帯びてくる。奈良時代以来、郡内にはいくつかの郷があり、郷は基本的に五〇戸からなる人間集団であった。しかし、次節で述べるように人頭税から土地への課税へと転換すると、郷は領域という性格を強めていく。この際、五〇戸という縛りもなくなるので、受領によって徴税しやすい単位に分ける方が合理的である。こうして一〇世紀末〜一一世紀初頭になると、それまでの郷名（研究史的には「和名抄郷《わみょうしょうごう》」と呼ぶ）の代わりに、「城下郡東郷《しきのしも》」（『平安遺文』三八五号。九九九年）「糟屋西郷」（『平安遺文』四四二号。一〇〇五年）のように「郡名＋東西南北等＋郷」といった新しい郷名を用いたり、さらにはもっと露骨に「名草郡郡許院」のように収納所（院）名を地域名にすることまであるのは（錦織勤二〇〇五）、これらの地域区分が、収納の業務上の単位以上のものではなくなったからである。但し、郡という領域を越えて編成替えされることはほぼ無いことには、留意しておかなければならない

一方、国衙とは、文字通りには国の役所という意味だが、国司の行政機構を意味する言葉としてよく用いられる。平面プランとしては国府という官庁域の中心にある国庁が、その国司の政務の場所であった。諸国の国庁は、おおよそ八世紀半ば頃までには整えられたようで、どこでも何度か立て替えられたり移転したりしてはいるが、たとえば筑後国府においては、三度移転しながらも、一二世紀までその変遷を追うことができる。

ただし、確かに国庁については、康和元年（一〇九九）春に因幡守《いなばのかみ》として赴任した平時範《ときのり》の記述（『時範記』）や、永久四年（一一一六）に三善為康が編んだ文例集『朝野群載《ちょうやぐんさい》』巻二二国務条々事《こくむじょうじょうのこと》からは、一一世紀末でも国庁が存在したらしいことが窺えるが、一一世紀の国庁のうち発掘調査で確認されたのは、実は筑後くらいしかない。受領の時代には国庁よりも受領の「館《たち》」の方が重要になった可能性が大きいが、摂関時代の受領の支配拠点については、今後の考古学的検討が待たれる。

受領の郎等

受領がその一身に担う中央に対する納税責任と、これを全うするための国内の徴税責任とを果たすためには、任国内で取り立てた手足も必要だが、諸国を歴任する中では、腹心として従ってくれる部下も必要とする。彼らは治安維持や徴税・納税といった実務に長けた専門

家といっても良い。こうした人材は任じられた国にいつも居るわけではないし、信頼関係という面から見ても、任じられた国にいつも同行してくれる有能な部下が欲しいのは当然である。こうして任国に引き連れていく受領の私的従者のことを、史料では「受領郎等」と呼んでいる。

もともと国司には、数名の傔従《けんじゅう》（ボディガード兼職分田耕作者）以外に従者が設定されていなかった。しかし、受領にとっては、介以下の任用は全く当てにならない存在で、そもそも任用は現地に赴任しない遙任《ようにん》が多かったから、そういった公的な形ばかりの部下ではなく、実務を担ってくれる部下が必要なのである。すでに『土佐日記』にも「郎等までに物かづけたり」と出てくるし、見送る側の新任の守の兄弟が、酒肴をもって餞別に来ていることも見えている。

清胤王書状の世界

こうした部下の中で、比較的早い時期の例として挙げられるのが、周防国の前守《さきのかみ》の在京代理人（弁済使《べんさいし》?）ともいうべき清胤王《きよたね》である（寺内浩・北條秀樹一九九八）。康保三年（九六六）に京都にいた清胤王から、周防国にいる周防前司に送られた一連の文書が、九条家本『延喜式』の紙背文書の一部として、偶然にも今日まで伝えられた。断片が多いため、解釈の難しいところもあるが、受領の任期が終了した後、都にあって、前司が「公文勘済《くもんかんさい》」を果たすために、主として主計・主税の二寮と折衝し、必要な書類を取りそろえようとして努力している様子がうかがわれる。

「公文勘済」というのは、次章で説明する受領功過定《ずりょうこうかさだめ》（受領の成績審査）の際に必要とされる書類を全部用意できた状態をいう。「勘」とは監査の意味で、それが「済」んだ、ということである。その

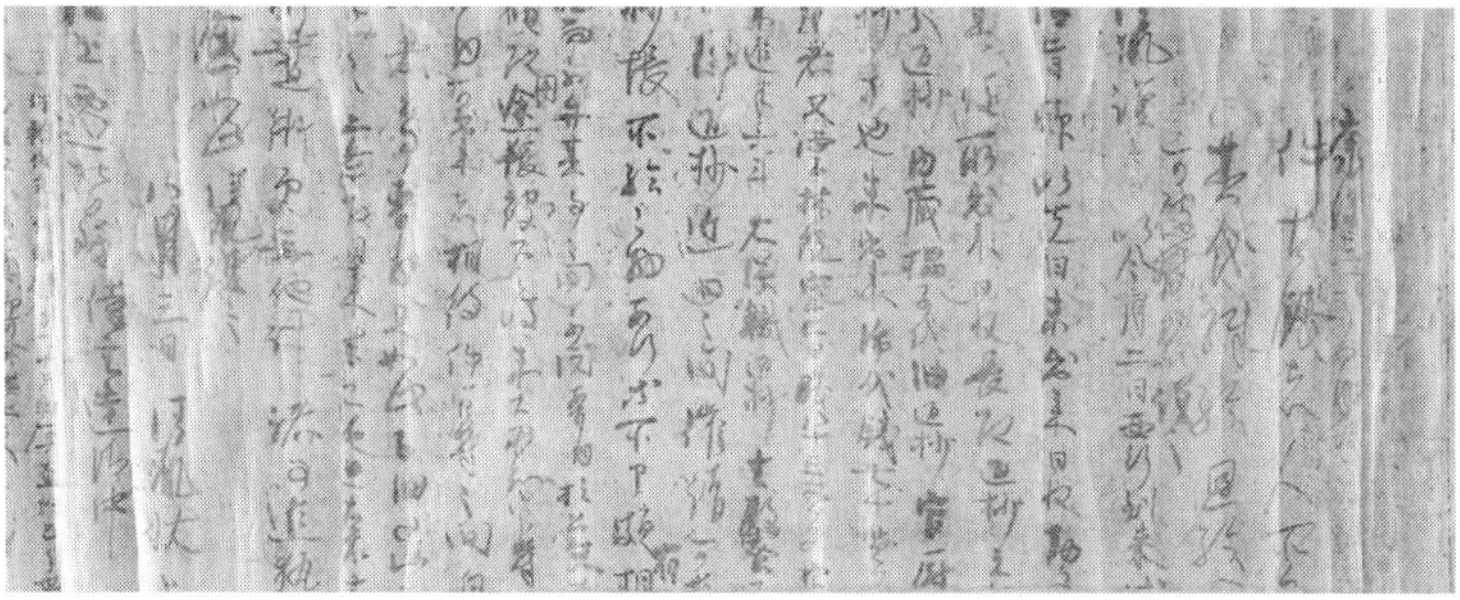

図7　清胤王書状（九条家本延喜式紙背）

際、特に必要なものは、中央の諸司・諸家への調庸その他の納入物の領収書（返抄《へんしょう》）であり、これをとりまとめて主計・主税の二寮との間で総決算をしなければならないのだが、その際に二寮の官人に対して「勘《かん》料《りょう》」という監査料を渡さなければならなかったし、また諸方に納入物を受け取ってもらうためには、「前分《ぜんぶん》」と呼ばれる手数料（古尾谷知浩二〇〇〇）まで用意させられることが多かった。現在の感覚でいえば、財務省や会計検査院の中下級の役人に賄賂を渡すようなものであるが、彼ら役人にとっては、それこそが大切な収入源だったのである。その二寮とのやりとりを、克明かつ頻繁に、まだ周防にいる前司に伝え、時には督促をする清胤王のおかげで無事「公文勘済」を果たすことができたかどうか、それは史料がないので何ともいえないが、このような働きをする有能な人材が受領に必要不可欠であったろうことだけは疑いない。

もっとも、従来から国司は、都に雑掌《ざっしょう》と呼ばれる出先の役人を置いて、中央官司と国司との間のやりとり実務を担当させていた（松崎英一一九六七）。長岡京の時代以前からあったそうした雑掌には、「成安」などという縁起の良い名前が付けられており、木簡や現存する文書に彼らの働きぶりが残されている。清胤王もある意味ではこの雑掌の機能を引き継いでいる存在ということができるが、彼の仕事の内容は、彼の時代における受領への責任の集中を反映して、もっぱら前守個人の公文勘済のみを担当しており、その点では受領が雇いあげたといった立場と考えてよいように思う。その意味で受領郎等の一人といえよう。

こうした受領郎等の中には、永延二年（九八八）尾張国郡司百姓等解文《おわりのくにぐんじひゃくしょうらげぶみ》に出てくる「有官散位《ゆうかんさんに》」のように暴力的な面でも受領を補佐する者がいるし、一一世紀末に成立した『新猿楽記《しんさるがくき》』に現れる「四《しろ》郎君《うのきみ》は、受領の郎等、刺史執鞭《しししゅうべん》（徒）の図なり。五畿七道に至らざる所なく、六十余国に見ざる所なし。船に乗りては則ち風波の時を測り、馬に騎っては廼《すなは》ち山野の道を達す」という記述は、受領に雇われて諸国を渡り歩く有能な郎等の姿であり、また、『枕草子』すさまじきもの（二三段）において、主人が受領に任命されるのを今か今かと待っている「はやうありし者どものほかほかなりつる、田舎だちたる所に住む者ども」は、今度こそは任国に連れていってもらおうとする郎等待望者たちの姿である。

2――課丁から土地へ

課丁を把握する

それでは、その受領は任国をどのように支配したのであろうか。律令制の税負担は、田の面積に比例してかけられる田租、および課丁（健康な壮年男子）にかかる調庸・雑徭《ぞうよう》が名目的には中心であり、これに加えて本来の意義としては春季の種籾《たねもみ》支給および夏期の食料支給でありながら、やがて官営強制貸付《かしつけ》になっていった公出挙を挙げなければならない。公出挙の割当基準については、たまたま正倉院文書として伝存している天平一一年備中国の「大税負死亡人帳」（『大日本古文書』二巻）を見れば、女性を含む大勢の人間が本稲を借りたまま死亡してしまった様子が分かるが、その借入額はあまりにも大小バラバラであり、また、茨城県鹿の子C遺跡出土漆紙文書「出挙帳」も同様の様相を呈している。結局、奈良時代の貸し付けの基準ははっきりしない。

ところで、課丁をつかまえるということは、なかなか難しい。ずっと昔、人が人とのタテ・ヨコのつながりなしには生きていけなかったころ、彼らは寄り集まって共同体を作っていたと想像される。その共同体の首長は、そのつながりを通じて、直接・間接に成員を把握できたはずである。その共同体の首長が成長して国造に、さらにのちには郡司になっていった。だから、そういう共同体が生きていた時には、厳密には無理でも、自分の支配下の成人男子の数については、大まかに把握できていたと考えられ、それに応じて、軍事動員など、朝廷からの負担割り当てにも応じられたと考えられる。成人男子単位の負担といえば、人頭税ということで、一人ひとりを把握しなければならないように考えられがちであるが、人口はそう変化するものではないから、ある時に数え上げれば、その数に応じて中央に対して納税額を請け負えば良いという、安易な方法ということも言えたのであった（大津透二〇〇三）。

律令制が施行され、戸籍・計帳の制度が導入されると、成人男子の把握は、この上なく厳密になった。新羅・唐に対する軍事的な緊張関係が背後にあるし、また、郡司に任じられるような地方豪族にとっても、自分の支配下の人間を効率的に把握する手だてを与えられたという面があったので、この制度は労力をかけながらも続けられたのであった。

　ところが、前述したように、公民の間に階層分解が生じ、経済的な関係を契機とした私的支配・隷属関係が生じ、その反面として共同体の一体性や機能が失われていく。また本来は備荒貯蓄であったものが、政府の手でしか開けられない貯金箱（不動倉）とされたあげくに、平安時代に入ってからは、年料別納租穀《べつのうそこく》（太政官符に応じて、京官の位禄・季禄などに回すために、諸国で毎年一定量をプールした租穀）や年料租舂米《そしょうまい》（太政官符に応じて、在京諸司の大粮米に回すために、諸国で毎年一定量をプールした、租穀を舂《つ》いた米）という名目で引き出されるのを目にし、また種籾班給であったものが、強制割り当ての高利貸しになってしまうのを見てしまうと、律令で定められた諸負担を逃れようとする動きが出てくるのも当然である。負担しなければならない説得力がなくなったのであった。その結果、郡司がその支配下の人間を確保することが難しくなった。

　この困難さが集中的に現れたのが、先にも触れた女性がむやみに多く記載されるなどの現象に顕著な戸籍制度の崩壊であり、当然戸籍に基づいて行われる班田収授もできなくなった。こうして、人頭課税ではなく、つまり戸籍を必要とせず、しかも収穫に応じて税を取り立てるという制度が模索されることになった。この時に参考にされたのが、荘園での地代《ちだい》（小作料）徴収の制度である。弘仁一四年（八二三）に実施された大宰府管内の公営田《くえいでん》もその一種で、土地を割り当て、調庸もすべて収穫の中から米で取り立てようというものであったが、実は荘園では早くも九世紀後半には、「名《みょう》」という徴税単位の仕組みを作り出していたのであった。

名とは何か

「名」とは何か、これについては長い研究史があるが、結局のところそれは土地所有の単位でも、また直接には経営の単位でもなく、徴税の単位であるということに落ち着いた（稲垣泰彦一九六二）。

徴税単位としての「名」が初めて見えるのは、貞観元年（八五九）の元興寺《がんごうじ》領近江国依知荘《えちのしょう》検田帳である（『平安遺文』一二八号）。この文書自体は、荘園の経営を現地で監督すべく派遣された元興寺の僧延保《えんぽう》の報告書であるが、これによれば、当時この荘園は「名」という徴税単位に分けられ、その「名」ごとに荘園領主たる元興寺に支払う地代の納入責任者が決められており、それは「田刀《たと》」と呼ばれていたことがわかる。

「名」にせよ「田刀」（「田堵」）にせよ、その呼称の由来を直接に物語る史料はない。しかし、名については、嘉保三年（一〇九六）七月二三日「伊賀国黒田杣稲吉解《そまいなよしげ》」（『平安遺文』一三六〇号）に、

　稲吉名《いなよしみょう》とは、御庄の下司《げし》是頼《これより》の負田《ふでん》であった得丸名のことであるが、しかし、是頼が亡くなったので、稲吉と改号したのである。（現代語訳）

とあることから、元来はその徴税単位の納税責任者の名《な》にちなんで「某々名」と呼び、それが台帳に記載されていたのであるが、やがて納税責任者が交替してもその名がそのまま使われるようになり、中には豊作への祈りを込めて、多産の「犬」を含んだ呼称を用いたりするようになったと理解されている（竹内理三一九四〇）。つまり、徴税台帳に登録された納税責任者の名《な》を徴税単位の名としたものに由来するのである。

一方「田刀」（田堵）については、近年発見された鹿児島県京田《きょうでん》遺跡出土の嘉祥三年（八五〇）の木簡に「田刀□（禰カ）」という言葉が見えることが注目される（虎尾達哉二〇〇二）。刀禰《とね》という言葉は「トネリ」などに通じ、儀式書の中では「刀禰召せ」などと、官人の意味で使われているが、元来は広く朝廷に仕える者を指す言葉ではなかったかとされている（虎尾達哉二〇〇三）。むろん田ごとの納税責任者が官人と同様であるわけはないが、要するに担当責任者という意味なのであろう。そういえば、現存文書での田刀の初見でもある元興寺領依知荘《えちのしょう》検田帳では、「仮令司愚不二弁傑一之、田刀何不二匡申一（たとえ元興寺から派遣された使者が愚かでわけが分からなくとも、いやしくも田堵であるならば、どうしてこれを訂正させないままにしてよいものか）」と、納税をごまかそうとする行為を批判されていたのであった（原秀三郎一九六五）。

「田堵」という言葉は、たとえば『新猿楽記《しんさるがくき》』において、

三の君の夫は、出羽権介田中豊益《とよます》、偏《ひとえ》に耕農を業《なりわい》と為して、更に他の計《はかりごと》無し。数町の戸主《へぬし》、大《だい》名《みょう》の田堵なり。

といわれているように、名の納税責任者として用いられているが、より直接的に「名」の納税責任を負う者という意味では、「負名」という呼称が用いられることがあり、負名が納税責任を負っている田という意味で、「名」のことを「負田」と呼ぶ場合もある。受領は何とかして負名から上手に徴税しなければならないわけである。

「名」というものは、先に述べたように現存史料では荘園の中にあるものが一番古いが、班田が行われない情況のもとでは、元来は口分田であったものも、「名」として把握されるようになったとして不思議ではない。このような変化、つまり荘園のような私田でも、一般の公田においても、徴税単位としての「名」が編成されたのが何時なのか、明確なことはわからないが、おそらくはそれぞれの国で最後に班田が行われた際の校田図《こうでんず》や班田図等をもとにしながら、遅くとも一〇世紀前半には、現実の耕作者を認定しつつ行われたものと推測される。

「堪百姓」と「名」の規模

「名」が設定されると同時に、その「名」の納税責任者が指名されたと考えるのが自然である。その際の選定基準は、「堪百姓《かんびやくしよう》」であることにあった（木村茂光一九七五）。農奴主経営を営む富豪層が負名として把握されたなどという表現がとられることがあり（戸田芳実一九五八）、さも有力農民のみが負名とされたかのような理解が見られるか、これは一面的で誤解を招きかねない。また、里倉負名という有力な私出挙経営者を想定することで、この理解を裏付けることもよくあるが（村井康彦一九六〇）、これは誤りである。負名が出現したのちに、負債を負ったままの負名を指して里倉負名と呼ぶことが行われるのであって、里倉負名が負名に転化したり、ましてや負名が一般的に里倉負名の後身であるわけではないからである（坂上康俊一九八五）。

では負名が設定されている「名」の規模とは、いったいどの程度のものであろうか。一一世紀半ばの事例ではあるが、第五章2節でも取り上げる有名な公領の名、大和国大田犬丸名は、一〇町程度の規模を持っていた（大石直正一九七三）。しかし、こういった大規模な名ばかりではなかった。このことは、永延二年（九八八）の尾張国郡司百姓等解文によって確かめられる。その第八条には、

一つ　裁断《さいだん》せられんことを請ふ、代々の国宰の分附せる新古絹布ならびに米穎《べいえい》等を郡司百姓の烟《えん》より責め取る事

右の新古物等、実に税帳の面に録載すといへども、有名無実なり。仍《よつ》て代々の国宰も更に求徴《きゆうちよう》することと無し。其の由《よし》何となれば、あるいは負名死去して四五十年に及び、あるいは負名逃散することすでに千余人を数ふるなり。しかるに当任の守元命朝臣《かみもとながあそん》（下略）

という一節がある。尾張国は大国で、一〇世紀前半に編まれた『和名類聚抄』では六二郷あるので（戸数にバラツキのある余戸・神戸・駅家郷を除く）、律令制下ならば三〇〇〇人以上の戸主がいたはずであるが、十世紀後半の段階で、ここ「四五十年」間を取り上げているのだから、仮に五〇年間としても逃亡した負名が一〇〇〇人を越すという事になれば、毎年二〇人程度の負名が逃亡したことになり、三〇年を一世代と考えるならば、同一世代の六〇〇人が逃亡したことになる。これは全戸主の実に五分の一という数字に当たる。逆にいえば、戸主の五分の一程度が負名になったとすれば、それはほぼ全員が逃亡したことになってしまう。もとより全員の逃亡はあり得ないことで、やはり逃亡者は全体の数分の一であろうから、八世紀の国内の戸主の数と一〇世紀の国内の負名の数とは、そう極端には変わりがなかったということになろう。三善清行の意見封事十二箇条に見えている課丁数から、一郷平均四五人程度の負名数を割り出している計算もある（吉川真司二〇一二）。

ちなみに、受田予定額が記されていることで有名な大宝二年（七〇二）の筑前国嶋郡川辺里の戸籍では、さすがに郡の長官である大領肥君猪手《ひのきみのいて》の戸の受田額は一三町を越し、四、五町の受田額の戸も混じっているものの、平均すれば二、三町といったところである。一方『和名類聚抄』に記す尾張国の田数は六千八百二十町余であり、これを郷数で均等に割れば一郷あたり一一〇町、律令制下の原則的戸数で割ると一戸あたり二町となる。もちろん一一〇町のなかには、荘園や職分田・位田、あるいは公田（乗田）等のさまざまな特殊な田が含まれていた筈だから、単純にこのような計算が成り立つわけではないが、それでもおおよその目安にはなろう。その一方で先に見たように『新猿楽記』では、「数町の戸主」を指して「大名の田堵」と賞賛しているのであり、これは逆にいえば、一般の田堵の「名」は二、三

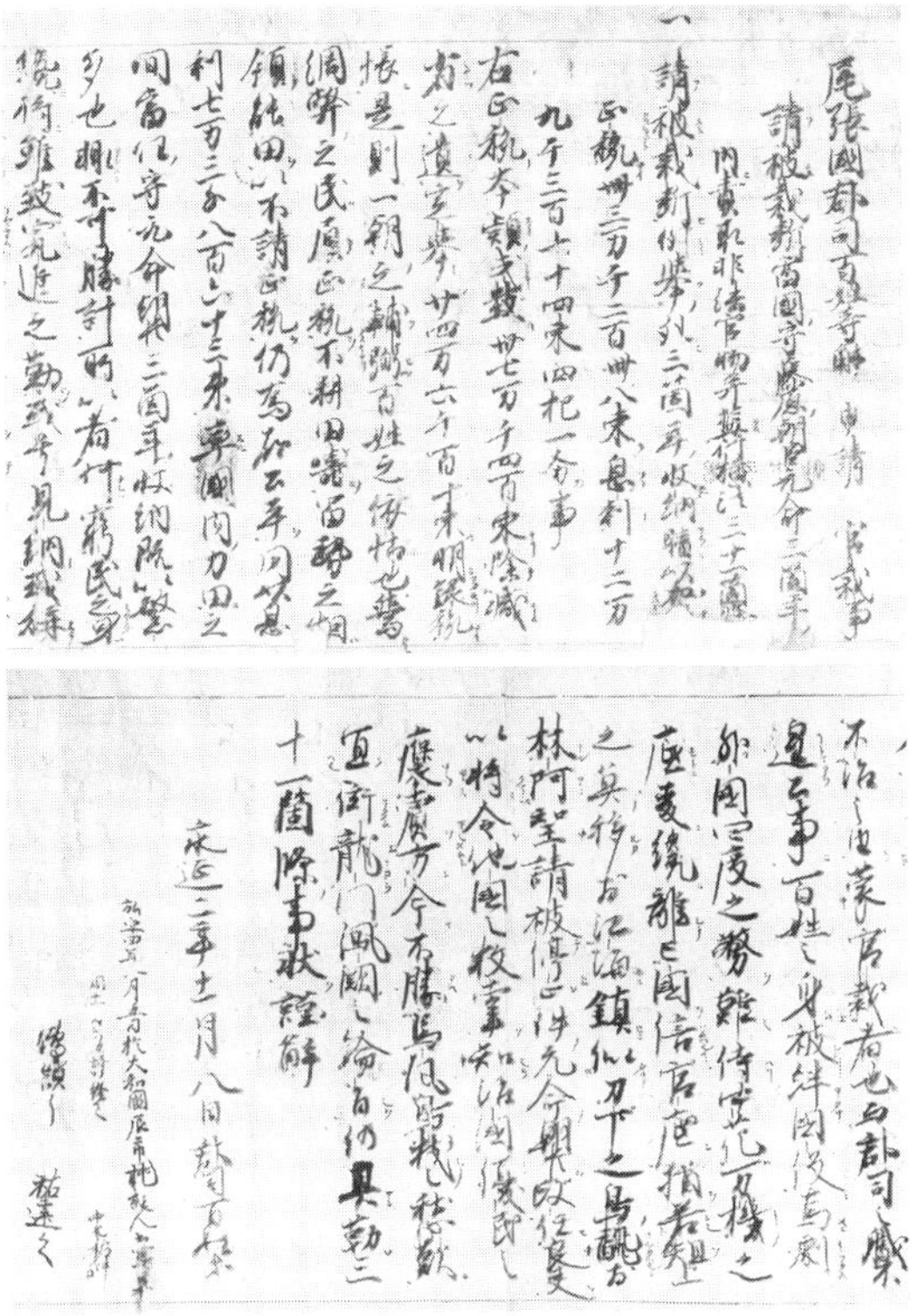

図8　尾張国郡司百姓等解文の冒頭と末尾（弘安四年書写本、早稲田大学図書館蔵）

町以下であり、つまりは律令制下の戸主と変わらないか、むしろそれよりも小さいことを意味しているのである。

要するに、負担は決して均等ではなく、大小さまざまな納税を課せられる徴税単位が、「名」として国衙の収納所に把握されていたのであって、そういった大小さまざまなものでも国衙の方から見れば一律に「負名」として把握されていたことが重要なのである。「負名」は「堪百姓」、つまり、「税負担に堪える百姓」という一点だけで「負名」とされているのであり、彼らは決して有力農民とか富豪層とかに限られるわけではなく、経営規模的には律令制下の「戸」と大きく異なるものではないものが多かった。

租税田と地子田

ここまでの経過の中で、わかりにくいのが律令に定められた土地制度との関係であろう。律令制下の水田は、ごく大雑把にいえば口分田と公田《こうでん》（乗田《じょうでん》）、それに寺田・神田・職分田《しきぶんでん》・位田などの給与的な田に分けられる。墾田永年私財法以後は、これに墾田が加わる。給与的な田についてはここでは触れないとして、残りの口分田・公田・墾田は、「名」が編成されていった際にどうなったのだろうか。

口分田については、次項で見るように「名」に組み込まれたらしい。口分田とはいっても既に一〇世紀に入ると班田収授は行われないから、事実上占有している者を田堵＝負名として国衙は把握していったものと思われる。

口分田の系譜を引く田は、永延二年（九八八）尾張国郡司百姓等解文（第二条）では「租税田」と称されている。租（田租）と税（公出挙利稲相当分）とがかかるからである。その場合の税率は租＋公出挙利稲分を基礎とし、次項で取り上げる承平二年丹波国牒を参照すれば、調庸分が付加されていたのではないかと推測される。このうち租については、段あたり一束五把、つまり穀（籾殻つきの米粒）にして一・五斗（当時の一斗は、近代の四升にあたる）というのが、奈良時代以来の決まりである。尾張国郡司百姓等解文の第三条で、

裁断せられんことを請ふ、官法の外に任意に加徴せる租穀三斗六升の事

（中略）或る国宰は一斗五升を徴納し、或る国吏は二斗以下を徴下す。而るに当任の守元命朝臣、三斗六升を加徴す。……

とあるうちの、「一斗五升」がこれに当たる。元命の取り方が、いかに阿漕《あこぎ》だったかが歴然としている。

一方、地税化した公出挙の基準については、「反《たん》別五束以上、正税を班挙せよ」という史料（『類聚三代格』寛平六年〈八九四〉二月二三日官符）があるので、利息分はその三割とみれば、こちらも段あたり一束五把となろう。結局、租＋利稲分の合計は段あたり三束、穀で三斗（玄米で一・五斗）ということになる。この計算は、貞観四年（八六二）三月二六日詔（『三代実録』）で、公出挙を一時停止した際、その代わりに口分田の田租を一束五把から三束に変更したことによっても裏付けられる。

律令制にあっては、乗田のことを公田と呼んでいた。乗とは余剰の意味で、口分田を班給した残りの田を付近の公民に小作に出し、収穫の五分の一程度を「公田地子《ぢし》」という名目で国衙が徴収し、その

れを太政官の経費に充てるという仕組みだった。当時、最上の水田では、段あたり五〇束の収穫が基準量だから地子は一〇束になるが、下下田なら収穫は一五束しか見込めず、従って地子は三束となるはずである（『延喜式』主税式上）。この系譜を引く田は、尾張国郡司百姓等解文では「地子田」と呼ばれている。この田も「名」に組み込まれ、従来からの利用者なり、新たな利用希望者なりを田堵＝負名として、彼らに請け負わせていたのだろう。尾張国郡司百姓等解文の第二条では、

　官符の旨に任せて裁断せられんことを請ふ、租税・地子田を別かたず、偏に租税田に準じて官物を加徴すること。

と訴えられているので、租税田の方が地子田よりも税率が高かったことがわかる。おそらく、地子田はただの小作地だから小作料だけ払えば良いが、租税田は口分田に由来するものを基本としながら、調庸分などがプラスされていたからだろう。

土地所有認定の変貌

ところで、墾田はどうなっているのだろうか。墾田にあっても租はかかるし、また公出挙の割り当てを免除する理由はないから、その意味では税率は口分田と変わらないと見て良い。問題は所有権である。八世紀後半から九世紀にかけては、一般の公民の土地売買の証文（「売券《ばいけん》」という）が多数残されている。基本的には売り手が三通書き、売り手と買い手の署名に加えて、所属の郡と国の郡司・国司の署名を得て、一通は買い手に渡し、一通は郡家が、もう一通は国衙が保管しておくことになっていた。国郡ではこの証文をもとに田図に墾田の位置と現在の所有者とを記入しておいたはずである。

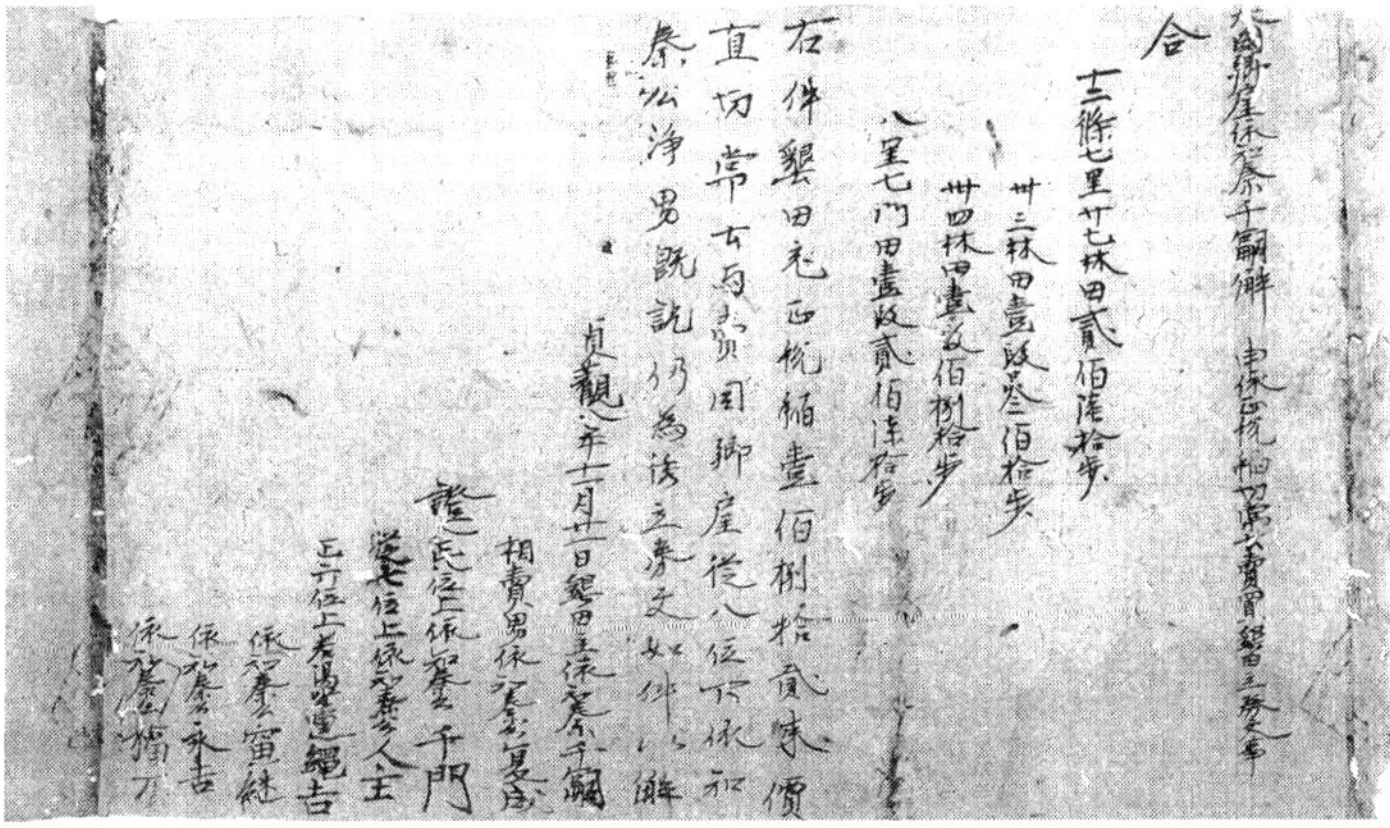

図9　貞観8年　依知秦千嗣墾田売券

ところが、どうも九世紀末、元慶年間には、売券はただ一通作られるようになり、それが売り手から買い手に手渡されるようになったらしい。つまり国や郡では、一般公民の間の墾田の所有権の移動を、いちいち把握しようとしなくなったのである。いい換えれば、このころから国家は一般公民レベルの土地所有認定を放棄したと考えられるのである（赤松俊秀一九六六）。

もっとも一般の公民レベルの墾田の売買自体が行われなくなったわけではない。ただ、その場合の売買は、字義的には「耕作権」を意味する「作手《つくて》」の売買というように表現され、売り手と買い手の間でのやりとりだけで売買が完結するようになった。こうしてできた売券のことを「売買私券」とも呼ぶのは、その売買に国衙や郡家の公的な保証がないからである。

この「作手」と「名」との関係、あるいは「作手」の所有者と田堵＝負名との関係についても、明確なことは分からない。後に見る大和国大田犬丸名では、作手の所有者が同時にその作手対象地を含みこむ名の負名となっているようであり、国衙領の一般的な名は、土地の法的な権利から見れば、単なる有期的な請作部分と、永世私有権を持つ墾田（治田）部分との二重構造からなる、という想定もされているが（戸田芳実一九五八）、これは必ずしも一般化できるものではないだろう。墾田部分、作手部分を含まない名も十分に存在しうるからである。

以上述べたことを逆にいえば、一〇世紀に入ってからの国家は、土地所有の認定は一定の地位を持つ者以外には与えなくなったということになろう。このころにも所有権を国家に認定してもらうために、郡司や刀禰と呼ばれる村落の代表者に所有関係を確認してもらうことが行われていた。これを「立券《りつけん》」というが、ただそういう場合の所有者（所領取得者）は在京の高位高官であるか、僧侶（つまりはその背後の寺）である場合に限られる。彼らは、そうして現地で確認してもらうことを通じて国衙や住人、他の領主との関係を調整したのであった（佐藤泰弘一九九三）。この時期になると、国家が認定した土地所有を「荘園」と呼ぶようになるのであり、その認定の手続きを象徴的に「立券荘号」と呼ぶ背景には、以上のような経緯、つまり極めて身分制的な土地所有の認定への限定という転換があったのであった。

東寺領大山荘と丹波国牒

さて、初期の頃の公田の名に関するほとんど唯一の史料が、東寺伝法供家と丹波国衙との間で争われた東寺領大山荘に関する、藤原忠平執政期の、以下の史料である（『平安遺文』二四〇号）。

丹波国牒《ちょう》す　東寺伝法供家衙

多紀郡大山庄の預僧《あずかりそう》平秀・勢豊等の稲の状

牒す。衙（＝東寺伝法供家衙）の去る八月十一日の牒、九月九日に到来するにいはく「云々」てへり。即ち彼の郡の調物使《ちょうもつし》蔭孫藤原高枝を問勘するに申していはく「余部郷《あまるべ》の専当検校《せんとうけんぎょう》日置貞良申していはく『件の郷は、もとより地無く、百姓の口分は在地の郷々に班給せり。茲《ここ》により、当郷（＝余部郷）の調絹も、例として郷々の堪百姓等の名に附徴す。方今、平秀等の身、堪なること俗に同じ。しかのみならず、年来、件の調絹を成し申すにより、播本帳の平秀・勢豊等の名に各二丈を付け申す』てへり。件の絹を弁進せしめんがために、平秀等の私宅に罷《まか》り向かへり。しかるに山野に遁隠し、曾《かつ》てあい弁ぜず。仍て件の絹を弁進の間、おのおの稲二百束ばかりを検封せり。今、彼の絹を弁進するの後をまちて、件の稲を開免すべし」てへれば、乞ふらくは状を察せよ。以て牒す。

承平二年（九三二）九月廿二日　権大目長岑

守藤原朝臣「忠文」　権掾山田

介藤原朝臣　大目秦

権介藤原朝臣

この牒で丹波国衙が言わんとすることの要点は、①余部郷《あまるべ》に本貫を持つ人々の口分田は、余部郷の土地に余裕がないために他の郷に班給されていたこと、②調の絹はすでに口分田に対して賦課されることが例となっていること、③したがって、余部郷の百姓の口分田が組み込まれた「名」の負名は、余部郷の百姓にかかっている調絹の負担をも、自らの負担としなければならないこと、④平秀たちは、余部郷の百姓のものである口分田が組み込まれた「名」の負名であるから、その口分田にかかってい る調を負担しなければならないのに、そして現に今まで負担してきたのに、今回は自分たちは僧侶だから調を負担するいわれはないとして支払わなかったこと、⑤したがって国衙は、平秀たちの私宅の稲を差し押さえたこと、以上である。特に重要なのは、すでに調は口分田にかかる地税となっていることと、負名は堪百姓であることを唯一の資格としており、口分田を経営して収穫を上げられる者が負名になった場合、彼の身分（律令制的な意味での「課役」が免除されるか否か）は関係ないということであろう。

このように、遅くとも一〇世紀の三〇年代までには、公田は既に「名」に編成され、租調庸・公出挙は「名」にかけられていたことが分かるのであるが、まだ調庸などといった律令制の税目は、国衙と名との間でも残されていたことが分かる。

官物の成立

しかし、戸籍制度が放棄された時点で、調庸を人頭税として取り立てることは不可能になったはずである。平秀たちの主張が最終的に通ったのかどうかは不明であるが、いずれ調庸は土地にかかる税に組み込まれざるを得ない。

もっとも、一〇世紀に入っても、否、一一世紀でも、中央政府は、一応律令の規定通りの税目に換算した形で受領から取り立てようとしていた。つまり受領は調庸その他の物品を、『延喜式』の規定に則って中央政府や封戸を設定された院宮王臣家・寺社等に納入する義務があったのであった。規定の品物でないもので払い込むこと（色替《しきたい》）も、申請すれば許されることがあった。ただしその時には、估価法《こかほう》と呼ばれる換算率が適用され、その換算率は受領にとっても中央政府にとっても大きな問題であった。ただ、色替でない場合も、規定の物品は、購入して調えられるのであって、負名からそのものが取り立てられるわけではない。

こうした中にあって、封主に対する支払いの決済の方では、一〇世紀末には、すべての品目を米に換算した決算書が作られるようになったらしい（佐藤泰弘一九九〇）。この場合は、負名からの取り立ても米であることは当然である。

現地でも調庸が次第に田に対して賦課されるようになっていったことは、先に丹波国の事例で見てきた通りであるが、これは一〇世紀末の尾張国郡司百姓等解文の第六条に、

裁断せられんことを請ふ、進《たてまつ》るところの調絹の減直《げんちょく》并びに精好《せいごう》の生糸の事

右、両種の貢進せる官物の定数は、具《つぶさ》に官帳に録す。ただし、匹別に当つるところの料田は、先例は二町四段、代米は四石八斗なり。……

とあるように、調の絹は「官物《かんもつ》」の中に含まれており、かつそれは田にかけられる、ないしは課丁数を一旦田数に換算してかけられていたことからも裏付けられる。

こうして租＋公出挙利稲相当分＋調庸といった、およそ物品で支払うことになっていた律令制の税目は、「官物」と呼ばれる、ほとんどを米に換算される税に一本化された（佐藤泰弘一九九二）。

公田官物率法

一〇世紀末から一一世紀にかけて、史料上には官物を三斗と記すものが多い。例えば永承元年（一〇四六）～天喜二年（一〇五四）の大田犬丸負田結解では、穎稲《えいとう》反別六束（米にして反別三斗）が基準となっており、『長秋記《ちょうしゅうき》』長承元年五月十五日条では、寛仁二年（一〇一八）に寄進された鴨社領について「官物三斗」と記されている。「官物」の税率、すなわち官物率法《かんもつりっぽう》については、保安四年（一一二三）九月官宣旨（『平安遺文』二〇〇〇号）に「そもそも官物率法は格条に載するところなり」とあることもあり、こうした反別三斗の米を基本とする斗代が、一一世紀四〇年代に制定されたものとする理解が有力である（坂本賞三一九六九、勝山清次一九八七）。しかし、「格条」という表現は、貞観格の編纂・施行後には、法典としての格に掲載された条文に限られるので（川尻秋生一九九四）、ここでいう格条は前述した寛平六年二月格（『延喜格』に含まれていた）を指すとしか言えないだろう。つまり、租＋公出挙利稲分が米にして一・五斗であり、これに調庸分を加えて三斗の米になるというのは、調庸分の換算基準はよく分からないが、名編成された田土からの税の全てを米に換算した時からの、官物の率法の基準であったと思われる。

ただし、これはあくまでも基幹部分であり、官物の率法は、尾張国郡司百姓等解文に見えているように、受領と負名との間の力関係で変動するものでもあった。だからこそ受領は、その赴任に先立ち、あらかじめ任国の在庁官人たちに官物率法を注進させる必要があったのである（『朝野群載』巻二二国務条々事）。

しかし、実は、政府や国衙が必要とするものは、物品ではなく労働力そのものである場合がある。たとえば、政府の使者が往来する場合の逓送《ていそう》などということは、律令制下では雑徭《ぞうよう》という名目で役夫が調達されていたし、内裏その他の政府の建物の造営は、雇役《こえき》という形で労働力が集められていた。課丁を把握して彼らを徴発するという律令制の力役調達の原則が崩壊してしまっても、労働力は必要なので、実役の負担は残さざるを得ない。使者に対する供給役《くごうやく》や造内裏役《ぞうだいりやく》・造大垣役などの、実役でなければならない負担は、さまざまな名目で賦課されることになんで、「万雑公事《まんぞうくじ》」とも呼ばれるが、その臨時性にちなんで、総称して「臨時雑役《りんじぞうやく》」と呼ばれることが多い（大津透一九九三）。

臨時雑役の系譜

しかし、特定の地域の人間ばかりにこの臨時雑役を賦課することは、税の公平さからいって認められない。そこで、実役に就かない人々には、臨時雑役分を田の面積に応じて賦課することにした。こうして、場合によっては実役、そうでない場合には相応の物品（米など）を提出させるという、そういった税ができあがった。こうして「官物」と「臨時雑役」という、平安時代中後期の二大負担ができあがったのであった。

3―村落社会の変貌

墨書土器の消滅

では、こうして受領―負名というラインで国衙による徴税の体系が実現されているときに、負名をも含む人間集団の様相は、いかなるものであったのか、これが問題となる。いい換えれば、一〇世紀以降の村落の様相ということになるが、これが非常にわかりにくい。そこで、分かっていることを柱にして、今までのアプローチを紹介しておくことにしよう。

墨書土器というものがある。土器に文字や絵・記号を墨で書いたもので、所有者や使用者を書いたものもあるが、呪術的な内容のものも多い。極端には、人面墨書といって、土器の側面に人の顔を描いたものがそれに当たるが、そこに書かれている人面は、実は疫病神で、その土器を破棄することによって病気その他の災いを祓うためのものだったとされている（高島英之二〇〇五）。そういったもの以外にも、具体的に災厄を記したり、あるいは、どの神に捧げるものであるか、ということを明記したものもあるので、官衙はともかくとして、集落で、特に古代の集落の水辺で発見される墨書土器の多くは、災厄をはらうための呪術的な用途に用いられたのではないかと考えられている（高島英之一九九七）。

問題は、そういった墨書土器の盛行期間であるが、八世紀に始まり、九世紀に広範に見られるものの、一〇世紀に入ると、呪術的な用途に用いられた墨書土器ばかりでなく、およそ墨書土器そのもののが極端に減少するのである。

この現象をどう評価すべきか、学界でも定説があるわけではないが、土着的な、原始的な信仰ではなく、浄土教などの新しい、しかし権威のある宗教が村落にまで浸透してきて、その結果、従来からの信仰の形態が崩れ、土器に墨書しなくなったのではないか、という仮説がある（平川南二〇〇〇）。しかし、浄土教のような来世を頼んで阿弥陀仏に縋《すが》る宗教と、目前の具体的かつ現世的な災厄を祓おうとする呪術とは、必ずしも矛盾はしない。だから、墨書土器の消滅を、浄土教のような、やや理知的な宗教の地方村落への浸透に求めるには、疑問も残されている。

図10　人面墨書土器

消えゆく？集落

そもそも八世紀から九世紀にかけて続いてきた集落そのものが、一〇世紀のうちに消滅するということの方が、もっと大事かも知れない。地域によって違いはあるが、北部九州では九世紀の初期に（小田和利一九九六、山村信栄二〇〇七）、畿内でも九世紀中に（広瀬和雄一九八九）、東国では一〇世紀に（坂井秀弥一九九六）、それまで続いてきた集落が途絶え、不安定な社会状況が現れていることが考古学的には確かめられている（坂上康俊二〇〇一、平川南二〇〇八）。要するに、一〇、一一世紀の集落遺跡に関しては、考古学的には極めて流動的な状況しか知られていないのである。この考古学的な検証の成果を用いるならば、九〜一〇世紀以降の集落は、かなり長い変動期に入ったとしかいえないだろう。

集落遺跡の様相としては変動期に当たるこの時期の村落の流動性を文献の方から証明するものとして、田堵（負名）の存在形態から迫る方法がある。かつて村井康彦は、「名」はあくまでも田堵による請作＝収取の単位であって、所有権とは何ら関係がないことを明確にしたうえで、確実に、かつより多くの税を取り立てたい荘園領主側の希望と、土地の占有を確保したい田堵の欲求という双方の意向が働いて、より土地に縛り付けられた（逆にいえば土地の占有を強固にした）「名主《みょうしゅ》」が出現するという仮説を立てている（村井康彦一九五七）。確かに「田堵」ないし「負名」という呼称が平安中期に頻りに現れるのに対して、「名主」という言葉の出現はやや遅れており、前の二つが平安時代のうちに消えていくのに対して、後者は中世荘園村落の主体となっていくので、この用語法の違いは、土地の占有ないし所有という面での段階差を反映している可能性が大きい。

田堵・負名・名主

ただ、村井はこういった土地と農民との関係の変化の時期を院政期と見たが、『御成敗式目（貞永式目）』の第四二条に、年貢さえ支払えば去留は民意に任せるという規定が盛り込まれているように（この規定の意義については中世史のほうでさまざまな議論はあるが。黒田弘子他二〇一三）、荘園領主と農民とは毎年の契約関係で結ばれているという状態は、少なくとも理念的にはかなり長く続いたものであったように思われる。

以上は、荘園における田堵の存在形態を、基本的に請作《うけさく》関係とみた村井康彦の理解を敷衍したものであるが、この荘園における領主と農民との関係を請作ととらえる理解を国衙領でも想定できるとしたのが戸田芳実であった。すなわち戸田は、東大寺領であった伊賀国黒田庄《くろだのしょう》（現在の三重県名張市付近）の庄民が国衙領を耕作する際に、毎年春に「請文《うけぶみ》」を国衙側に提出しているらしいこと、寛弘九年（一〇一二）の和泉国の公田でも「小人の申請」といった言葉が見えることから、国衙領の負名も、荘園の田堵と同様に有期請作関係を結ぶ流動的な存在だったのではないかと見たのである（戸田芳実一九五八）。この考え方に対しては、事例が特殊地帯のものであることを理由に否定的な見解もあるが（村井康彦一九六五）、田堵（負名）は元来「諸方兼作」するものであって、国衙領と荘園とで把握の仕方が大きく異なるとも考えにくい。一般の国衙領で、毎年春に負名から国衙の末端機構である収納所や田所《たどころ》に「請文」を提出していたという証拠はなく、実際には既に収穫を目前に控えた時期に行われる検田の際に把握されるだけだったかもしれないが、原理的には請作関係であったと見て差し支えあるまい。だとすれば、住民としての共同意識は育ちにくいかもしれない。だから、名主たちが紐帯となる村落結合が実現し、中世村落が名実ともに完成するのは、惣村の出現する一四世紀くらいまで降らなければならないというべきかも知れないが、田堵たちに共同で荘園領主・国衙に対抗しようとする紐帯がなかったとまでいいきれるか、そこはよく分かっていない。

刀禰・住人と村落結合

そういった緩やかな村落結合を示すものではないかとして注目されてきたものに、たとえば永承元年（一〇四六）に大和国で盗難による証拠紛失を確認している「在地刀禰」（『平安遺文』六三七号）、寛治三年（一〇八九）に紀伊国で土地の領有関係を確認している「在地随近刀禰」（『平安遺文』一二七一号）といった「刀禰」があり、また天喜元年（一〇五三）に美濃国で荘園領主の東大寺に国司の非法を訴えた「荘司住人等」（『平安遺文』七〇二号）や、永久三年（一一一五）に荘園領主東大寺に用水相論の裁定を求めた「住人田堵等」といった用語例がある。

「刀禰」というのは、前節でも取り上げたように、現地における土地所有の状況について証言する者たちであり、彼らが村落の有力者であったことは、まず間違いないだろう。刀禰の証言について、別の刀禰による反対の証言を得た、あるいは得ようとする領主も現れないので、一応は「所有関係について証言する」権利と義務を認められたというのが、「刀禰」の立場として確定した事項である（西山良平一九八五）。ただ、所有関係について証言はしても、実力でもって所有関係を保証するような力まで持っていたようには見えない。また官物の収取をめぐって国衙や荘園領主と交渉するといった事例も乏しい。こうした刀禰は、一〇世紀に国衙雑色人郡司のもとで行政の末端を担うものとして、「国衙之進止」（『平安遺文』二五四一号）という形で郷単位に任命されたと言われているが（井上寛司一九七一、田村憲美一九八〇、高橋浩明一九八七）、公証人ではあっても、村落結合を体現しているというようなものとは認めがたいといわざるを得ないだろう。

一方、「百姓等解」「住人等解」という文書を用いた反国衙闘争や荘園領主への要求の主体については、有志・代表といったところまでは想像でき、そういった文書の背後に、ある程度の村落結合を見るべきではないかという見解も出されている（入間田宣夫一九七六、木村茂光二〇一四）。ただ、その内部構造となると、平安時代のそれはほとんど分からないといわざるを得ず、文献史料から見ても、安定的な中世村落が形成されるのは、早くて一二世紀ではないかとされている（斉藤利男一九七八・一九七九）。

4―平将門・藤原純友の乱

坂東平氏の私闘

前節までに述べたような変化が地方支配体制の中で起こりつつある間に起こった東西の大きな反乱が、平将門・藤原純友の乱である。この反乱は、その発生した時の年号にちなんで「承平天慶《じょうへいてんぎょう》の乱」と呼ばれることが多かったが、これから見ていくように、承平年間の将門・純友の動きは、国家に対する反逆とは見なせないので、「天慶の乱」と呼ぶべきだというのが最近の有力説である（下向井龍彦二〇〇一、寺内浩二〇一三）。

この両者の反乱については、大きくは国際関係の変貌、具体的には唐・新羅・渤海の滅亡という事態を承けて、日本国家の支配体制の正当性の動揺を背景としているという見方も提示されているが（石母田正一九五六）、受領による負名の支配の成立途上、そして中央政府による受領統制の確立過程に発生しているため、まずは、そうした支配体制の変容との関わりで説明されるべきものであろう。

初めに平将門の乱について、簡単に経過を説明しておく（川尻秋生二〇〇七）。乱に関する基本資料である『将門記《しょうもんき》』、これの省略本である『将門記略』、それに『今昔物語集』によれば、将門の戦闘は、性質の異なる二段階の武力抗争からなっている。九世紀の末葉に、群盗や俘囚の蜂起が相継ぎ、前司《ぜんじ》浪人が跋扈していた上総国に、恐らくはそれらの鎮圧を期待されて（高橋昌明一九七一）、介（前述したように、上総は親王任国だから、介が国衙の官長、すなわち受領であった）として下向してきた将門の祖父平《たいらの》高望《たかもち》は、任期終了後もそのまま前司として任地にとどまったようで、やがて彼の子供たちが坂東で勢力を広げていった。例えば国香《くにか》は常陸大掾《だいじょう》に、良兼は下総介に、将門の父の良将《よしもち》（良持とも）は鎮守府将軍に任じられている。これらの官職は通常の除目で任じられた筈だから、彼らは中央の院宮王臣家との結びつきを維持していたと考えられる。良将は将門がまだ一人前になる前に歿したらしいが、将門は早い時期に藤原忠平に名簿《みようぶ》を提出し、主従関係を成立させていた。

その将門は、下総国猿島《さしま》郡（茨城県坂東市）に本拠を構えていたが、良兼や源《みなもとのまもる》護との間で「女論」を巡って対立が生まれ、また国香との間では、所領（父良将の遺領か）を巡って対立し、承平五年（九三五）二月には、国香及び源護と戦い、国香を射殺してしまった。これをきっかけとして、以後、同じく伯父の良正・良兼や従兄弟の平貞盛《たいらのさだもり》（国香の子）との間で、常陸・下総両国を舞台に、勝ったり負けたりの私闘が繰り返された。この間の承平五年一二月末には、源護らが将門を政府に訴え、将門は京都に召還されたが、承平七年四月にいたり、恩赦によって罪を赦されている。この背後には、承平六年に太政大臣に昇った摂政忠平の意向が働いた可能性がある。

将門の乱

ところが周辺の諸国で不穏な動きが広がり、これに将門が巻き込まれていく。まず武蔵国では、武蔵権守《ごんのかみ》の興世王《おきよ》と武蔵介の源経基《つねもと》（清和天皇皇子の貞純《さだずみ》親王の子。清和源氏の祖とされている）とが、足立郡司でかつ武蔵国判官代（国司の三等官である掾に相当し、在庁官人のうちでは比較的高い役職）でもあった武蔵武芝《たけしば》と対立してしまった。『将門記』では武芝を、徴税に当たっての自らの責任を全うする立派な郡司と描いている。彼の帯びている役職は、前述した国衙雑色人郡司の典型と見ることができるが、その実態としては、武蔵国造の系譜を引く伝統的郡司の勢威を維持していたと評価されるだろう。

承平八年（五月に改元して天慶元年）二月、将門は武芝に同情する立場から、両当事者間の仲介を試みた。興世王の方は将門の仲介に応じたようであるが、武芝の兵に囲まれたことに恨みを抱く経基は、天慶二年（九三九）三月に京に上り、将門と興世王とが謀叛を起こしたと政府に訴えた。これを受けて朝廷では、五月にいたり、東西の乱逆を鎮めようとして諸社に奉幣したり、臨時除目を行って東国の介以下を新たに任命したりした。のち、将門の行動が明白に反政府に転じた天慶三年春、経基はこの時の密告の賞によって従五位下を授けられ、征東副将軍に任じられている。

一方常陸国では、もともとは前司浪人らしい藤原玄明《はるあき》という人物が、代々の国司に反抗して納税を拒否してきたが、介（常陸国も親王任国なので、介が受領であろう）の藤原維幾《これちか》（承平初年には武蔵国の受領であった）はこれを政府に訴え、「追捕官符《ついぶのかんぷ》」（捕縛のための出兵を許す太政官符）を下させることに成功した。その有効性についてはケースバイケースという面があろうが、この場合は功を奏して玄明は追いつめられ、隣国の将門を頼ってきた。

以上の二つの方面から、反政府側に立つことを余儀なくされた将門は、まずは玄明の赦免を求めて天慶二年一一月に常陸国府に来たが、国府に立てこもった介藤原維幾とその子の為憲、および当時同

図11　都大路をゆく将門の首（『俵藤太絵巻』）

国の掾であったらしい平貞盛らは、将門の求めに応じず、ついに合戦となり、将門は常陸国府を占領してしまった。これを皮切りに将門は、下野・上野など坂東八ヵ国の国府を支配下におさめた。除目を行って国司を任命し、「新皇《しんのう》」と称したという『将門記』の記述は有名である。どこまでが事実かは、『将門記』にしか記述がないものが多くて判断が難しいが、天慶二年の末には、武蔵・相模両国にも将門が侵攻し、坂東の諸国が大混乱に陥ったことは間違いない。

この情勢を見た政府は、三関《さんげん》と東山・東海両道の要地を警固させ、天慶三年の元日には東海・東山・山陽の諸道の追捕使《ついぶし》を任命し、七日には伊勢神宮に奉幣、一九日には参議右衛門督藤原忠文を征東大将軍に、散位《さんに》源経基ら五人を副将軍に任命、二五日には参河・尾張両国に援兵を要請するというように、矢継ぎ早に手を打った。

ところが現地では事態が急展開し、下野掾兼押領使《おうりようし》藤原秀郷《ひでさと》と常陸掾兼押領使平貞盛らが、陸奥・下野の兵を率いて二月一四日に将門を下総国辛（幸）島で討ち取った。その後まもなく興世王も討ち取られ、これで乱は終熄する。このあっけない将門の敗亡は、その従者が「伴類《ばんるい》」と総称される、在地性に富んだ、すなわちまだ直接の農業生産からさほど離れていない非職能的武力集団で、農繁期にさしかかって彼らが帰郷し、僅か四〇〇人ほどの「従類」に守られるのみとなった隙を、秀郷らに狙われたことが大きな原因と考えられている。将門誅殺の報は二月二五日には藤原忠平に伝わり、四月二五日に将門の首が秀郷から京に届けられた。この首は、東市《ひがしのいち》の門外の樹に懸けられて群衆に披露されたが（『貞信公記』『師守記』）、その市は、あるいはその二年ほど前から、市聖《いちのひじり》（市上人《いちのしょうにん》）空也《くうや》が、「南無阿弥陀仏」の名号《みょうごう》を唱えながら庶民を教化し、浄土教を広めていた所かも知れない。後に将門は、例によって怨霊思想に包まれて将門命《まさかどのみこと》となり、神田明神の祭神の一つになっているほか、関東地方各地に、都から飛び帰ってきた将門の首を埋めたという首塚がある。

藤原秀郷は南家の魚名《うおな》流で、延喜一六年（九一六）には下野国で問題を起こしたらしく、罪人としての配流が命じられており（『日本紀略』）、また延長七年にも、彼の乱暴ぶりが同国から報告されていたが（『扶桑略記』）、ここにきて一躍武名を挙げた。この功績により、秀郷はいきなり従四位下を授けられ、下野武蔵両守に任じられて功田を受け取り、貞盛は従五位下が授けられて右馬助《うまのすけ》に任じられ、源経基は先述のように密告の功績が認められて従五位下が授けられ、大宰少弐《だざいのしょうに》に任じられた。

藤原純友の乱

次に目を西に転じて藤原純友の乱について見てみよう（下向井龍彦二〇一一）。主たる史料は『扶桑略記《ふそうりゃっき》』に引用されている「純友追討記」のほかは、『日本紀略』『貞信《ていしん》公記《こうき》』『本朝世紀』の断片的記事である。

一〇世紀初頭、延喜年間には、東国での群盗蜂起は史料にしばしば見えているが、同時期の西国は比較的平穏であったらしい。ところが承平元年に入ると、山城国司に命じて淀・山崎など五道の要地を警護させる記事が見え、京中でも物騒な事件が起こるようになった。ついで承平二年には追捕海賊使定《さだめ》の記事が現れ（『貞信公記』）、このころを走りとして、南海道・山陽道において海賊の活動が活発化した様子がうかがえる。先述した紀貫之の土佐からの帰京は承平四年一二月のことだから（『土佐日記』）、まさにこの騒動を突っ切っての帰京であり、ほぼ同時期に、海賊が伊予国喜多郡の不動倉を襲って穀三千石余を奪うという事件が生じていた。その後も南海道では、賊船千余艘が海上を横行し、官物を奪い人々を殺害する事件が続いた。そこで承平六年五月二六日、政府は検非違使《けびいし》佐紀淑人《のすけきのよしと》を追捕南海道使兼伊予守に任じて鎮撫に当たらせたところ、それがある程度功を奏したようで、二五〇〇人以上もの海賊達が淑人に投降してきたため、しばらくは小康状態が続いた。

さて藤原純友は、当時の摂政忠平の従兄弟で大宰少弐に寛平六年に任じられたのを最後に史料から消える良範の、その子にあたる。承平二年から四年間は伊予掾として下向しており、承平六年三月には、京で海賊追討の命を受けて党を聚《あつ》め、おそらくは伊予警固使《けごし》として再度下向し、現地では淑人を補佐して活躍したらしい。

天慶二年の夏は、諸国で「炎旱《えんかん》」（ひでり）が熾烈《しれつ》を極めた。同年一二月一七日、伊予国から、純友が突然随兵を率いて出国し、上京を企てたとの報告が都に到着した。そこで、二一日に政府は、純友を捕えて召進せよとの官符を摂津・丹波・但馬・播磨・備前・備中・備後の諸国に下した。その直後の二六日、急ぎ上京を図った備前介藤原子高が、摂津国須岐駅で藤原文元によって襲撃されるという事件が起こった。これは東国で常陸住人藤原玄明が受領藤原維幾との抗争の中で将門を頼ったように、

図12　宇和海に浮かぶ日振島（手前中央．著者撮影）

介子高と対立した備前の藤原文元が、純友を頼ったもので、純友は文元を後援するために出撃したのではないかと推測されている。

天慶三年正月、まだ将門の乱の帰趨が決まっていなかった段階で、政府は純友懐柔のために従五位下を授けることとし、二月三日、位記をもたらす使者が京を出発する。この結果、一旦瀬戸内海が平穏に帰したようで、六月には山陽道を経由してであろう、高麗《こうらい》国の牒が大宰府から届けられたり、七月には左大臣藤原仲平から呉越《ごえつ》国王への書状が発信されている（第四章参照）。しかし、政府は西国に対しても強硬策を準備していたようで、将門敗死の報を受けた後、近江の兵士に阿波の賊徒を討伐させたところ、再び反国衙の闘争が活発化し、伊予・讃岐が襲われ、備前・備後の兵船が焼かれ、紀伊に襲来され（以上、天慶三年八月）、安芸・周防海域で大宰追捕使が海賊に敗れ（一〇月）、周防では鋳銭司《じゅせんし》が焼かれ（一一月）、土佐でも幡多《はた》郡家が海賊に焼かれ（一二月）、といった報告が頻々と政府に入ってきた。この最中の八月末、政府は追捕山陽南海両道凶賊使として右近少将《こんのしょうしょう》小野好古《よしふる》、次官として源経基、判官として右《う》衛門尉《えもんのじょう》藤原慶幸、主典として右衛門志《さかん》大蔵春実《はるざね》を任命し、純友追討を本格化させる。

天慶四年（九四一）五月一九日、純友が大宰府を攻略したとの征南海賊使小野好古の急報が入った。これを受けた政府は、すでに前年に将門が討たれたために用済みとなった征東大将軍藤原忠文をあらためて征西大将軍としたが、実はその翌日の二〇日には、好古等が博多津《はかたつ》で純友の軍を破り、翌月、伊予警固使橘遠保（遠方とも）が伊予国日振《ひぶり》島で純友の首級を挙げた。その後も日向・豊後・但馬などの諸国で、大宰権少弐・大宰府警固使源経基らによる掃討戦が続けられたが、遠保は七月に純友の首を朝廷に献上し、八月には小野好古が凱旋する。博多津での戦闘で勲功を挙げた大蔵春実は、従五位下対馬守となり、以後その子孫が大宰府の府官（在庁官人）として勢力を誇ることになる。

こうして東西の反乱は鎮圧され、これを承けて朱雀天皇元服後も摂政を続けていた忠平は、一一月にようやく摂政をやめて関白に転じた。

東西の乱の意義

さて史料に恵まれて経過を追いやすい将門の乱を中心としてこの二つの内乱の特徴を挙げれば、おおよそ次のようになるだろう。まず、①離合集散を繰り返しつつも坂東諸国に広がる武力のネットワークが存在していたことがわかる。これは必ずしも一族結合というわけではなく、むしろ一族間は反発しあう傾向がある。②将門自身はただの前司の子に過ぎず、また純友も前掾《さきのじょう》に過ぎない。彼らが基本的に朝廷や現地の官職とは無縁であるにもかかわらず実力で武力闘争を展開できたのは、受領の方が有力な武力を備えていなかったからであるが、一方の将門の方も、部下が農繁期に入るために離散した隙を突かれて殺されているように、直接の農業生産から離れた恒常的な武力を組織できていない。つまり将門の武力は職能的戦士集団とはいえず、これは貞盛・秀郷に従った者たちについても同様にいえる。③政府の対応は、もちろん征東・征西大将軍の任命などは行われるが、基本的には「殊功《しゅこう》有るの輩《ともがら》を抜きんでて不次《ふじ》の賞を加ふべし」として、「官軍」の中の憂国の士を募るとともに、「田夫野叟《でんぷやそう》」（そこらの農民）の中に我が身を忘れて戦う者を求めようとするものであった。戦功に応じて勲位を授け、さまざまな特権を与えるという律令制の軍功制度は崩壊しているので、「朱紫の品」（五位以上の地位）「田地の賞」「官爵」（官職と位階）という具体的な褒賞を国司あてに提示して、勇士を募ったのである（『扶桑略記』天慶三年正月一一日太政官符）。讃岐介藤原国風が淡路国で「武勇の人」を「招集」して任国に戻り、「官軍」の到来を待ったように（「純友追討記」）、諸国においては非常時に編成が予定されている軍制は、まだ存在しなかったものと考えられる。

このような特徴を持つ内乱だったので、乱終熄後の展開は以下のように予想され、実際そのように推移した。まず、坂東諸国の受領は基本的に押領使・追捕使《ついぶし》などの役職を兼ねるようになった（『北山抄』巻一〇吏途指南）。やがてこれは全国的な拡がりを持つが、要するに武力を発動して反抗的な者を捕縛する権利を最初から受領に与えることにしたのであり、実際、数十人規模の随兵が認められるようになっていった（『朝野群載』巻二二）。第二に、受領は身辺に有力な郎党を携えるようになった。尾張国郡司百姓等解文に見える「有官散位」である。第三に国衙雑色人郡司制をより集約的に編成し直し、現地出身者からなる在庁官人の掌握につとめた。この過程は国衙の武力編成という観点から見れ

図13　大宰府都府楼跡

ば長期にわたり、最終的には受領郎党を中心とする館侍《たちざむらい》と、現地有力者を編成した国侍《くにざむらい》という形で、国衙軍制が一応の完成を見る（石井進一九六九、鐘江宏之一九九四）。

以上、取りあえずは受領による任国支配の大原則を堅持し、これを強化する方向で対策を立てたわけであるが、その結果、坂東諸国は、平忠常の乱（一〇二八〜三一年）までの百年近くの間、基本的に平穏に推移した。『今昔物語集』に古風な兵《つわもの》の姿を描かれている平維叙《これのぶ》（長保元年〈九九九〉に常陸介）の他、平維将《これまさ》（常陸介、相模介などを歴任。北条氏の祖）といった武勇の士は、受領そのものに任じられて、その武力を任国支配に向けさせられた。諸国で叢生しつつあった武力ネットワークは、一国単位で分割され、ある程度自律的な面は認めざるを得ないとしても、受領による支配体制の中に組み込まれたのである。

寛仁元年（一〇一七）からの四年間、上総介（受領）として現地に赴任した、武勇については全く知られていない菅原孝標《すがわらのたかすえ》（道真五世の嫡孫）が、後妻とともに現地で息子と娘二人を育て、任を終えて途中、「料外の（思いがけない）事あらむに、あなかしこ、おびえ騒がせ給ふな。息もせで臥させ給へ」と従者に注意を受けながらも無事に帰京できたのは（『更級日記《さらしなにっき》』）、こうした背景があったからである。孝標が長元五年（一〇三二）に常陸の受領として赴任した際は、平忠常の乱の直後とあって、娘はさすがに大好きだった物語のことも忘れ、太秦《うずまさ》に参籠して無事の帰京を祈ることになるが。

一方、純友の乱の方であるが、第二期大宰府政庁が焼かれるなど被害は大きかったものの、政庁が比較的短期間のうちに同規模で建て直されたことが象徴するように、のちに及ぼした影響はほとんどないといって良いだろう。瀬戸内海の海上交通路は、必ずしも政府の完全な統制下とはいえないかも知れないが、秩序は一応の安定をみた。先に紹介した清胤王書状（九六六年）を見る限り、船頭・水主との駆け引きには気を遣っているが、純友が滅んで四半世紀を過ぎ、海賊への警戒は窺えない。

ただし、この二つの反乱において追討側として活躍した者たちの子孫は、正盛・清盛などの伊勢平氏や北条・三浦・大庭などの有力軍事氏族（平貞盛の子孫。ただし、系譜的に確かなものばかりではない）、摂関家に寄り添う満仲から頼信・頼義・義家へと続く摂津源氏や新田・足利などの有力氏族（源経基の子孫）、北部九州の原田氏（大蔵春実の子孫）など、後世の有力な武士団の中核を担う者たちとなっている。その点から見れば、武士団成立の黎明期、その曙光ともみるべき事件であったといえよう。

三　摂関政治の成熟

1――天暦の治

延喜・天暦聖代観

延喜《えんぎ》と天暦《てんりやく》とは、醍醐《だいご》天皇（在位八九七〜九三〇）と村上《むらかみ》天皇（在位九四六〜九六七）の治世下の年号である。この両天皇の時の年号を特に取り上げて、その時代を理想化する傾向がかつてあった。これを「延喜天暦聖代観《せいだいかん》」と呼ぶことがある。聖代視されたのは必ずしも「延喜天暦」のみではなく、たとえば「寛和《かんな》・延久《えんきゅう》之聖代」（『玉葉《ぎょくよう》』治承《じしょう》三年七月二五日条）と、一条天皇・後三条《ごさんじょう》天皇が高く評価されるような事例も残っている。過去に理想の時代を設定し、現在を慨嘆《がいたん》する尚古主義《しょうこしゅぎ》は儒家の基本姿勢であるが、そうした聖代観の中で最も人口に膾炙《かいしゃ》したのが、日本では「延喜天暦」であった。

なぜ延喜・天暦の時代を聖代と観念したのかという点については、誰がそうした観念を抱いていたか、という方面から探ることができる。そうした調査の結果からいえば、早くは一〇世紀後半から一一世紀にかけての、大江匡衡《おおえのまさひら》などの文人貴族や、藤原実資《さねすけ》など非摂関家嫡流の貴族が、文運の隆盛や意見封事の奨励、さらには人事の公平などを求めて現状批判を展開したことに発したらしく、それがやがて院政期には公家貴族層全体に広がり、鎌倉時代には説話集や軍記物等にも取り入れられて、武家や僧侶にまで広がったとされている（田島公一九九五）。

こうした風潮を受け、鎌倉時代末期に即位した尊治《たかはる》親王は、生前に自らへの追号を「後醍醐《ごだいご》」とするように命じる。天皇の呼称は、在位中は「今上」天皇であり、日記や儀式書等では「御《ご》」「上《しょう》」「公家」「主上」などと記されるのが普通で、譲位・死去後に居所や陵墓の場所に因んだ追号が贈られるのが通例であり、治世中に過去の天皇にちなんだ呼称を求めることは普通ではない。だからこそ後醍醐の自負と目標がうかがい知れるというものであろう。しかもほぼ同時期、北畠親房《きたばたけちかふさ》が『神皇正統《じんのうしょうとう》記《き》』（一三四三頃）を著し、醍醐・村上両天皇の治世に摂関を置かなかったことに意義を認め、二人には親政を展開した天皇という価値が付け加えられた。江戸時代には、公家社会での常套句《じょうとうく》として「延喜・天暦の御代」は生き続けたばかりでなく、『菅原伝授手習鑑《すがわらでんじゅてならいかがみ》』（一七四六年）にも「延喜の帝《みかど》、聖主《せいしゅ》にまします」とあって庶民にも常識化したが、一方では延喜天暦時代の実相に目を向けて、将門の乱などを根拠に否定的な見解も多く現れるようになったという。

財政制度の再編成

ただ、「聖代」という評言は付されなくとも、確かに延喜から天暦にかけての施策・事例の中には、一〇世紀末から一一世紀にかけての人々にとって、規範とされているものが多い。摂関時代の人々が延喜・天暦時代に求めた規範を大きくまとめるならば、それは地方統治の仕組みの規範という面と、貴族社会の規範との二つになろう。後者は貴族達の宮廷生活そのものであり、前者はそれを支える基盤としての財政制度の問題ということができる。まず本節では、財政制度の再編成を取り上げる。

正蔵率分の成立

天暦六年（九五二）九月、正蔵率分《しょうぞうりつぶん》の制度が定められた（『別聚符宣抄《べつじゅうふせんしょう》』）。これは、毎年諸国が調庸・中男作物《ちゅうなんさくもつ》・交易雑物《こうえきざつもつ》として現物で中央政府に納入するもののうちの一〇分の一（一一世紀に入るころからは一〇分の二）を、大蔵省の率分所《りつぶんしょ》が管理する正蔵に納入させる制度である（川本瀧市一九八三）。率分所を取り仕切る「勾当《こうとう》」には、通常は太政官の左中弁が任じられた。大弁は、当時、参議として公卿に列せられるのが普通なので、左中弁は事実上、太政官の事務方のトップとなる。したがって正蔵率分は、太政官の直接かつ専用の財源として成立したものであると評価できる。諸国から一年分をまとめて進納させるのが原則だったようであるが、実際には特に神事、仏事の費用、特に神社への幣物《へいもつ》料として、随時、諸国に「官切下文《きりくだしぶみ》」で割り当てられ、年度ごとに清算していたらしい。割り当てに際しては上卿《しょうけい》（行事の担当公卿。後述参照）から天皇に奏上され、官宣旨《かんせんじ》で納入が命じられた（大津透一九九〇）。

太政官には律令制下には諸国の公田地子が（太政官）厨家《ちゅうか》料として納入されており（田令公田条）、列《れ》見《けん》（六位以下の叙位者の査閲）など太政官での行事の費用に充てられていたが（橋本義彦一九五三、早川庄八一九六五）、摂関時代にはこれが、必要に応じて厨家から「俸料官符」を諸国に出すことによって調達される仕組みに改変されていた（渡邊誠二〇〇五・二〇一〇）。これに対して正蔵率分の制度は、太政官専用の財源を調庸等の中から確保して、臨機応変の財政運営を可能にするものであった。もちろんこれの納入は、受領功過定《ずりょうこうかさだめ》での重要なチェック事項とされた。

永宣旨料物と年料切下文

調庸の残りの一〇分の八のうちの一部は、天禄《てんろく》元年（九七〇）九月に基礎が定められ（『別聚符宣抄』）、以後追加して指定された、永宣旨料物《えいせんじりょうもつ》制が採られた（大津透一九九〇）。これは御斎会《ごさいえ》・仁王会《にんのうえ》・季御読経《きのみどきょう》などの主要な仏事や、京中の賑給《しんごう》・施米《せまい》への支出に充てるために、毎年支出費目ごとに、割り当てる国と量とを決めて納入を求めるもので、平安時代末期まで拡大しつつ続けられた。これも調庸・中男作物・交易雑物の一部としてカウントされたが、これを納入していないと受領功過定でチェックされるし、また免除が認められるという特例がなかった。この永宣旨料物の徴収は、その行事を遂行する任に当たる行事所《ぎょうじしょ》（後述参照）が担当しており、ここでも太政官の主導性が窺える。

これとは別に大蔵省や大炊寮《おおいりょう》からも切下文が出されて徴収された（川本瀧一一九八八）。大蔵省の蔵には調庸が、大炊寮には年料舂米《ねんりょうしょうまい》が納入されるのが律令制下の仕組みであったが、これらの未進が累積している段階であるから、特に進納が難しそうな国にかなりの量をまとめて割り当て、ただし、これを納入したら当年分ないし翌年分については多少目をつぶるといったような制度であったらしい。この仕組みの始まりはよく分からないが、『西宮記《さいきゅうき》』（本章2節参照）に見えているので、村上朝には成立していたと思われる。

行事所召物

今までは恒常的な、つまりは年中行事的な支出の財源をどうするか、という問題の解決策であったが、こういった支出ばかりでなく臨時的な支出も想定しておかなければならない。そういう場合に採用されたのが、行事所召物《ぎょうじしょめしもの》と蔵人所召物《くろうどどころめしもの》であった。

行事所召物は、天禄二年（九七二）までは太政官符によって諸国から臨時《りんじ》交易《こうえき》や臨時舂米《りんじしょうまい》という形で大規模に徴収されていたものが変形したもので、寛和《かんな》年間（九八五〜八七）には始まっていた（『北山《ほくざん》抄《しょう》』）。新しい制度では、名目上は正税《しょうぜい》（公出挙利稲分《くすいこりとう》）を用いた交易《こうえき》で手に入れて中央に進上するものであるが、その支出を「正税帳」に立項《りっこう》しないで済《す》ます、つまりは国衙財政に負担を与えずに済ます、ということとされた。つまり暗に受領の才覚での納入を求めたものである。これは太政官内に設定された特定の行事の担当者組織（行事所）によって命じられ、受領はこれに応えなければならなかった。諸国の負担が合理的になるように配慮はされたが、もちろん、受領功過定のチェック項目であった（大津透二〇一五）。

行事所から受領への召物要求は、具体的には受領が都に置いた弁済使《べんさいし》に対して行われ、弁済使は京中に受領が設けた「京庫《きょうこ》」から支出する。先に紹介した清胤王《きよたねおう》はおそらく弁済使であるが、史料上の弁済使の初見は天暦《てんりゃく》元年（九四七）まで遡り（『政事要略』巻五一調庸未進《みしん》）、この時には本来の調庸納入の仕組みを破壊するものとして指弾されている。しかし、すでに貢調使《こうちょうし》が調庸運脚《うんきゃく》を率いてキャラバンのように運上してくる時代ではなく、受領が公私取り混ぜた財物を平安京に設けた倉庫（京庫）に収納するようになっていたので（佐藤泰弘一九九〇）、その京庫の管理に当たる弁済使に対して督促するのが合理的だった。そこで行事所からの要求を受け付ける受領の在京代理として、弁済使の設置を認めざるをえなくなったのである（勝山清次一九七五、寺内浩一九九八）。

蔵人所召物

召物には行事所からのもののほかに、蔵人所召物もあった（渡辺直彦一九七二）。これは宮中の臨時の諸行事に際して、蔵人所牒《くろうどどころちょう》でもって絹・麻布・紙・墨・水晶など多岐にわたる物資を諸国から調達する仕組みで、これも名目上は「交易」して進上することになっていたが、その実は受領の才覚による納入であった（一部は「例進《れいしん》」とされて、毎年、交易で進上していたものもあったらしい）。その進否《しんぴ》が受領功過定でのチェックの対象になる点も、行事所召物と同様である。この成立も、行事所召物と同時期の九七〇～八〇年頃とされている（大津透一九九〇）。

このように朝廷の臨時の大事に関しては行事所が、宮中の臨時の行事に関しては蔵人所が主導して遂行されるため、前者を官方《かんかた》の行事、後者を蔵人方《くろうどかた》の行事と呼ぶことも行われ（中原俊章二〇〇二）、ともに召物がその財源とされたのであった。

造内裏役の確立

さて村上天皇にとっては痛恨の出来事であったが、天徳四年（九六〇）九月、桓武朝造営以来の平安宮の内裏が焼け落ちた。もちろんそれ以前にも門や建物の倒壊・破損はあり、そういった際には畿内とその周辺の諸国に割り当てて修理を担当させていた（天慶元年〈九三八〉の大地震での大垣《おおがき》損壊の修理など）。律令制本来のあり方、つまり平安宮を作ったときの方式では、雇役《こえき》といって布や銭を代価として払うという方式で人々が動員されたが、一〇世紀半ばの段階では、原資となる調庸自体の徴収が覚束ない。そこで諸国に、つまりは受領に割り当てることにしていたのであった。

天徳の内裏全焼に際しては、畿内近国のみに割り当てるのではとうてい間に合わない。そこで今回は復旧を二七ヵ国に割り当てることにした。この時を契機に、畿内に重点的に割り当てる方式は改められ、特に一一世紀に入ると、受領は任期中に大垣二町を修理するのが義務というように、恒常化していった（小山田義夫一九六二、大津透一九九一）。これらの臨時・恒常の工事のための費用には正税を用いることができるが、工事終了後には太政官（行事所）の監査を受け、合格証（返抄《へんしょう》）を受け取って受領功過定に提出しなければならなかった。

以上、財政制度、力役制度の再編成が村上朝を画期として一〇世紀後半に整備されていったことを見てきたが、そのいずれの場合も、受領功過定が受領の首根っこを押さえることで機能していたことがわかるだろう。それにしても、あらたに整備された支出の項目の中に、諸司官人の給与が挙げられていないのは気にかかる。結局それは諸司田で調達されたか、遥任の任用国司を兼任するか、そうでなければ摂関家などの権門に取り入って家司《けいし》、といっても別当《べっとう》や執事など四位・五位の受領が勤めるようなものではなく、出納・案主などの下家司《しもげいし》になって、権門に寄食しながら生きていくしかなかったであろう。

受領功過定の整備

さて、国家財政を成り立たせるために整備された受領功過定とは、いったいどういうものなのか。前章で述べたように、仁和四年（八八八）の太政官符によって、受領は任期中の調庸をすべて納入しなければ解由状《げゆじょう》を受け取れないことになった。その後、天慶八年（九四五）に至り、正税（公出挙本稲《ほんとう》）・不動穀《ふどうこく》といった留国官物《りゅうこくかんもつ》についても、受領の任期中を限って欠損を生じさせなかったかどうかを勘解由使に検査させる態勢が整えられた（『政事要略』天慶

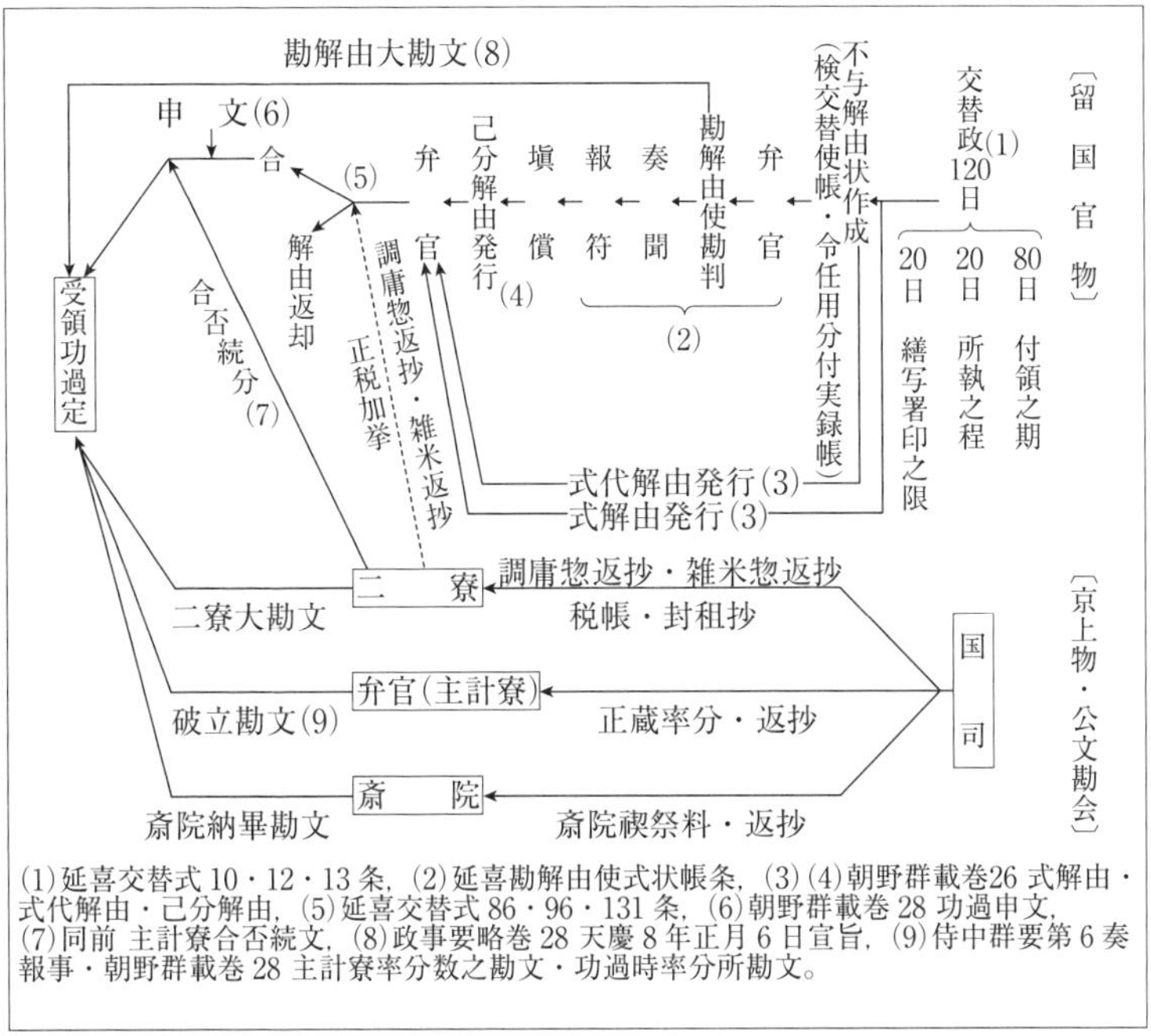

図14 受領の交替から功過定までのプロセス（佐々木恵介『受領と地方社会』山川出版社，2004年より）

八年正月六日宣旨。寺内浩一九九二）。

こうして受領が任期を全うしえたかどうかを総合判断するための資料群が整備されていった結果、上の図に見られるような複雑なシステムが完成するに至る。一〇世紀半ばの『西宮記』によれば、①任期を終え、必要な書類を整えた受領は、その成績審査を受けたいという申文《もうしぶみ》を提出する。②天皇の命令によって、上卿《しょうけい》がその申文を主計・主税の二寮及び勘解由使《かげゆし》に下し、それぞれがチェックをする（増渕徹一九八六）。③功過定が開かれ（多くは除目の間に設定される）、公卿全員が列席して審議される。④結論は「過《か》」「無過《むか》」と記され、天皇に奏聞《そうもん》される。もちろん

「過」を付けられたら、その件について、補填等の後始末をしなければならない。「無過」を得て、初めて次の任を求める中文を提出することができるのであった。

審議の有様は、『北山抄』巻一〇吏途指南《りとしなん》に活写されており、これを見ると受領はどんな理屈を用意してすりぬけようとしているか、また、これに対して公卿たちはどういう対応を見せたか、公卿一人一人の個性まで窺えて興味深いものがある。挙げられた具体例（古今定功過例《ここんていこうかれい》）は、著者藤原公任《きんとう》の公卿時代（正暦《しょうりゃく》三年〈九九二〉八月に任参議）を中心としたからか、一〇世紀末、九八〇年代以後に任期を終えた受領のものが大部分であるが、注意しなければならないのは、そういった功過を定める際の基準、あるいは前例を調べてみると、『延喜式』（九六七年施行）はいうまでもないとして、延長七年内侍宣《ないしせん》・延喜二二年宣旨・天暦御記《ごき》（村上天皇日記）・延長起請《きしょう》・延喜の間（2）・応和《おうわ》の間・康保《こうほう》二年・天暦の間・天慶五年九月一〇日貞御記《ていごき》（藤原忠平『貞信公記』）・延喜天暦の間・承平三年宣旨・天暦三年・天徳四年官符・延喜三年九月二〇日・天暦起請（3）・天徳起請・天徳三年宣旨・承平三年符・寛平六年格・延喜宣旨・天慶八年宣・長徳の初・天暦聖朝・康保の末、といったように、そのほとんどが醍醐（延喜・延長年間）・村上朝（天暦・天徳・応和・康保年間）、すなわち延喜天暦時代とそれに挟まれた忠平政権時代（承平・天慶年間）の施策であることである。このことは、延喜・天暦時代が、単に憧憬の的というようなものではなく、実際に一〇世紀末〜一一世紀初の受領統制、ひいては貴族政権を経済的に支えるための基盤を用意した時期だったことを如実に示しているといえよう。

銭貨の鋳造

律令国家の財政政策の一つとして貨幣鋳造があった。流通の程度がわからない富本銭《ふほんせん》はしばらく措くとして、平城京を造営する費用を捻出するために和同開珎《わどうかいちん》が作られ、この後何度も銅貨が鋳造されたが、平安時代に入ると、新しく出した貨幣の価値を旧貨幣の一〇倍と公定するなど、貨幣の信用を失わせることが繰り返されるようになった。それでも清和天皇の貞観一二年（八七〇）に初めて鋳造された貞観永宝《じょうがんえいほう》、宇多天皇の寛平二年（八九〇）に初めて鋳造された寛平大宝《かんぴょうたいほう》に引き続き、醍醐天皇の延喜七年（九〇七）には延喜通宝《えんぎつうほう》が、そして村上天皇の天徳二年（九五八）には乾元大宝《けんげんたいほう》が鋳造された。和同開珎から数えて計一二種類の貨幣が日本古代国家によって鋳造されたので、これをまとめて皇朝《こうちょう》（本朝《ほんちょう》）十二銭と呼び慣わしている。しかし結局貨幣の信用は回復せず、人々は米や布などの現物を貨幣代わりに用いる時代に再突入した。

ただし、そもそも貨幣の信用というものは、貨幣そのものの材質としての価値によって決まるのではないことは、現在の電子マネーを見れば自明であり、また政府が信用を保証するから流通するというわけでもないことは、中国銭を輸入し続けながらも貫高制が一般化していた日本中世の事例で見て明らかである。貨幣の流通停止は、あるいは「社会全体におけるパーソナルな関係の復活」（桜井英治二〇一一）の一側面と捉えるべきかも知れない。ともあれ、宋銭を初めとする中国銭が日本で流通するのは一二世紀に入ってからで、日本で再び銅貨が公式に鋳造されるのは、江戸時代の寛永通宝まで下る。こうして律令国家の施策の一つであった銭貨鋳造は、村上天皇の時代に終わりを告げたのであった。

2──儀式書の成立

本巻の対象とする時代より少し前、嵯峨朝において年中行事の整備が進んだことはよく知られている（山中裕一九七二）。年中行事の主なものは、弘仁・貞観・延喜の『儀式』に式次第が規定され（現存しているのは『貞観儀式』）、また、『内裏儀式』『内裏式』（弘仁一二年藤原冬嗣等撰、天長一〇年清原夏野等補訂）も編纂された。

年中行事の御障子

こういった官撰儀式書に盛り込まれたものに、多少遊興的な性格のものや、重要だが式次第までは規定されていなかった除目などの政務その他を項目として加え、仁和元年（八八五）に基経が献じたと伝えるものが「年中行事御障子《ねんじゅうぎょうじのみしょうじ》」で、清涼殿《せいりょうでん》東南の落板敷《おちいたじき》に立てられている、年中行事を列記した衝立《ついたて》障子であった（甲田利雄一九七六）。以後、これに盛られた行事が、いわゆる年中行事として儀式書等に立項され続けることになる。

王朝日記の誕生

こういう次第であるから、宇多天皇が即位した時、年中行事として念頭に置いておくべき行事は定まっていたが、その次第、特に細かな作法については、これといった文字化された情報としては整っていなかったことになる。多くの儀式が大極殿・朝堂院から内裏に場を変え、形態を変えた時期（古瀬奈津子一九八六）に生を受け、昇殿制や蔵人式の整備から、食事作法の脱唐風化（佐藤全敏二〇〇四）まで主導して宮中の秩序を再構成しようとしていた宇多天皇としては、儀式次第の整備が急務であったといえよう。公事《くじ》（政務・儀式）の道具としての色合いの濃い王朝貴族の日記で、逸文とはいえ一定量が残存する最古のものが宇多天皇のそれであることは（断片的なものでは元慶年間の本康《もとやす》親王のものの方が古い）、新しく儀式書を作っていくための資料集積が目的であったと考えると、その誕生の背景が説明しやすい（松薗斉二〇〇一）。

宇多の日記の取り扱いはよく分からないが、次の醍醐天皇の日記は、歿後まもなく抜き書きされて清涼殿の殿上の間に置かれた日記御厨子《みずし》に納れられ、殿上人《てんじょうびと》の参照に委ねられた（所功一九八二）。テーマ別に記事が仕分けられていたようなので、それが年中行事の順に並んでいたとすれば、ただちに先例の集積として式次第をまとめていくことができただろう。

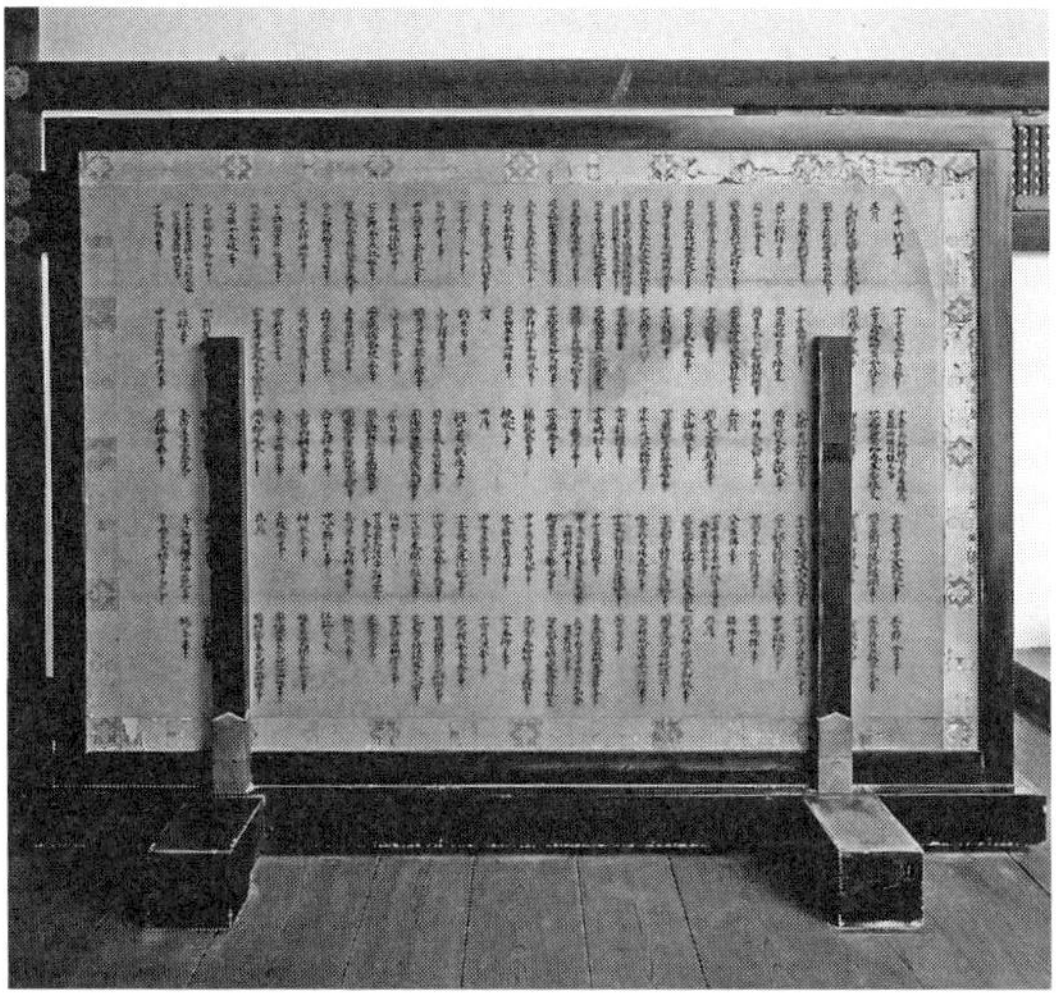

図15　年中行事御障子（京都御所）

六国史と新国史

こうして王朝日記が書かれていく一方で、もちろん公的な日記も書き継がれていった。その代表は外記《げき》日記であり、当時の外記は、太政官政務の実務部門の資料センターの観があったので、自ずから重要政務についての記録は残されていたことになる。既に『日本三代実録』（延喜元年成立）編纂の際の主たる材料として使われていただけでなく、摂関時代の貴族達も、必要に応じて外記日記を参照しており、後には鳥羽上皇の命を受けた藤原通憲《みちのり》（信西《しんぜい》）が、これを主たる材料として『本朝世紀《ほんちょうせいき》』を編むことになるが（一一五〇年編纂開始）、いわゆる正史として『日本三代実録』を継ぐものは、ついに完成・奏上されなかった。その企画が無かったわけではなく、承平六年（九三六）に撰国史所《せんこくししょ》別当が任じられ、藤原実頼や大江朝綱《おおえのあさつな》・維時《これとき》らによって編纂が続けられた「新国史」というものがあったが、草稿のままに終わったようで、ついに奏上に至らなかった。『日本紀略』（一一世紀後半以降の成立。編者不詳）の編纂に利用されただろうと推測されるほか、大江家が深くかかわって進めた事業だとすれば、内容の一部を、大江匡衡《まさひら》（維時の孫）の妻の赤染衛門《あかぞめえもん》が『栄華物語』を執筆する際に参照した可能性は残されている。

一方で、宇多天皇の命を受けて菅原道真が編纂した『類聚国史』があり、六国史のデータは、すべて内容別に分類されてもいた。もはや国史のレベルの情報では、前例として処理しきれないほど実際の政務・儀式は複雑になっていたし、年中行事の進行のような細かな、かつ繰り返されるものを歴史書に盛り込むのは無理があることも、十分に承知されていたことだろう。

『新儀式』と『西宮記』

外記日記は先例の宝庫ではあったが、しかし、外記の伺候範囲という限界があり、殿上での天皇・公卿の動きや議事については関知するところではなかった（橋本義彦一九六五）。そこで前述のように、歴代の天皇が日記をつけて事例を集積してきたわけであるが、ついにそれを材料にして年中行事および臨時の公事に項目立てして排列した儀式書を編むときが訪れた。そういった儀式書の中で現在知られている最古のものが村上天皇の『新儀式』

図16　藤原公任『北山抄』巻10吏途指南（自筆本）

（『清涼《せいりょう》（御《ご》）記』『清涼抄』とも）であり、また、源高明《みなもとのたかあきら》の『西宮記《さいきゅうき》』である。『新儀式』は、村上天皇晩年（九六七年五月歿）の応和年間（九六一〜九六四）頃に、恐らくは宇多・醍醐の日記と自身の日記、さらには『西宮記』をも参照して自ら編集し、これを蔵人の藤原雅材《まさき》に清書させたもので、天皇はこれを当時右大臣だった藤原師尹《もろただ》（九六九年一〇月歿。忠平の子で、実頼・師輔の弟）に送り、師尹はこれに注釈を加えて返却するという過程を経て成立したことが最近解明されている（西本昌弘二〇〇九）。まさに、三代の天皇の情報の蓄積をフル活用して編纂されたものであることが推測される。

蓄えてきた情報をもとに儀式書を編むことは、天皇だけでなく、臣下の方でも必要であった。上卿《しょうけい》（後述）として行事を指揮する立場になるだろう子孫を抱える高級貴族も、同様に儀式書を編むようになる。天皇の居ないところでの政務処理や儀式もあり、また、立場が異なれば作法の要点も異なるからである。醍醐源氏の一人で、村上朝には左大臣として源氏の長者の位置にあった源高明もその一人であり、全五巻の内、逸文以外は四・五巻（臨時上・下）しか残っていない『新儀式』に比べて全容が知られ、さらには宇多源氏の源経頼《つねより》（道長や実資と同時代の有能な官僚で、道長の正妻倫子の甥。『類聚符宣抄《るいじゅうふせんしょう》』の編者。清水潔一九八二）による増補まで加えられている『西宮記』は、『新儀式』にも引用されているところから、安和の変（九六九年三月）で高明が左遷される以前に、その基本は成立していた筈である（西本昌弘二〇〇九）。『西宮記』は、後に高明の娘明子を通じて夫の道長のもとにも伝わっており、寛弘六年（一〇〇九）三月には、これが藤原行成に貸し与えられているから（『権記』）、行成撰述の『新撰年中行事』の骨格（寛弘八年までには成立。西本昌弘一九九八）を作る際の参考資料になったことは間違いない。

ほぼ全容が知られる私撰儀式書には、『西宮記』のほかに、藤原公任が婿の藤原教通のために著したといわれている『北山抄』、藤原師通の依頼を受けて大江匡房《おおえのまさふさ》が著した『江家次第《ごうけしだい》』があるが、それぞれ、一〇世紀半ば、一一世紀初頭、一二世紀初頭の時点における朝廷での儀式次第を詳細に知るための貴重な史料となっている。

摂関家の公卿学

もちろん、忠平とその子の実頼・師輔らも、こういった動きから外れていたわけではない。そもそも宇多天皇の時に朝廷の儀式整備の端緒を作ったのが藤原基経であり、彼の朝儀作法に関する持説は、基経が歿したときに子息がまだ若かったので（長男の時平が二〇歳、忠平は一一歳）、基経の叔父に当たる藤原良世《よしよ》を介して、時平・忠平に伝えられていた（田島公二〇〇九）。このうち摂関家の嫡流となった忠平の子供たちが、儀式の世界を主導していくことになる。

藤原忠平の息子である実頼・師輔・師尹らは、それぞれ忠平からの口伝《くでん》・教命《きょうめい》を自分なりにまとめていった（竹内理三一九四〇）。末弟の師尹（小一条左大臣）は、前述したように村上天皇の『新儀式』撰述に参画したばかりでなく、自ら小一条流の祖となった。一方、長兄の実頼が残した日記『清慎公記

（水心記）』（現在は逸文しか残らない）は、実頼の孫で養子となった実資《さねすけ》が撰述した『小野宮年中行事《おののみやねんじゅうぎょうじ》』や（所功一九八四）、藤原行成の撰述した『新撰年中行事』の主要典拠となった（西本昌弘一九九八）。挙げ句の果てに、記述内容ごとに裂断されてしまい、藤原公任の『北山抄』撰述に活用されたとみられている。実頼の家系は、儀式の面では小野宮流を形成することになった。

他方、次男の師輔は、自ら儀式書『九条年中行事』と日記『九暦《きゅうれき》』を残した。前者は後に『小野宮年中行事』や『新撰年中行事』の中に、後者は『北山抄』の中に、その記述が取り込まれてもいる。師輔は九条流の祖とされ、その子孫が道長以降に至る摂関家となって繁栄をみたが、道長自身は祖父師輔からの九条流のみならず、実資から小野宮流を、次妻明子を通じて源高明の西宮流を、さらに正妻倫子の父源雅信からも訓《おしえ》を受けながら、自ら「御堂流《みどうりゅう》」を形成し、これが以後、頼通―師実―師通―忠実―忠通と、摂関家嫡流に継承されていった（田島公二〇〇九）。

3―摂関の役割

太政官での政務処理

さて、村上天皇が康保四年（九六七）五月に清涼殿で歿し（四二歳）、やがて一六歳の冷泉天皇が即位すると、故忠平の子の左大臣藤原実頼が関白に任じられた。これ以後、藤原道長が登場するまで、ほぼ切れ目無く摂政もしくは関白が任命されることになる。

そこで歴史過程を追うことを暫く止めて、前節で紹介した儀式書や、日記等を利用しつつ、政務や儀

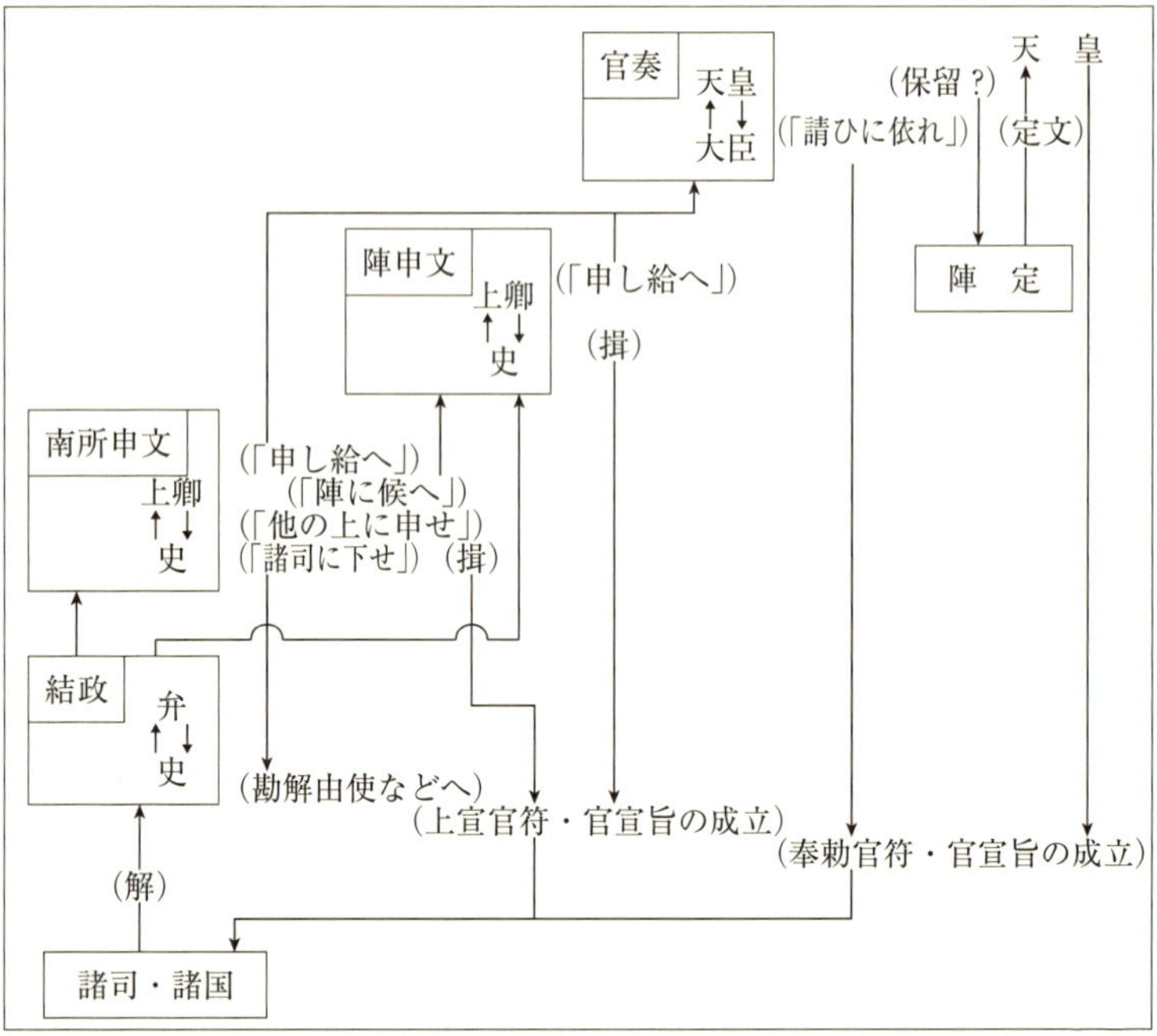

図 17　政務処理の流れ図（『西宮記』による．「」内はその場での決裁の言葉，揖はおじぎ）

式における摂政・関白の役割を押さえておきたい。

上の図は、『西宮記』の記載をもとにして作成した、一〇世紀半ばから一一世紀にかけての政務処理の基本の流れ図である。簡単に解説しておく。

在京諸司や諸国から天皇・太政官の判断を請う文書は、まず弁官という太政官の事務局で審査される。その際、諸司・諸国は「解《げ》」という様式の文書を提出してくるのが普通であり、受け取った弁官局では、前例となりそうな関連文書をその「解」に貼りつぎつつ（こうして貼りつぐこと、また貼りつがれた文書を「続文《つぎふみ》」という。谷口昭一九七三）、形式・事実関係をチェックする。いよいよ公卿会議にかけて良いということになると、弁官での最終チェックとしての結政《かたなし》が行われる。これは弁官の書記官である史が、「解」の書き出しの部分（「某々解《げ》し申し請ふ何々の事」というのが通例で、「某々」に差し出し官庁が、「何々」に案件が入る）を読み上げ、史の上司に当たる弁がこれを確認する儀式である。

結政を通過した案件は、その性質・重要度に応じて南所《なんしょ》（侍従所）での申文《もうしぶみ》（基本的に大中納言以下の公卿が出席し、当日の参加者のトップが、上卿として決裁する）、あるいは内裏の左近陣《さこんのじん》での申文（大臣以下の

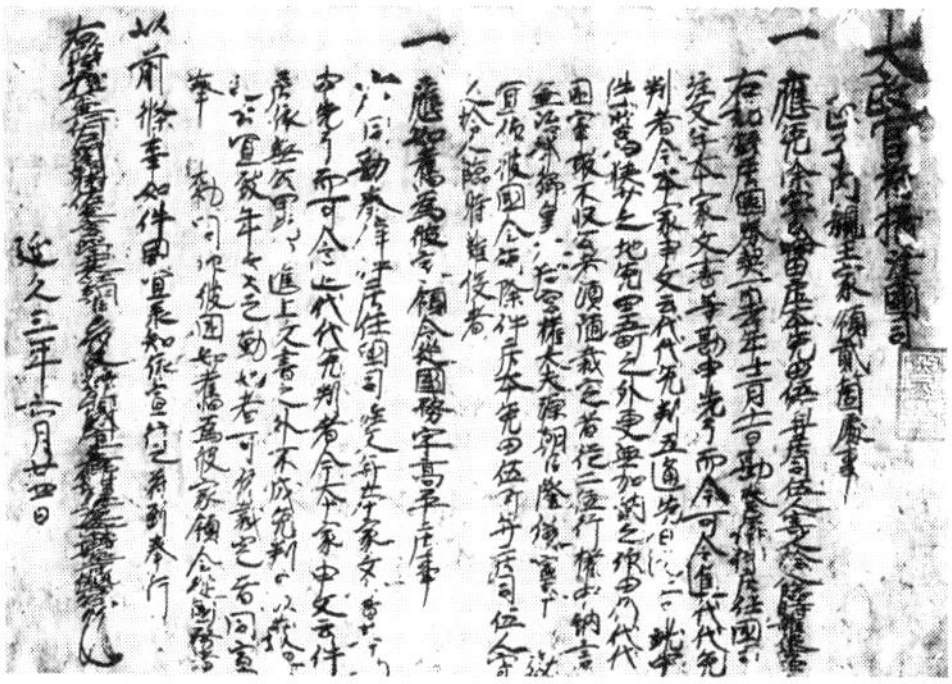

図 18　奉勅の太政官符

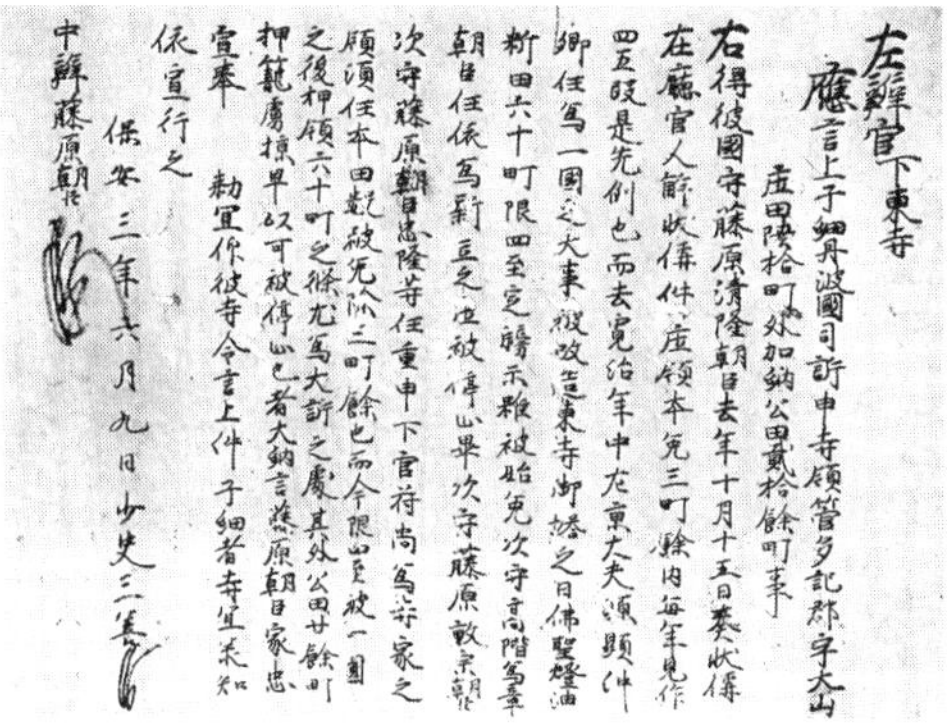

図 19　奉勅の官宣旨（弁官下文）

公卿が出席し、同じく参加者のトップが、上卿として決裁する）にかけられる。これらを弁官の立場からいえば「弁官申政《べんかんしんせい》」となり、公卿から見れば「公卿聴政《くぎょうちょうせい》」となる。決裁の仕方はそれぞれ図に記されているとおりで、最終的に天皇の決裁を仰がなければならない案件ならば、それは「官奏」の

儀式の際に官奏候侍《かんそうこうし》を認められた公卿によって清涼殿で天皇に奏上され、天皇の裁可を得なければならない。

天皇から裁可されたならば、それは候侍の公卿から弁官に伝えられ、太政官符《だいじょうかんぷ》（恒久的な効力が求められる場合。そうでない場合は官宣旨《かんせんじ》＝弁官下文《べんかんくだしぶみ》を用いる）が作られ、もともとの「解」の差し出し官庁に命令が伝えられる運びとなる。天皇の裁可を得た官符は、「奉勅官符《ほうちょく》」という。官符には必ず弁官に官符作成を命じた公卿（宣者《せんじゃ》）の名が記されることになっており、右に述べた流れから見て「奉勅官符」の場合は、官奏に候侍した公卿が宣者になることになる（摂政が置かれている場合は若干異なる。後述参照）。天皇に奏上して決裁を仰ぐ必要がない案件の場合には、南所や陣の申文での上卿の決裁で済ませられ、その決裁のみで作られた官符は「上宣官符《しょうせん》」と呼ばれる。したがって「上宣官符」の宣者は、南所なり陣なりでの申文の際の上卿ということになる。

ただし、今述べた政務処理システムは『西宮記』を中心に復原された一〇世紀半ばころのものであり、一〇世紀末から一一世紀にかけては、公卿聴政の基本はさほど変わらないが、摂政や天皇に決裁を仰ぐ方式や、特定の行事の遂行方式の面で、大きな変化が見られるようになる。

官奏の衰退

第一は、「官奏」の減少と形骸化である。『貞信公記』などを見ると、忠平の摂関期には、二、三日ごとに「官奏」の記載が見られるので、政務の最終決裁が官奏の手続きを踏んで行われたことが推測される。しかし一〇世紀末になると、政務を担当する公卿（上卿）が、蔵人を経由して直接天皇に案件を奏上したり、摂政に上申することが目立つようになる（吉川真司一九九五）。一一世紀に入って藤原実資が御前での官奏に初めて従事（官奏候侍）した際には、『小右記』に詳細な記述が見られ（治安元年〈一〇二一〉一一月九日条）、彼の感激の様子が知られるが、そのころの官奏は、不堪佃田奏《ふかんでんでん》（毎年九月七日に諸国が上申してきた耕作不能の田の面積を奏上する儀式。これ自体一〇世紀後半には形骸化している）など、極めて限られたものしか対象としなくなっていた。だからといって天皇や摂政への上申案件が減るわけではないので、それらは官奏の儀式を経ずに、担当の上卿から直接、摂政に持ち込まれたり、蔵人を通じて天皇に奏上されたのである（曽我良成一九八七、玉井力一九九五）。

上卿と行事所

第二は、この変化と密接に関連するが、律令官僚機構自体の編成替えと、その統合の仕組みの変化である。このころの年中行事のうち、神事や国忌など、決まり切ったことを行えば済むものについては、前年のうちに大臣が、大・中納言や参議たちの中から担当者（上卿《しょうけい》）を割り当てていた。この割り当てのことを「公卿分配《くぎょうぶんぱい》」と呼び、つまらない行事だからといって、こういった行事を公卿たちがサボタージュして誰も参加しないということがないように、寛和二年（九八六）に始まったらしい（今江廣道一九八四）。

一方、内裏の火災などの突発的な事件に対処し、その善後策を練り上げて実施したり、有力者の発案で大きな催しものを展開しなければならないような時にも、その担当の公卿が定められる。これも同様に上卿（行事の上卿）と呼ばれるが（大がかりな事業の場合には、行事として納言以上と参議との二人が指名される場合もあり、後者を行事宰相《ぎょうじのさいしょう》と呼ぶ）、その指名は摂関によってなされるようで、実務能力に富んだ者が指名されることになりがちである。指名された公卿は、弁官の弁（左・右の大・中・少弁）と史（左・右の大・少史）の中から、これまた有能な部下たりうる者を選んで行事弁《ぎょうじのべん》・行事史《ぎょうじのし》とし、これらのスタッフを中核に「行事所《ぎょうじしょ》」（事業名を冠して「造内裏行事所」などと呼ばれることもある）が構成される。以後はこの行事所が、必要な物資を、天皇の財産を保管している内蔵寮《くらりょう》や、受領などから調達し（内蔵寮の物は天皇への請奏《しょうそう》を要し、受領へは行事所召物《めしもの》として官宣旨で進上が命じられる。前節参照）、場合によっては織手《おりて》などの手工業業者に発注し、装束《しょうぞく》（設備・備品）を調え、催しものであれば会場を検分し、そして実際に当日の式次第を取り仕切るのである（土田直鎮一九六二）。かくして、仰々しくも機能不全に陥った太政官の官僚機構ではなく、行事ごとに臨時に編成されたコンパクトで機能的な行事運営のシステムが登場したのであった。この行事所の上卿は、絶えずさまざまな判断を迫られることになるのは当然であり、行事弁や行事史を介した摂関とのやりとりの中で事案が処理されていくことになる。

こういった形の行事所の初見は、天徳の火災で焼失した平安宮創建当初の内裏を再建するために天徳四年（九六〇）に置かれた「造内裏行事所」であるが、この時には大納言一人、参議二人、弁・史各二人の大規模なものであったのは、仕事の規模から見て当然であろう。

陣　定

さて、公卿聴政を経て天皇に奏上されても、外交や財政に関する案件（大津透一九九五）、国司苛政上訴への対応（盤下徹二〇一五）など、天皇が簡単に判断できないような案件であれば、天皇はあらためて公卿（参議以上）全員を招集して審議させることがある。こうして開かれる会議を陣定《じんのさだめ》という。陣定では、天皇から蔵人を通じて案件や関係史料が内裏の左近陣《さこんのじん》（陣《じん》

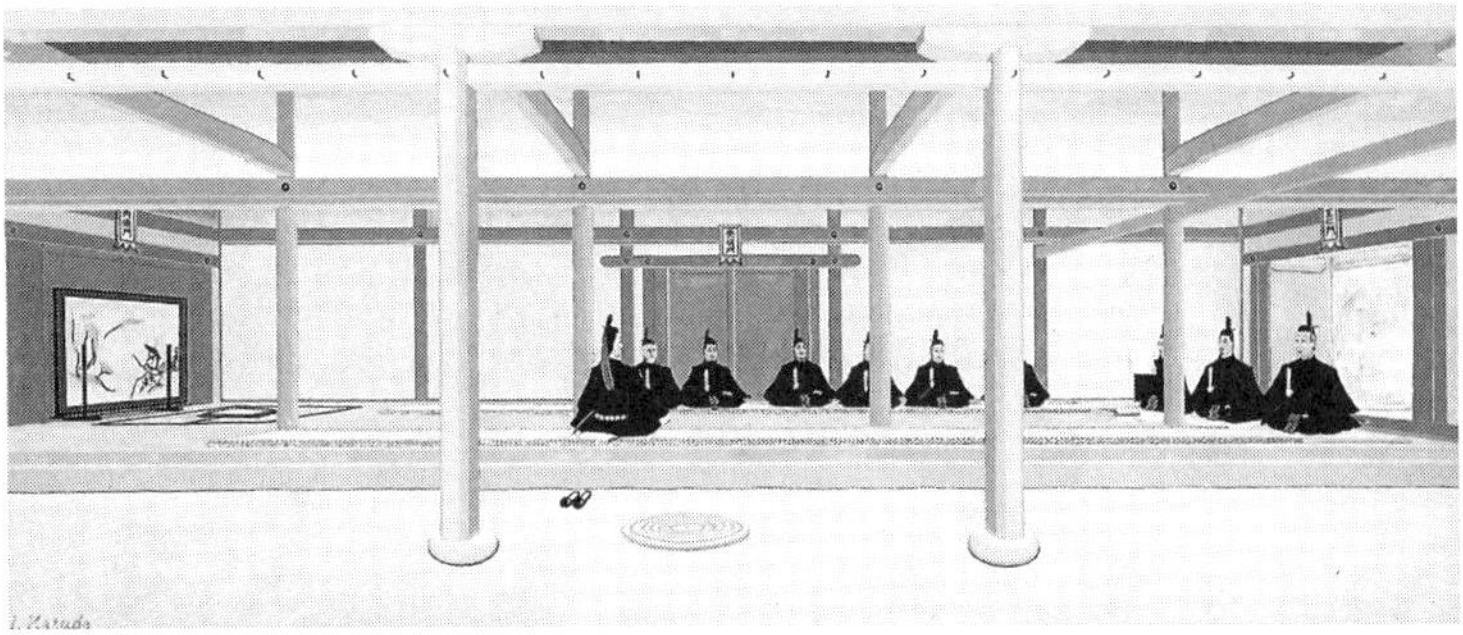

図 20　陣定復原図

手前（南座）に左大臣道長，奥に（北座）に左から右大臣顕光以下，公季・実資・斉信・時光・隆家が座り，右側（横切座）に手前（上座）から有国・懐平・行成と 3 人の参議が着座する．

図 21　左近陣座

座《のざ》・左仗座《さじょうのざ》）にもたらされ、出席した公卿のうち下位の者から意見を述べる。出された意見は大まかに分類され、案件ごとに、某々達はどういう趣旨の意見であったかという箇条書きの「定《さだ》文《めぶみ》」にまとめられ（事務能力があるという点から、左右大弁で参議になっている者（参議大弁）が執筆することが多い）、天皇に奏上されるのである。

こういった会議がいつ頃定型化されたのかは判然としないが、唐で行われていた、朝堂で数千人の官僚を集めて開催された「百官議」や、法律の専門家による「法官議」（日本で対応するものの一例が、『日本三代実録』に抄録されている、太政大臣の職掌をめぐる菅原道真らによる意見具申である。後述参

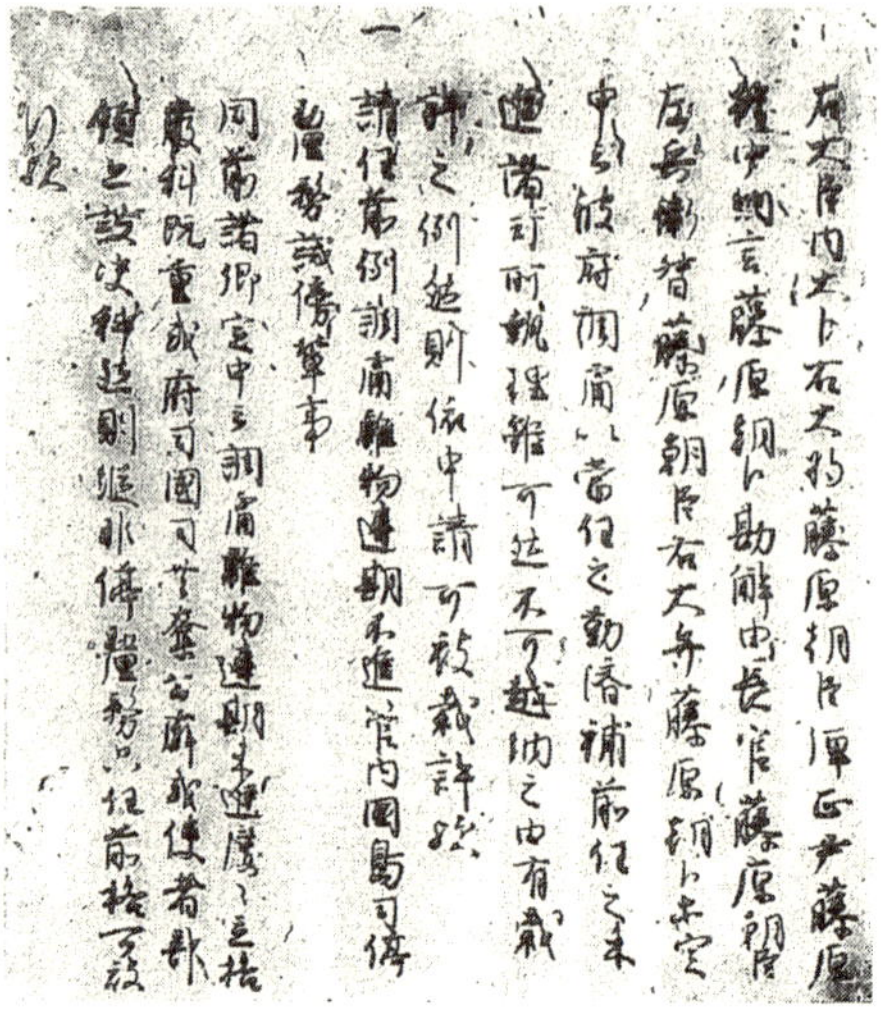

図22　藤原行成筆　陣定定文案

照）などを参考にしながら、公卿のみによる「議」として導入されたもので、九世紀末には成立していたらしい（川尻秋生二〇〇一）。唐の中書門下の会議を参照して作られた公式令の太政官論奏が、公卿の全員一致を原則としていたのとは異なって、公卿個人の意見が、より直接的に決裁の参考にされるようになったのである（川尻秋生二〇〇二）。

注意しなければならないのは、陣定は、決して全会一致が求められる訳でも、また多数決で一つに決められる訳でもないということで、要するに天皇のもとで国政を担当する最高のスタッフである公卿の個々人が、天皇が決裁するに際しての参考意見を申し上げるというのが原理といえよう（土田直鎮一九六五）。

なお陣定は、異敵の来襲などといった緊急事態が発生した時にも開かれる。この場合は飛駅《ひえき》という緊急連絡手段によって「奏」（天皇に上申される文書）がもたらされるので、「結政」や「中文」というような手続きを経ることなく、直ちに公卿に招集がかかる。序章で紹介し、また五章でも触れる「刀伊の来襲」（寛仁三年〈一〇一九〉）の際の陣定が、その好例である。

では、摂政や関白が置かれているときには、右の政務処理はどう運営されるのだろうか。まず摂政が置かれている時には、摂政は内裏内に用意された控え室（「直廬《じきろ》」）か、あるいは自邸（「里第《りだい》」）にいて、南所や陣での申文（弁官申政＝公卿聴政）を通過した文書を弁から上申され、これを承けて決裁する。天皇に決裁を仰ぐのは官奏候侍の公卿と定められていたことは先述したが、摂政に決裁を仰ぐのは公卿ではなく、太政官の事務局である弁官ということになる。この点に注目して、摂政は天皇大権の代理行使者ではなく、格上の大臣と見るべきだという説も出されている（春名宏昭一九九七）。先に述べたように摂政良房の権能が、きっかけとしては太政大臣に由来した点からいえば、この説にも一理あるが、しかし摂政の決裁が最終決裁であり、それは官符の上では「奉勅」として記されるのだから、天皇の代理という方がより相応しいといえよう。ただ、大弁が天皇の代理としての摂政の決裁を聞いてしまうので、弁官に対して官符を作るように命じる公卿がいないことになる。したがってこうしてできる「奉勅官符」の宣者は、もともとの申文の時の上卿を記すこととされている（吉川真司一九九二）。

摂関と政務処理

一方関白が置かれている時はどうであろうか。この場合は最終的に天皇の決裁を仰ぐわけだから、官奏の手続きが取られる。ただ、官奏に先だって、里第にいる関白のもとに、弁が官奏に入れる予定の文書を持参し、関白の判断を請うという儀式が入る（『本朝世紀』天慶四年〈九四一〉一一月二六日条）。この時関白は、問題がありそうな文書を官奏から除くように指示することもある。この儀式を通過した文書が官奏候侍の公卿のもとにもたらされ、天皇に奏上されることになるのである。関白のこういった権能が、「奏すべきのこと、必ず先ず諮稟せよ」という勅命の趣旨に該当する。「下すべきのこと」の諮稟については、摂関時代によく現れる天皇から関白への諮問が（坂本賞三一九九〇）、そのひとつに該当すると考えて良いだろう。

こういった摂関の政務処理上の位置づけがいつから確認できるかについては、いろいろ議論があるが、少なくとも関白については基経まで遡ってよく、おそらくは摂政についても幼主清和天皇を仰いだ時期の良房にまで遡ってよいと思われる。なお、天皇が元服してしまうと、摂政忠平は決裁の結果を天皇に奏上していたことがわかっており（諸星由美枝二〇〇〇）、これはあくまでも決裁後の結果の伝達ではあるが、天皇の代行者たる摂政と補佐役たる関白との間の立場ということもできる。

ただ、先述したように官奏そのものが滅多に行われなくなると、官奏案件を途中でチェックするという関白の機能は実質を失ってしまうことになりかねない。自ら陣中文など太政官の政務に参加しなければ、個々の公卿がどういう判断を天皇に伝えるか把握できない場合が生じうるのではあるまいか。藤原道長が成人している一条天皇・三条天皇に対して関白とはならず、筆頭公卿である左大臣のままで、本来臨時の措置であった内覧の権限を賦与されたままにしていたのには、官奏の形骸化に伴い、自ら公卿の一人として政務を仕切る方が好都合であったという背景があったと考えられる。

摂関と祭祀・軍事

以上は政務処理上の摂関の位置づけであり、これが摂関のもっとも基本的な権能を表しているといえようが、しかし、摂関については、①祭祀・軍事や節会における摂関の位置づけ、②摂関と令制官職、特に太政大臣との関係、あるいは内覧との関係、③

摂関と天皇の外戚との関係、なども問題となろう。

第一の問題のうち、まず祭祀についていえば、摂政は天皇の代理とはいっても、祭祀での天皇の所作を代行する訳にはいかなかった。たとえば大嘗祭に先立って賀茂川のほとりで行われる禊《みそぎ》、そしてその場所まで行列を整えて行く御禊行幸《ごけいぎょうこう》は、幼帝とはいえ天皇自らが行かなければならなかった。時に尋常でない振舞いをする冷泉天皇であったが、その御禊行幸が無事に終了したとき、「九条殿（既に死去していた外祖父師輔）なん御うしろを抱きたてまつりて、御輿のうちに候はせたまひけるとぞ人申し」（『大鏡』上、右大臣師輔）とされているのは、この間の事情をよく示している。ただし、長和五年（一〇一六）二月一日に行われた伊勢への即位由奉幣使《そくいのよしのほうべいし》の発遣など神事の一部については、ほとんど天皇の代理としての行動（「其儀頗似主上御儀」〈『左経記』〉）をとることもあった（鳥羽重宏一九九〇）。

また、征討軍の将軍に節刀を授け、軍隊を統率・指揮するという天皇大権の一部を分与することも、あるいは天皇固有の権限として保持された可能性がある。というのは、天慶三年（九四〇）正月に平将門を討ち取るために任じられた征東大将軍藤原忠文には、摂政忠平ではなく、一一歳の朱雀天皇が節刀を授けているからである。翌天慶四年正月には、「純友の事を定めんがために」諸卿が御前《ごぜん》に召されてもいる（『北山抄』四）。ただし、朱雀天皇はこれ以前の承平七年（九三七）正月に元服しており、前述したように幼帝時の摂政と元服後の摂政とでは、天皇の位置づけに違いが生じた可能性があり、この節刀授与や御前定も、元服後の摂政存続という中途半端な状況の産物かも知れない。

摂関と節会

次に、天皇と臣下とが君臣関係を確かめ合う饗宴である節会《せちえ》の場合について。年中行事その他の儀式においては、その儀式を取り仕切る公卿が予め指名される。多くの儀式においては、先述したようにこれを「上卿」というが、仁王会《にんのうえ》を取り仕切る公卿（大納言）は特に「検校《けんぎょう》」と呼ばれ、また、節会を取り仕切る公卿は「内弁《ないべん》」と呼ばれた。内弁は原則的に一上《いちのかみ》（筆頭公卿、ただし、太政大臣は除かれる。山本信吉一九七五）が務めることになっていたが、その内弁に摂関が、特に関白が就くかどうかは変遷があった（末松剛一九九六）。特に事実上の関白が始まった元慶年間の基経は、元慶八年五月五日の端午節会《たんごのせちえ》の際に、前例としないという約束で太政大臣でありながら勅命により内弁を務めており、元慶九年元日の節会に際しても、同様に勅命によって内弁を務めている。その後は摂政左大臣藤原忠平が承平六年（九三六）の白馬節会《あおうまのせちえ》まで、すなわち同年八月に太政大臣に昇進する前まで内弁を努めて以降、天仁元年（一一〇八）の摂政右大臣藤原忠実まで（『殿暦』同年一一月二二日条）、摂政として内弁を務める例がない。先述した元慶八・九年の基経の内弁奉仕の例は、元慶八年五月九日に太政大臣の職掌についての光孝天皇の諮問が出されていることと合わせ考えれば、何とかして太政大臣を実務を担う筆頭大臣にしようとした光孝天皇の意図に出たものかも知れないが、結局これは成功しなかった。仁和元年（八八五）九月九日の重陽《ちょうよう》の節会に際して基経に「勅して、太政大臣節会の日に、群臣に列せず直ちに昇殿するを聴《ゆる》す」（『日本三代実録』）とされているのは、太政大臣を内弁にすることを諦《あきら》めた証拠だろう。後に摂政を独立させた（律令制の官職を帯びずに摂政の地位に任じられた）兼家は、内弁にならないことはいうまでもなく、群臣の後に紫宸殿《ししんでん》に昇殿することもせず、初めから「御後《ごご》」すなわち紫宸殿の中央に設けられた玉座に座っている天皇の、その後ろに伺候するという見せ方を採用することになり、道長を挟んで頼通は、摂政・関白を続けた約半世紀にわたって、終始「御後」に位置していて、内弁を務めなかった。

問題なのは、道長の場合で、彼は基本的に摂関ではなかったので、内弁を務めざるを得ない立場ということができる。しかし、内覧ではあるので、一般の公卿並みに内弁を務めてしまっては、不満があったのだろう、節会の初めには登場して指揮するが、すぐに退出して、後は自分より下位の公卿に任せてしまうという方法を用いた。いかにも道長らしい対応・処理ということができるのではあるまいか。

以上を通じて理解できようが、節会のように、君臣関係を可視化する儀式の場合には、当然天皇が君主として振舞うのであり、摂政といえども臣下の代表として参列するか、せいぜい天皇の後見として参加するに留まったのであり、天皇の代理にはなり得なかった。

摂関と太政大臣

第二の問題のうち、太政大臣については、第一章で述べたように、九世紀以降に関していえば、生前に太政大臣になったのは良房が初めてで、彼はまもなく摂政になっているので、太政大臣としては何をしたのかは判然としない。ただ顕著なことは、それまで官符の宣者として活躍していた良房が、太政大臣就任以降、文徳天皇在位中も含めて全く宣者になっていないことである(土田直鎮一九六九)。これは、公卿聴政の上卿にならなかったことを示しているので、いわば太政大臣は公卿会議に参加しないという慣例を彼が作ったことを示している。彼以降のすべての太政大臣が官符の宣者になっていないので、太政大臣は公卿会議から祭り上げられた地位ということになるだろう。同様に、基本的に内弁にもならないという慣例も、一応できあがったらしい。

陽成天皇の摂政藤原基経が、元慶四年に太政大臣に任じられた後、成人である光孝天皇が元慶八年に即位した際、基経が摂政を辞めることは当然とされたため、在任し続ける太政大臣という地位について問題となり、明法博士たちに太政大臣の職掌について諮問したことがあった（『日本三代実録』元慶八年五月）。結果的には、あまりはっきりとした職掌が得られなかったので、基経には任関白宣命が出されたのである（『日本三代実録』元慶八年六月五日条）。逆にいえば、太政大臣だけでは職掌がないことが明示されたことになり、これは、第一章で述べたように、阿衡の紛議の際に、再確認されることになる。

次に太政大臣になったのは、承平六年（九三六）の忠平だが、彼はその時摂政で、後に関白になったことは前述した。次は康保四年（九六七）の実頼で、彼はその直前に関白になっており、後に摂政になっている。天禄二年（九七一）の伊尹《これただ》は、その前年に摂政となっており、天延二年（九七四）の兼通は、前々年に関白、貞元三年（九七八）の頼忠は、前年に関白になっていた。兼通が関白になったときは、彼は同時に内大臣にされただけで、上位に左大臣源兼明・右大臣藤原頼忠がいたが、二年後に太政大臣に任じられることで、地位の逆転は正常化されたわけである。

こうした流れを見てくると、寛和二年（九八六）に兼家が一条天皇の摂政になったとき、彼は右大臣を辞職してただ単に摂政のみとなった、つまり大臣を兼ねていないことの背景が理解しやすい。この時には、それまで花山天皇の関白だった頼忠が太政大臣に在任したままであった。時に頼忠は六三歳だから、まだ致仕《ちじ》（定年退職。七〇歳）には間がある。かといって摂政より序列が上の大臣がいるという状況も、元慶元年（八七七）から三年にかけての摂政右大臣基経の上席大臣としての左大臣源《みなもとの》融《とおる》以来、百年ぶりということになる。融は事実上公卿会議に出席しなかったらしいし（『中右記』嘉承二年〈一一〇七〉一一月三日条）、元慶四年には基経が融を追い越して太政大臣になったことで不自然な事態を収拾したが、摂政右大臣兼家の場合は、相手が太政大臣だから、追い越すわけには行かない。そこで大臣を兼ねない単独の摂政となった。この時には「論奏詔書施行の次《ついで》は、三公の上に列す。但し員数の外なり」と、論奏や詔書への署名では、摂政兼家は太政大臣より前（上）に署名する地位であると特に命令されたように（この趣旨の宣旨を「一座宣旨《いちざのせんじ》」と呼ぶ。米田雄介一九八九）、法規（公式令）との調整が図られてもいる。一方の頼忠にとっては、良房より後では初めて生じた、摂関を帯びない、ただの太政大臣ということになり、このポストが飾りであることをあらためて明示することになった。頼忠の死後に、兼家は太政大臣に任じられる（永延三年〈九八九〉）。

こうして太政大臣という官職は、摂関が帯びるものとして相応ではあるが、それだけでは何の政治的権能も持たないものであることが再確認されるのである。

摂関と内覧

次に、「内覧」について触れておきたい。内覧というのは、奏すべきことや下すべきことを必ず予めチェックすること、もしくはその地位である。これだけ見ると関白と同じということになる。その始まりについては『公卿補任』の記載などに依拠して、宇多天皇が譲位に際して時平と道真に右記の職務を命じたことに求めることが多いが、譲位詔書でこういうことを命じるのは、むしろ関白の方に繋がるのであって、内覧とこれとを系譜関係で強調する必要はないように思う。事例として次に来るのが、円融天皇時代に摂政伊尹が病気の時、また一条天皇時代に関白道隆が病気の時に、それぞれ伊尹の弟兼通と道隆の子伊周《これちか》とが、内覧を命じられた例である。摂政や関白を任じるには詔書が出されるが、内覧は宣旨で伝えられるのは、あくまでも当時この地位が臨時の職務とされていたことを示している。『小右記』長徳元年（九九五）三月一〇日条によれば、父の関白道隆が病気になったとき伊周は、「関白病《やまい》の間、殿上及び百官施行」の宣旨を被《こうむ》った。この時伊周は、叔父の高階信順《のぶより》らとともに、なんとか「関白病の間」を「関白病の替《かわり》」に書き直させ、関白に任じられたことにしようと画策したらしいが、もちろん不首尾に終わった。

このように、もともと臨時に置かれていた内覧の地位を恒常化し、そのうまみを十分に引き出したのが藤原道長である。権大納言道長は、兄の道兼が長徳元年（九九五）五月八日に「七日関白」ののち死去したのを承けて、五月一一日に内覧の宣旨を被った。この時なぜ関白とされなかったのかという点については、故関白道隆の子で、一条天皇の寵愛を受けている中宮定子の兄であり、しかも内大臣として道長の上座にあった伊周が存在していたこと、また道長自身がまだ権大納言に過ぎなかったことに配慮しての、一条天皇の判断だろう。道長は六月一九日には右大臣に任じられ、伊周を超えて公卿のトップに立ち、氏長者にもなり、翌年には左大臣になったが、彼はその後長和五年（一〇一六）正月に、外孫の幼帝後一条の即位に伴って摂政に任じられるまでの二〇年間を、内覧の左大臣として過ごした。

一条天皇とその後を継いだ三条天皇は成人だったので摂政は考えられないとしても、道長が関白にはなって良さそうなのにそうしなかったのは、関白になってしまうと、先に見たように公卿会議からは離れて奏上案件を途中でチェックする権能しかないし、奏上案件を自らが天皇に奏上することもないことが原因である。要するに道長としては、筆頭公卿として公卿会議をリードすることが可能で、かつ公卿会議に出席しなくても内覧として状況をチェックできる地位を良しとしたのであった（山本信吉一九七二）。つまり道長は、元来臨時の地位であった内覧を恒常的な地位とすることで、政界を牛耳ったのである。

三条天皇が、眼病（緑内障ではないかと推測されている。服部敏良一九七五）と道長からの譲位要請の圧力に耐えかねて（倉本一宏二〇一三）、息子敦明親王の立太子と引き替えに、一条天皇と道長の娘彰子の間に生まれ、皇太子だった敦成親王に譲位した長和五年（一〇一六）正月、新天皇の後一条はまだ九歳だったので、さすがに摂政が必要となり、こうして道長は初めて摂政になった。もっとも翌年には息子の頼通に摂政を譲り、自らはただの太政大臣（寛仁二年〈一〇一八〉二月退任）ながら「大殿《おおとの》」として政界を事実上支配し続けることになる。

大殿道長

この状態、すなわち官職の上では引退しながらも、さらに寛仁三年（一〇一九）に出家した後にも、摂関の父であるということだけで政界を牛耳ることができる、というのは、いわば摂関家の家の中での父子関係が、任じられている役職に優先して機能する、しかもその機能は、律令制の流れをくむ文書等によって命じられるのではなく、口頭ないし私信で十分に現任の摂関に伝達されるという点において、後の院政のモデルという評価が可能となる。すなわち、摂政や関白という地位に対して、その父であるというだけで指示を下すことができ、子たる摂関はそれに従うという情況は、天皇という地位に対して、その父であるというだけで指示を下すことができるということと相似形ということができるのであり、これが、道長の時に摂関家は天皇家に先んじて中世的な家に転成したのだという主張が生まれる所以である（大津透二〇〇一）。

摂関家の経済基盤

摂関は人事を含む政務処理上の大きな権力を保持したが、藤原氏全体を統括する氏《うじの》長者《ちょうじゃ》という地位や、藤原氏の大学別曹《べっそう》から出発し、氏社・氏寺の事務も担当するようになる勧学院《かんがくいん》の別当（公卿別当）などを兼ねており、それらの地位には総称して摂関家領ともいうべき所領が付属していた。まず氏長者に代々伝わるものとして「殿下渡領《でんかのわたりりょう》」という膨大な荘園群があり、その実態は藤原頼通の時代にまとめられた目録に窺えるが（橋本義彦一九七二）、その起源と成長過程については、分からないことが多い。道長の子孫が氏長者を独占するようになると、勧学院の所領、さらには法成寺《ほうじょうじ》などの氏寺に付けられた所領が、氏長者たる摂関の管轄下に入ったことは間違いない。

もっとも従来、一〇世紀後半から一一世紀半ばにかけては、摂関家を初めとする貴族たちの収入源は、封戸など律令制に規定された給与が主で、荘園からの収入の比重はまだ小さかったとされてきている（竹内理三一九五四）。しかし、第一八代天台座主良源《りょうげん》（九一二〜九八五）は、弟子の尋禅《じんぜん》（のち、第一九代座主。九四三〜九九〇）の伝手《つて》で、その父の故藤原師輔から尋禅に伝わった十ヵ国十一ヵ荘の地子をもって比叡山妙香院の建立を果たしている。師輔が良源に帰依したのは、娘の安子が懐妊した際に、男子が生まれるようにという修法を良源に依頼し、その効果があってか、無事に憲平《のりひら》親王（後の冷泉天皇）が生まれたためであるらしい。康保三年（九六六）に比叡山の堂舎の多くが焼亡した際にも、これらの遺領からの収益で再建費用をまかなうことができたことから、良源は「叡山中興の祖」と呼ばれている。摂関とはならなかった師輔ですら、既に一〇世紀半ばの段階で、かなり膨大な荘園群を抱えていたらしいことが分かる。

ちなみに尋禅は、大臣の子で僧綱になった初例を作り（天延二年〈九七四〉権少僧都）、寛和元年（九八五）には天台座主に昇った。後には妙香院を御願寺として彼が相続していた荘園等を寄せている。こういう次第で、尋禅は延暦寺門閥化の端緒を開いたことになる（堀大慈一九八六）。

4―摂関の継承

貴族の婚姻形態

なぜ本書が扱っている時期に、摂関政治という政治システムが生まれ、比較的安定して営まれたのか、これは大きな問題である。ただ、このころの婚姻形態が鍵になろうことは間違いない。当時の貴族社会では、一般に通い婚にはじまり、後に夫婦同居に至るという居住方式が採られていた。どこで同居するのかについては、個別の事情で夫方のこともあり、新居のこともあるが、多くは妻方であったとされている（高群逸枝一九五三）。つまり、貴族の男性は女性のもとに暫く通い、そのうちに女性の両親にもこのことが披露される（露見《ところあらわし》）。その後は基本的に男性（夫）は、妻の居住する家（つまりは妻の両親の家）に本拠を移すことになる。この夫婦の間に生まれた子供は、したがって妻の家で、妻及びその両親のもとで養育されることになるので、必然的に外孫（娘の子）と外祖父母との間が親密になるというわけである。当時は実態としても（梅村恵子一九八七）、『源氏物語』のようなフィクションの世界でも（工藤重矩二〇一二）一夫一妻制であり、この夫婦は同居する。妻と他の女性との間では、道長の嫡妻には源倫子《みなもとのりんし》（左大臣源雅信《みなもとのまさのぶ》〈宇多源氏〉の娘）がおり、他に源明子《みなもとのめいし》（左大臣源高明〈醍醐源氏〉の娘）がいたように、その本来の身分に大きな違いがない場合があるが、道長は、雅信の弟の重信から倫子に譲られた土御門殿《つちみかどどの》（上東門第《じょうとうもんてい》）に同居し、そこを本宅としていたのである。土御門殿は後にもっぱら道長の長女で一条中宮の彰子《しょうし》（上東門院《じょうとうもんいん》）の御所として利用されることとなり、後一条・後朱雀・後冷泉の三代には、しばしば里内裏《さとだいり》としても用いられた。子供の処遇にも顕著な相違があり、倫子の生んだ頼通・教通《のりみち》は、明子の生んだ頼宗《よりむね》・能信《よしのぶ》とは、出世のスピードが全く異なり、結果的に見ても前の二人のみが摂関になっている。

　さて、天皇や皇太子の場合には、妻を求めてあちこちに通うということはできない。そこで有力貴族は娘を宮中に入れることになる。つまり、内裏の殿舎を娘の実家代わりに使わせてもらう、ということになる。実際に皇子を生むところは、実家などさまざまであるが、右に述べた一般の貴族社会の風習を背景にして、皇子とその外祖父母との関係が親密になり、あるいは親密と見なされ、皇子が幼いままで立太子したり即位したりするような事態になると、その外祖父や、あるいは母の兄弟が、皇子を後見《うしろみ》するということが期待され、また実際に後見したのである。

摂政・関白と外戚

摂政・関白の就任と、外戚（母の父、母の兄弟を指す）との関係を、就任順におさらいしてみよう。

藤原良房は、外孫（清和）を即位させるために惟喬《これたか》親王の立太子を阻み、実際に外祖父たる身で清和天皇の摂政となった。

次の摂政基経は、陽成天皇の伯父に当たり、摂政となったが、その陽成を退位させて、外戚関係にない光孝を即位させ、事実上の関白となった。基経と宇多の間にも、外戚関係がないが、基経が関白の地位を確立したことは既に述べた。

阿衡の紛議の解決策の一つとして、基経の娘の温子《おんし》が宇多の女御になったが、宇多の次に即位した醍醐の母胤子《いんし》は、藤原高藤《たかふじ》の娘で（胤子の出生については、高藤が山科に鷹狩りに行った際の、宇治郡大領宮道《みやじの》彌益《いやます》の娘との一夜の契《ちぎ》りというロマンスがある。『今昔物語集』巻二二）、高藤は北家ではあるが良房・基経とは遠い関係であり、昌泰三年（九〇〇）には亡くなっている。なお高藤の子孫は、彌益の住まいを寺にした勧修寺《かじゅうじ》を代々の菩提寺とし、勧修寺流として繁栄した。伝来した文書は京都大学博物館に収められている。

醍醐と基経の娘穏子《おんし》との間には朱雀・村上両天皇が生まれ、幼帝の朱雀天皇の時には伯父の忠平が摂政に、ついで関白になっている。村上朝にあっては、忠平がその死去まで関白を続けた。村上と師

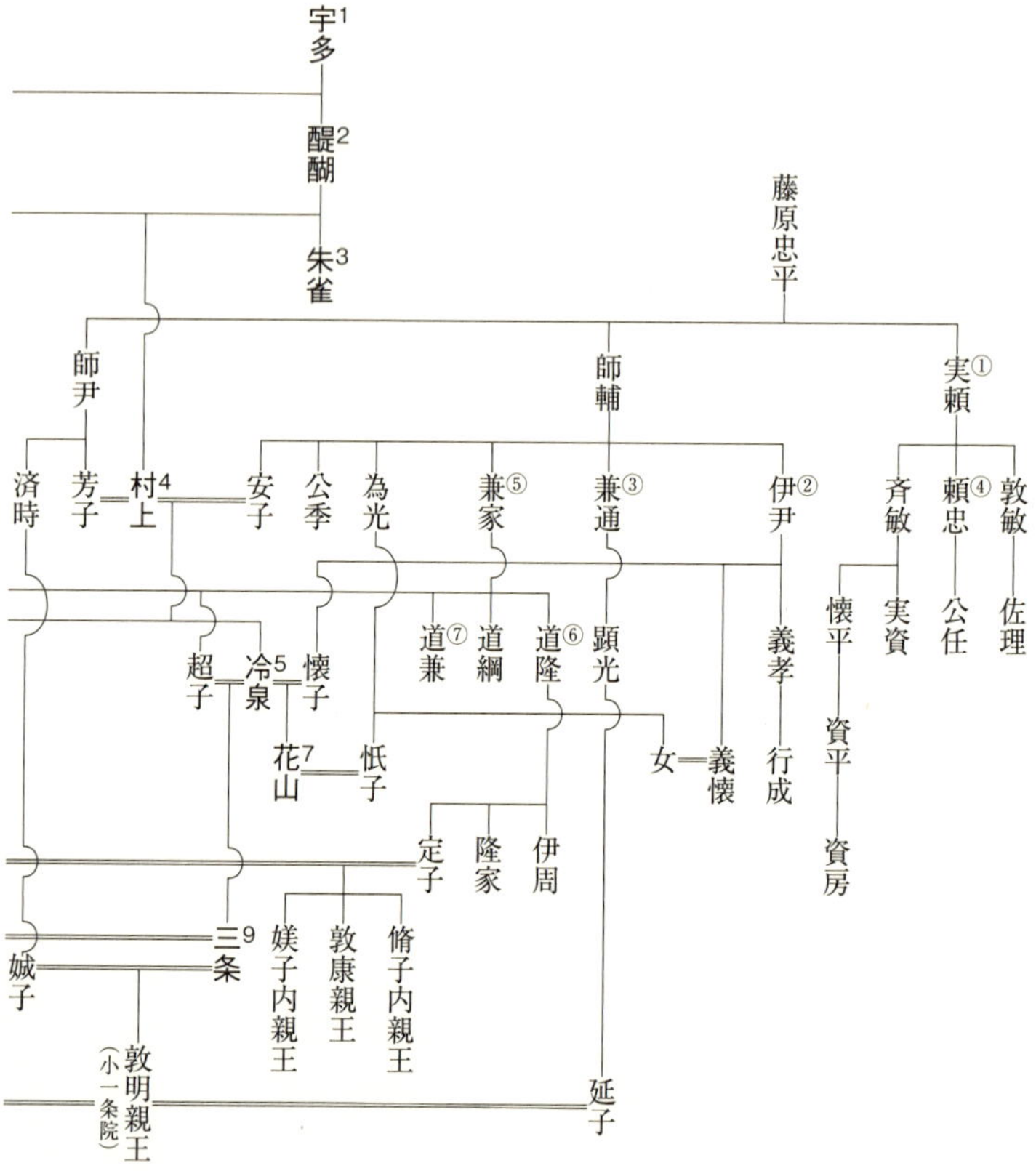

図23　天皇・藤原氏関係系図Ⅱ

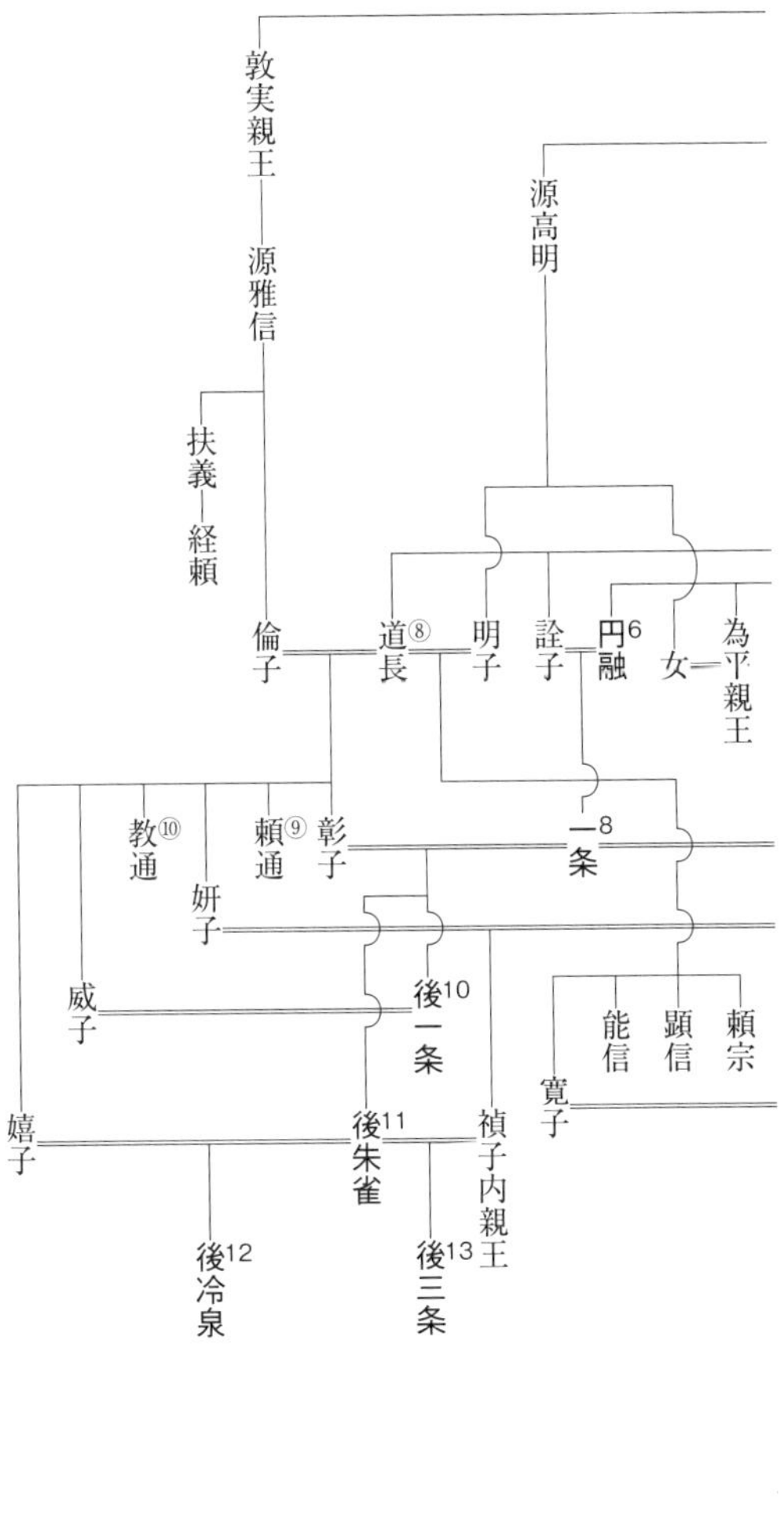

輔の娘安子《あんし》との間には冷泉《れいぜい》・円融《えんゆう》の両天皇が生まれたが、冷泉が即位したとき、既に師輔は死去していたので、その兄の実頼が冷泉の関白、円融の摂政となった。両天皇にとって実頼は大伯父にあたるので、いわゆる外戚からははずれる。そこで直ちに実頼は円融の摂政を天皇の伯父（母安子の兄弟）の伊尹《これただ》に譲った。

伊尹の死後、伊尹の弟の兼通《かねみち》が円融天皇の関白となったが、その兼通は弟の兼家《かねいえ》と仲が悪かったので、自分の死後の関白を実頼の子の頼忠《よりただ》に譲った。頼忠と円融天皇との外戚関係はない。円融の次に即位した花山《かざん》天皇は、伊尹の娘懐子《かいし》と冷泉との間に生まれており、既に伊尹は死去している。そこで、伊尹の子つまりは懐子の兄弟である義懐《よしちか》たちが外戚にあたるが、いかんせんその時義懐はまだ公卿にもなっておらず（翌年の寛和元年〈九八五〉九月に参議、同年一二月に権中納言）、摂関になるには地位が低すぎた。

そこで、引き続き頼忠が関白をしているうちに、義懐たちの地位は急激に引き上げられていったが、後述する謀略によって兼家は花山を退位させ、円融の女御である娘の詮子《せんし》が生んだ皇太子を一条天皇として即位させ、自らは摂政に、次いで関白になった。かくして外孫一条に対する外祖父兼家という、幼帝と摂政・関白という典型的な構図が再現されたが、まもなく兼家が死去したので、詮子の兄弟の道隆《みちたか》が摂政・関白を務めた。天皇とは伯父・甥の関係になる。道隆はまもなく死去したので、次を弟の道兼《みちかね》が継いで関白となった。これも天皇とは伯父・甥の関係になる。

道兼が「七日関白」で死去した後を承けた道長は、前述した理由で一条天皇の関白にはならず、一条の死後には、道長のもう一人の姉の超子《ちょうし》と冷泉天皇との間に生まれた三条天皇が即位した。道長にとっては一条天皇と同様に叔父甥の関係ではあったが、超子は詮子のようには道長びいきでなく、また天皇も成人していたこと、さらには道長には既に一条天皇と自分の娘の彰子との間に生まれた外孫二人がおり、これに皇位を継がせようとしたこと、以上の理由から、三条天皇には退位を迫り、ここに道長の外孫の後一条・後朱雀両天皇が誕生した。先述したように道長は幼帝後一条の即位に応じて摂政になるが、直ちにその地位を息子の頼通に譲った。この段階で天皇と摂政とは叔父甥の関係になる。以後、同様に甥の後朱雀天皇の時代の関白を経て、頼通は、妹の嬉子《きし》と甥の後朱雀との間に生まれた後冷泉天皇の時代を通じて関白であり続けた。

ところが、その後に即位した後三条天皇は、頼通の妹妍子《けんし》と三条天皇との間に生まれた禎子内親王を母としていたので、頼通は天皇の大伯父にあたることになる。やや、疎遠ということになるが、実頼の時のように、前例がないわけではない。そこで頼通は、自分の地位を弟の教通に譲って引退し、後三条の関白は教通が務めた。

しかし、次に即位した白河天皇は、後三条と茂子を母としている。茂子は教通の異母弟の能信の養女になっているが、実は公成（公季の孫で、実成の子）の娘である。白河は教通にとっては疎遠ということになる。関白の地位はその後頼通の息子の師実《もろざね》に引き継がれる。白河の譲位後は、師実の娘の賢子と白河との間に生まれた堀河が即位するので、また外祖父と外孫という情況が再現され、ここに摂政そして後には関白としての師実が誕生し、その地位は息子の、つまりは堀河の伯父に当たる師通に引き継がれた。しかし、師通は思いがけず若くして死去したため、その子忠実は、外戚となるべき基盤なしに摂関家の家長を引き継ぐことになった。この間に白河院の政治的力が強まり、院政が展開されるのであった。

以上の経緯をたどってみて言えることは、摂関になるには、外祖父ないしは伯・叔父が相応しいが、系譜的にこれに該当しても、師輔のように早く死去してしまえばいうまでもなく、チャンスが到来したときに、義懐のようにあまりにも地位が低すぎたならば、これになれないということであろう。さらに、系譜的には外祖父や伯・叔父より外側にあっても、大伯父で筆頭公卿になった実頼や教通、また兼通と兼家の兄弟げんかの所為で、兼通から関白を譲られた頼忠のように、情況次第では、摂関になることがある。そういた場合彼らはより親密な外戚となるべく娘を宮中に入れる（入れている）ことはいうまでもないが、やはり次を睨《にら》む権力闘争の中では、娘が皇子を生まない限り、次第に権威を失わざるをえないという運命にあるということになる。

また、年齢差やそれに伴う政治的経験の多少という観点から見て、天皇と外祖父という関係が摂関として最も望ましく、かつ天皇の生母（母后・国母《こくも》）が間に存命している一方で天皇の父は既に死去していれば盤石といえるが、実は外祖父として摂政に就いたのは、平安時代を通じて、良房―明子―清和、兼家―詮子―一条、道長―彰子―後一条の三例しかなかった（倉本一宏二〇一三）。しかもこの三例とも、媒介項たる女性（母后）が存命であった。

母后（国母）という立場

摂関になるには、天皇の外祖父ないしは伯・叔父という立場が望ましいことが明らかであるが、これは換言すると自分の娘ないしは姉妹が天皇の母であるということが重要だということを示している。実際、この時代の天皇の母という立場は、政治的に重要なものがあり（藤木邦彦一九六四）、摂関の選定が微妙な時には特に大きな役割を果たしている。たとえば、官位で優越していた弟の兼家より先に兄の兼通が関白になった際には、兼通が先を見越して、円融天皇の母で伊尹・兼通・兼家兄弟の妹にあたる安子の存世中に、彼女から「摂関は兄弟順に」という書き付けをもらっていたことが決め手となったという(『愚管抄』)。結果的には摂関ではなく内覧についてではあるが、一条天皇の母后詮子は、兄道隆の息子の伊周ではなく、弟の道長を強力に推薦した(伴瀬明美二〇〇五)。彼女には、円融天皇の歿後、正暦二年(九九一)に出家した際、「東三条院《ひがしさんじょういん》」という院号が奉られ、太上天皇に準じて年官・年爵等の給与的特権が与えられた(女院号の始まり)。さらに彰子も、定子の遺児の敦康親王の立太子を機会あるごとに訴え、あるいは賀茂社行幸を主唱したうえに社領として愛宕郡一郡の寄進を実現するなど、道長に正面から要求できる存在であった。もちろん自分の生んだ子・孫の治世にあっては、道長・頼通とともに、天皇を取り巻く強力なミウチ結合を構成し、さらにはその円滑な運営に尽力しつづけた(服藤早苗一九九八)。彼女にも院号「上東門院」が奉られている。

このように母后という地位は天皇と摂関とを結びつける重要な位置にあり、時にはその意向が摂関の人事を左右したといえる。これを摂関の側から見れば、母后との関係を円滑にし、母后を尊重しなければならないことを示している。おそらくはこういった背景があって、天皇の即位の儀において、母后が天皇の間際に、つまり高御座《たかみくら》に登壇するという情況が生じたのであろう。母后の地位の高さが、儀式において可視化されたのである(末松剛一九九九)。

5―神祇信仰の再編成と浄土信仰の展開

延喜式神名帳

このあたりで生臭い政権抗争からやや距離を置いて、信仰の世界を垣間見てみよう。一〇世紀に入る頃には、さすがに律令体制成立以来の神祇の体系は崩壊しかけていた。一〇世紀になって最終的にまとめられた『延喜式』神名帳は、律令制成立以来の官社（神祇官が祭る神社）、国社（国司が祭る神社）の総目録ではあるが、既に九世紀の内に、このリストに載っている諸国の官社の神官たちは、祈年祭に際して幣帛を受け取りに上京しようとさえしなくなっていたのである。

政府はこの事態を前にして、神々に位階を授ける神階制度や、名神の称号授与など、さまざまな差別化を図って全国の神社の再編成を試みたが（小倉慈司一九九四）、こういった試みはいずれはインフレ化が進み、差別化のうまみが消え失せてしまう。

十六社奉幣

一〇世紀直前の昌泰元年（八九八）五月には、特定の「十六社」への奉幣という目慣れない記事が現れる（『日本紀略』）。その十六社とは、『本朝世紀』天慶四年（九四一）八月一三日条によれば、天皇家や王城の守護神というべき伊勢・石清水《いわしみず》・上賀茂・下賀茂・松尾《まつのお》・平野・稲荷、藤原氏の守護神である春日・大原野《おおはらの》、それに大和の伝統的な神社である大神《おおみわ》・石上《いそのかみ》・大和・広瀬・竜田、及び祈雨のための丹生《にう》・貴布禰《きふね》と水上交通の守護神住吉《すみよし》いうことらしい。天武朝以前に遡る由緒のある神社もあれば、平安京近辺の産土神《うぶすながみ》も混じっているが、結局はこれが、一〇世紀に入ったころの政府が缊る神社群として選択されたのである。形骸化した祈年祭にかわって天皇自らが五穀豊穣を祈る祈年穀奉幣《きねんこくほうべい》（初見は『日本紀略』延喜二年四月一三日条）や、祈雨・止雨の奉幣といった当時の恒例の奉幣は、これらの一六社になされるようになる（岡田莊司一九八七）。やがて正暦二年（九九一）には吉田・広田・北野の各神社が加わって一九社に、その後一一世紀のうちに梅宮・祇園・日吉の各社が次々に加わって、二十二社となって室町時代にいたる（岡田莊司一九九二）。

図24　貴布禰神社

これに対応するように、それぞれの地域社会で信仰を集める神々も、律令国家が元来設定していた序列とは別に社格が成長していく。結局はその動きに乗じた形で国司による神拝儀礼が恒常化し、院政期までには、一宮以下、二宮、三宮といった社格や、国司が神拝しやすいように国府のそばに国内の諸神を勧請した総社が成立してくる（中世一宮制研究会二〇〇〇）。こういった神社・神格の中には、全国的な知名度を誇るものもあるが、起請文などを見ると、その地域特有の神々も混じっており、自ずから重層的な神祇信仰の世界が展開していった（上島享二〇〇四）。

このように一〇世紀に入ると、七世紀末以来の中央集権的な全国の神社編成が分解し、都とその近辺において朝廷の尊崇を受ける神

図25　空　也

社群と、諸国において国司・在庁官人、そして田堵・負名以下に尊崇される神社群とに分断されたわけである。さらに、寺社領荘園が展開する一一世紀から一二世紀にかけては、九州各地における八幡《はちまん》社の広範な分布に見られるように、領主の神社を勧請し、荘園村落における祭祀の中核として、住民の結合がはかられるようになっていった。

浄土教の広がり

仏教信仰の面でも、新しい動きが出てきた。浄土教の広がりである。元来仏教には、薬師如来の東方瑠璃光《るりこう》浄土、弥勒菩薩の兜率天《とそつてん》、観音菩薩の補陀落山《ほだらくさん》、阿弥陀如来の西方極楽《ごくらく》浄土など、仏・菩薩が住んでいる世界に生まれ変わるという信仰があった。真言宗・天台宗といった既成の仏教は、南都の華厳宗なども含めて、自らの修行を通じて成仏を目指すものであったが、阿弥陀如来は衆生をも救おうという四八の願を立てたとされており、その大いなる慈悲にすがることで極楽浄土に往生できるという論理が活用され、ここに阿弥陀信仰の隆盛を迎えたのである。これは裏返せば、現世を否定して来世を願うとともに、自身の修行を通じての成仏はとうていかなわないという凡夫《ぼんぶ》観に裏打ちされたものということができる（小原仁一九八七）。

市聖空也

浄土教の広がりの一つの画期となったのは、京中の市で「南無阿弥陀仏」と念仏を唱えることで極楽浄土への往生を勧めた市聖空也《いちのひじりくうや》（九〇三〜九七二）の活動と、そういった行為で極楽浄土に生まれ変わることができると、経典に根拠を求めて整理して示した源信《げんしん》の『往生要集』の執筆である。空也は民衆救済に努めつつ阿弥陀信仰を広めながら諸国を遍歴した後、天慶元年（九三八）に入京して市で布教を始める。狂躁的・呪術的なまでの空也の布教（井上光貞一九五六）は、ちょうど東西の反乱の際であったが、藤原実頼らの帰依を得て貴族たちへの浄土信仰の拡がりをもたらした。彼は自身で建立した東山の西光寺で歿したが、同寺は後に六波羅蜜寺《ろくはらみつじ》と改称され、信仰を集めることになる。

勧学会

空也の活動は、文章経国思想が色あせ、自らの存在意義を見失い、同時に半ば出世の道を閉ざされてしまった文人貴族たちに特に大きな影響を与えた。彼らは、現世否定の信仰に魅せられ、康保元年（九六四）三月には勧学会《かんがくえ》を開催するグループを結成し、浄土信仰の結社とした。これには、空也伝を含む『日本往生極楽記《にほんおうじょうごくらくき》』を著すことになる慶滋保胤《よししげのやすたね》、『三宝絵詞《さんぽうのえことば》』や往生者としての空也を称えた『空也誄《くうやるい》』を著す源為憲《みなもとのためのり》に加え、大江匡衡《まさひら》、藤原在国《ありくに》ら二〇人の文章《もんじょう》道《どう》出身者が、同数の天台宗の僧侶とともに結衆し（「台山の禅侶二十口、翰林《かんりん》の書生二十人、共に仏事を作《な》し、勧学会と曰《い》ふ」）、二〇年、三〇年といった中断を挟み、もちろん参加者を変えながらも、保安三年（一一二二）に六波羅蜜寺で開催された最後の勧学会まで、三期一五〇年以上にわたって念仏結社として活動した。具体的には『法華経』の講説、念仏、そして仏法を讃仰《さんぎょう》する漢詩の作製と、会合場所を提供した比叡山西坂本の諸寺へのその奉納である。まさに『三宝絵詞』にいうように、

人の世にあること隙《げき》を過ぐる駒のごとし。我らたとひ窓の中に雪を聚《あつ》むとも、かつは門の外に煙を遁れむ。願はくは、僧と契《ちぎり》を結びて寺に詣《もう》で会《え》を行はむ。暮れの春（三月）、季の秋（九月）の望（一五日）をその日に

定めて、経を講じ、仏を念ずることをその勤《つとめ》とせむ。この世、後の世に永き友として法の道、文の道を互ひに相勧め習はむ。

という心境であった。

慶滋保胤と『日本往生極楽記』

寛和二年（九八六）、勧学会の中心メンバーだった慶滋保胤は出家する。詔勅の起草を任務とする大内記《だいないき》として奉仕していた花山天皇へのかすかな期待が空しく潰えたことに動機を求める説もあるが（今井源衛一九六八）、詳細は不明である。ここに第一次勧学会は終焉を迎える。ただし、保胤自身は比叡山横川《よかわ》の源信との親交を深め、同年の内に源信を中心にした二十五三昧会《ざんまいえ》に参加、その規約ともいうべき「横川首楞厳院《しゅりょうごんいん》二十五三昧会起請《きしょう》」を起草している。その後、保胤は洛東の如意輪寺《にょいりんじ》を本拠としながらも、書写山《しょしゃざん》円教寺の性空上人《しょうくうしょうにん》と交わるなど諸国を遍歴し、帰京後には道長の受戒師となるなどの事績が知られている。長保四年（一〇〇二）に歿した。

保胤は、その出家前後に、日本で初めての往生伝である『日本往生極楽記』の一次稿を編んだ。その後に補訂を加え、最終的には永延元年（九八七）頃に、彼が往生を遂げたと考える四五人の日本人の伝を完成させている。本書は、源信の『往生要集』という理論的著作に対する往生実例集という位置づけも可能であり、実際、『往生要集』において、参照の対象となっている。国史等から再構成した聖徳太子や行基の往生伝も入っているが、むしろ空也以下の同時代人が十数名も記される点を重視すべきであろう。『往生要集』と対になる形で浄土教の普及に大きく影響し、『大日本国法華験記《ほっけげんき》』

『続本朝往生伝』『拾遺往生伝』以下の往生伝に大きな影響を与えたほか、『今昔物語集』『扶桑略記』などにも利用されている。

図26　源　　信

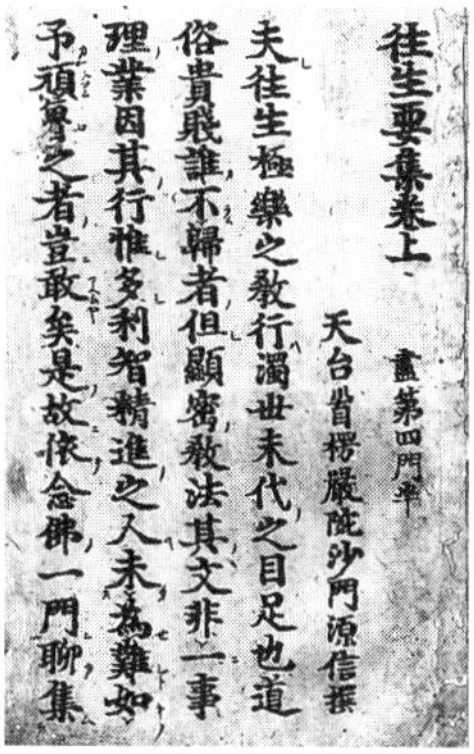

往生要集巻上　盡第四門半

天台首楞嚴院沙門源信撰

夫往生極樂之教行濁世末代之目足也道俗貴賤誰不歸者但顯密教法其文非一事理業因其行惟多利智精進之人未爲難如予頑魯之者豈敢矣是故依念佛一門聊集

図27『往生要集』

源信と『往生要集』

浄土教の教義自体は日本に古くから伝わっており、最澄《さいちょう》や円仁も常行三昧《じょうぎょうざんまい》・念仏三昧という形で阿弥陀信仰を唐から持ち帰ったが、比叡山中興の祖といわれる良源《りょうげん》（慈恵《じけい》大師。九一二〜八五）は、比叡山の横川に常行堂を建てて阿弥陀像を安置し、心中に阿弥陀やその浄土の姿を思い描く「観相《かんそう》の念仏」を提唱した。これを承けた弟子の源信《げんしん》（恵心《えしん》僧都。九四二〜一〇一七）が、『往生要集』を著し（永観三年〈九八五〉）、普段から「観相の念仏」を実行していれば臨終の際に阿弥陀如来が来迎してくれるという、救いに至る方法を説いた。こうして浄土教は、信仰心の権化ともいうべき空也の時代とは異なり、『観無量寿経』などの教義に依りながらも、さまざまに工夫してわかりやすく説かれたことになり、人々を納得させ、なじみやすい教説となっていったのである。源信は余程の自信作であったのだろう、宋の商人に託して自著を天台山に収めさせようともしている。『往生要集』の影響はさまざまな方面に及び、特に冒頭の地獄の責め苦の描写は、極楽と対比される地獄のイメージを決定づけ、多くの美術作品にインスピレーションを与えているが、思想・文学に与えた影響も大きい（速水侑一九九八）。

道長が政権を握ったときの仏教界、特に浄土教信仰の様相は、おおよそこのようなものであった。文人貴族が浄土教に傾倒しているように見えるのは、彼らが文筆を揮って浄土信仰のありようを描いたから、そしてそれが残ったからという面が作用しており、空也に関心を抱いた実頼のように、政権中枢の人間にも影響は及んでいた。ただし、文人貴族の浄土信仰が必ずしも篤いものではなく、いささか文筆遊戯的な面が見られるのと同様、末法思想が広まる以前の貴顕の信仰は、弥勒下生信仰その他に混ざって阿弥陀浄土信仰もあるという状態で、寛弘四年（一〇〇七）八月の道長の金峯山《きんぷせん》詣《もう》で、そしてそこでの埋経も、皇子誕生を祈る現世利益と、さまざまな救済信仰とが綯《な》い交ぜとなったものであった。（第五章参照）

四　国際関係の水脈

1——東アジア国際関係の変容

遣唐使停止

「遣唐使が廃止されたので国風文化が起こった」というようないい方がされることがある。いかにも俗耳に入りやすい説明であるが、これは誤りである。一〇世紀の人々の唐物指向はとどまることを知らなかった。舶来品への憧れは、八世紀だろうと新羅だろうと猛烈なものであったし、一〇世紀でもその心情は不変であったということは、まず確認しておかなければなるまい。

八九四年の菅原道真による遣唐使の派遣停止の提言は、唐の衰亡と航海の危険（新羅海賊の横行を含む）を根拠とするものであったが、だからといって遣唐使の派遣中止が廟議で決定されたわけではなかった（石井正敏一九九〇）。大使道真のいうことにも一応の理があるので、宇多天皇が派遣を強行しかねたというのが実情で、唐物そのものへの欲求がなくなったわけではない。大陸や半島に興亡した国々とは、国書を交換し、元日朝賀の儀礼に参列するような国家間の関係こそ途絶えたが、交易など私的な交流を通じた情報・物資の流入は、むしろ増えたとすら言えるのである。文化の「国風化」と

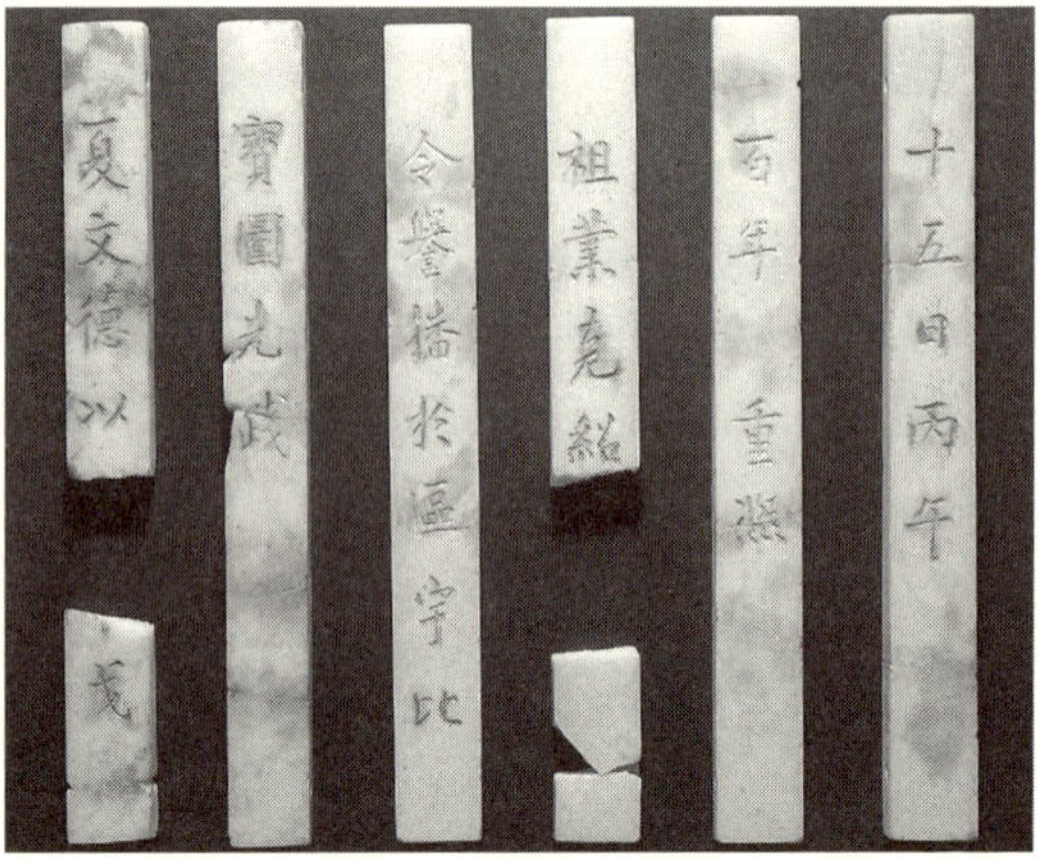

図28　哀帝即位の玉冊

いわれる現象は、唐文化の吸収・咀嚼を前提とし、これを踏まえたうえで、それゆえにこそ意識された日本の風土や、人々の嗜好の自覚の中から育ってきたものというべきだろう。

唐の滅亡と五代

九〇七年（日本の延喜七年）、唐が滅んだ（愛宕元《おたぎはじめ》一九九六、金子修一一九九六）。唐王朝は既に八世紀半ばの安史《あんし》の乱（七五五〜六三年）によって相当の痛手を受けており、西方ではウイグルや吐蕃《とばん》の侵攻を恐れ、また国内各地に置かれた節度使《せつどし》が独立的な傾向を強めて藩鎮《はんちん》体制ともいうべき様相を呈していたのであったが、度支《たくし》使《し》や塩鉄使《えんてつし》・転運使《てんうんし》などの財政に携わる使職《ししょく》を充実させ、また徳宗《とくそう》の建中《けんちゅう》元年（七八〇）には両税法《りょうぜいほう》（麦田《ばくでん》に対する夏税《かぜい》と、粟《ぞく》・稲《とう》田に対する秋税《しゅうぜい》とを、資産と戸等《ことう》に応じて徴収する）が全国一律施行されて財政を再建し、さらに憲宗《けんそう》朝（八〇五〜八二〇年、元和《げんな》年間）には、藩鎮に対する積極的な抑圧政策が効を奏して、かなりの程度国力と統一性が回復していた。このことは、その後の文宗《ぶんそう》朝から武宗《ぶそう》朝にかけてのあしかけ一〇年間（八三八〜四七）を唐に過ごした円仁《えんにん》の日記『入唐求法巡礼行《にっとうぐほうじゅんれいこう》記《き》』に照らしても明らかである。円仁は江南から山東へ、五台山から長安へ、そして長安から江南へ、さらに山東へと旅行しているが、一番の危難は長安滞在中の武宗の廃仏《はいぶつ》（会昌《かいしょう》の廃仏）といってよく、地方の治安が乱れているという感じはほとんど受けないのである。白居易《はくきょい》（楽天《らくてん》。七七二〜八四六）、元《げん》稹《しん》（七七九〜八三一）らが活躍したのもこの頃であった。

その唐朝が後戻りのできない滅亡への道を辿り始めたのは、八七五〜八四年の黄巣《こうそう》の乱からである。唐王朝は長安周辺を維持するのみの完全な地方政権と化した後にもなお三代の皇帝が即位したが、最後の哀帝《あいてい》は、朱全忠《しゅぜんちゅう》に禅譲して退位し、ここに唐が滅び、開封《かいふう》を都とする後梁《こうりょう》が中原を押さえたのであった。洛陽で発掘された哀宗即位の詔書を刻んだ冊書の残片が、今に哀れを誘う。

朱全忠は黄巣の乱鎮圧軍の中から頭角を現したが、彼と同様の実力を持つ軍閥勢力は、全国に散らばっていた。これらの軍事政権のうち、後梁（九〇七〜二三）及びこれについで中原を押さえた後唐《こうとう》（九二三〜三六。首都洛陽）・後晋《こうしん》（九三六〜四六。首都開封）・後漢《こうかん》（九四七〜五〇。首都開封）・後周《こうしゅう》（九五一〜六〇。首都開封）の五つの短命王朝を総称して五代と呼び、それ以外の地域で比較的命脈を保った一〇の政権を、十国と総称している。これらのうち日本との交渉が知られているのは、杭州《こうしゅう》に都した銭《せん》氏の呉越《ごえつ》国のみであるが、これについては、後に触れることにする。

高麗の建国

一方朝鮮半島の新羅では、七八〇年の景恭王《けいきょうおう》夫妻の殺害以降、下代《げだい》と呼ばれる動揺・衰退の時代に入った（李成市二〇〇〇、武田幸男二〇〇〇）。特に九世紀に入ってからは、都の慶州《けいしゅう》でも地方でも反乱が相次ぎ、世紀末には各地に軍閥が勢力を張る時代を迎えた。それらのうちから、八九二年に武《ぶ》珍《ちん》州（光州《こうしゅう》）で自立した甄萱《けんけん》が、完山《かんざん》州（全州《ぜんしゅう》）を都として後《ご》百済《くだら》王を名乗り（九〇〇年）、一方、新羅の王族の出身と自称した弓裔《きゅうえい》は、九〇一年に松岳（開城）で自立して後高句麗を建国した。弓裔の建てた国は、後に摩震《まじん》（九〇四〜）、さらに泰封《たいふう》（九一一〜）と改名し、都も鉄原《てつげん》（江原道《こうげん》）に移ったが、こうして、慶州に残存している新羅と合わせて、後三国《ごさんごく》時代と呼ばれる時期を迎えたのであった。

やがてこの鼎立《ていりつ》状態は、弓裔の部下で開城《かいじょう》出身の王建《おうけん》によって精算される。王建は九一八年に弓裔を倒して王位に就き、高麗《こうらい》王朝の成立を宣言、翌年には開城を都と定めた。新羅最後の王となった敬《けい》順王《じゅんおう》は、九三五年（日本の承平五年）に高麗に降伏して新羅は滅亡、その翌年には後百済も滅ぼされて、王建の高麗が朝鮮半島を統一する。高麗は後梁《こうりょう》とも通交していたが、九三三年には後唐《こうとう》の冊封《さくほう》を受け、以後五代《ごだい》から宋にかけて、中国の冊封体制の中に自らを位置づけていった。この間、後百済の甄萱と高麗の王建が遣日使を派遣するが、その首尾については、次節で述べよう。

渤海の滅亡と渤海使の終焉

現在の中国東北地方からロシア領沿海州《えんかいしゅう》一帯を版図に収めていた渤海も、ほぼ同時期に最期を迎えた。渤海は九世紀にも繁栄を維持し、唐から「海東の盛国《かいとうのせいこく》」と称されたほどであったが、一〇世紀に入ると地方に対する支配力が減退し、さらには支配層内部の紛争も起こった。これを見た隣国契丹《きったん》（のち、九四七年に国号を遼《りょう》と改める）の耶律阿保機《やりつあぼき》は、九二五年に渤海に侵攻し、翌年には上京龍泉府《じょうきょうりゅうせんふ》を陥落させ、渤海国王の大諲譔《だいいんせん》は契丹に投降した。契丹は遼河《りょうが》（シラ・ムレン河）流域に渤海遺民からなる東丹国《とうたん》を作らせ、一方、渤海王世子《せいし》の大光顕《だいこう》《けん》は、鴨緑江《おうりょく》流域に渤海国を再建し、また上京龍泉府の故地に後渤海国を建国する集団もいたが、九三四年には大光顕とその一団は挙げて高麗に亡命を求め、渤海の遺民の多くは高麗に受け入れられる一方、各地に残存していた渤海勢力も契丹に吸収されていった。

このような情勢を背景としながらも、渤海は頻繁に遣日使を派遣し続けた。特に元慶《がんぎょう》六年（八八二）・寛平六年（八九四）の二度にわたって来日し、菅原道真らと詩文の応酬をおこなった大使裴頲《はいてい》は、日渤交渉の掉尾《ちょうび》を飾るに相応しい人物だったといえよう。

図29　敬順王陵

その後延喜八年（九〇八）・一九年には、大使裴璆《はいきゅう》が来日しているが、その裴璆が、今度は東丹国からの使者として来日したことを、延長八年（九三〇）正月三日に丹後《たんご》国が伝えてきた。前述したように、既にこの時渤海は滅んでおり、契丹の作らせた傀儡政権の一つに東丹国があったのである。

時の首班・左大臣藤原忠平《ただひら》以下の公卿は、入京させるかどうかを検討するとともに、丹後国に使者を派遣して使節団の応対にあたらせた。ところが大使裴璆は、「もと渤海の人たりといへども、今は降《くだ》りて東丹の臣となる。しかるに対答中に多く契丹王の罪悪を称《とな》ふ」（『扶《ふ》桑略記《そうりゃっき》』）ということで、日本朝廷の不信を買い、怠状《たいじょう》（始末書）を求められ帰国させられた。確かに裴璆の言動は慎重さを欠いたものといわざるをえないが、一国が滅びるということが個々人にどのような悲哀の情を催させるか、日本朝廷の人士は、果たして想像できただろうか。ともあれ、これが渤海との交渉の最後となった。

こうして、七世紀末から八世紀初にかけて成立した東アジアの国際秩序は、日本以外の構成国である唐・新羅・渤海がすべて滅び、東アジアは一時混乱状態に陥ってしまったため、唯一残った日本王朝としては、国際関係をどう構築するか、しばらく模様眺めを決め込まざるを得なかったといわなければならないだろう。

2――新しい外交と貿易の形態

朝鮮半島からの遣日使

さて、その混乱のさなかの朝鮮半島からは、まず延喜二二年（九二二）、当時後百済《ごくだら》王を自称していた甄萱《けんけん》が派遣した部下の輝嵒《きじょう》らが対馬に来着し、日本に対して表函（上表文を入れた箱）と方物（特産品）とを差し出そうとした。しかしこの時甄萱は、呉越国や後唐から認められた「新羅西面都統」ないし「海東西面都統」といった新羅の大官かとも受取れる肩書を用いており（中村栄孝一九二六、石井正敏二〇〇七）、日本側は「朝天の礼、陪臣《ばいしん》なんぞ専《もっぱ》らにせんや」（『本朝文粋《ほんちょうもんずい》』巻一二　大宰府答新羅返牒《へんちょう》　菅原淳茂作）、すなわち外交は王の専権事項であって新羅王の臣下と自称する甄萱には日本と外交を結ぶ権限はないとして、使節を対馬から帰国させた。

甄萱は延長七年（九二九）にも使節を対馬に派遣しているが、その時にも日本側はこれを「新羅甄萱の使張彦澄《ちょうげんちょう》等二十人、対馬島に来着す。大宰府司に送る書状並びに信物《しんもつ》、また（対馬）島守坂上《さかのうえ》経国《のつねくに》に送る書及び信物を持ち府に向かはんことを請《こ》ふ」と記録しており、今度も空しく帰国させられている。実はこれより先の同年正月に貪羅《たんら》（済州島《さいしゅうとう》）との間で海藻を交易しようとしていた新羅の船が対馬に漂着したのを島守経国が保護して、付き添いまでつけて全州まで送り届けた際、全州王の甄

図30　甄萱の王宮跡

萱が数十の州を併呑して「大王」と称していることや、甄萱が日本に朝貢しようとする意思を持っていることを知ったのであった。この経緯を知った太政官は、「人臣《じんしん》に私《わたくし》無し、なんぞ境を逾《こ》ゆるの好《よしみ》あらんや」と『春秋左氏伝《しゅんじゅうさしでん》』を引用して甄萱からの朝貢の申し入れを拒絶し、対馬島からは「前に溺れていた人を救ったのは、偶然援助する機会を得たからであって、隣好を求めようとするためではなく、ただ人の命を重んじたためである」と伝え、大宰大弐は政府同様に「人臣の義、已《すで》に外交無し」という書簡を送って使節を帰国させた（『扶桑略記』延長七年五月一七日条）。

このように甄萱《けんけん》の使節は、中国王朝に授けられた官爵のもとに交渉しようとし（河内春人二〇一四）、日本側はこれをあくまでも新羅の大官という立場とみなし、新羅国王を通さな

い交渉を峻拒するという論理で退けたのである。渤海滅亡後に建国した東丹《とうたん》国の使者として裴璆《はいきゅう》が来日したのはこの年の暮れのことである。やがて甄萱自身は高麗に降伏し（九三五年）、同年に新羅も滅びた。甄萱の後をついだ子の神剣《しんけん》は九三六年に高麗に降伏し、ここに高麗によって朝鮮半島は再び統一されたのであった。結局、後百済の甄萱からの使節は、二度で終わったのである。

高麗国王王建の使者

つづいて現れた朝鮮半島からの使者は、高麗の統一の翌年（九三七）に大宰府に来た神秋連《しんしゅうれん》という使者と伝える。この時彼は、高麗国王が朝貢を日本に拒絶されたのを憂えており、せめてものプレゼントを献上して朝貢に準じる形を取りたい、といっていると伝えたらしい。結局この使者に対しては、大宰府から高麗国の広評省《こうひょうしょう》という中枢官庁宛の牒を出させたことがわかるが（『日本紀略』天慶《てんぎょう》二年三月十一日条）、天慶二年（九三九）三月には武蔵介源経基によって平将門の謀反が奏上され、藤原秀郷らが平将門を滅ぼしたのが翌年二月というタイミングだから、日本の朝廷が高麗との交渉を積極的に進められるような状況ではなかったといえるだろう。ただ、今回の例に見えるように、実際には都で公卿たちが審議したにもかかわらず、現地の大宰府から相手国の官庁に返書を出させる方式は、これからも数世紀に渡って続く慣例となった。つまり、天皇の名義で発給する国書はもちろん、日本の中枢官庁である太政官の発給する官牒をすらなるべく用いずに、専ら出先の大宰府での事務的処理として相手国に通知させる方式をとったのであった。

高麗からはしばらく使節が来た様子が見えないが、天禄三年（九七二）には高麗国南原《なんげん》府からの使節と金海《きんかい》府からの使節が対馬に到着し、内容は不明だが牒状をもたらしたので（『日本紀略』『親信卿《ちかのぶきょう》記《き》』)、その対応策を検討するための陣定《じんのさだめ》が行われ、例によって大宰府から返牒を出させている(『百《ひゃく》錬抄《れんしょう》』同年一〇月二〇日条)。ただ、翌々年の閏《うるう》一〇月には、高麗国交易使《こうえきし》に任じられた蔵人所《くろうどどころ》の出納《すいとう》(下級職員)が、高麗馬その他を伴って上京しているので(『日本紀略』『親信卿記』)、交易は行われたものと思われる。この後は、永観《えいかん》二年(九八四)、長徳《ちょうとく》二年(九九六)に高麗人が漂着した記事を残すのみであったが、長徳三年には、高麗から本格的な国交再開が求められた。時はすでに藤原道長政権時代に入るので、次節に委ねたい。

呉越国との交渉

さて、中国大陸の諸国との関係は、どうなっていただろうか。実は延喜一三年(九一三)に中国から帰国した智鏡《ちきょう》なる僧が、「開平《かいへい》二年(後梁《こうりょう》の年号、九〇八)歳次《さいじ》戊辰《ぼしん》四月五日、泉州《せんしゅう》開元寺僧惟信《ゆいしん》」が書写した経巻を朝廷に献上したことが知られているので(田島公一九九五)、この智鏡からの情報によって、唐がついに滅んだことを知った可能性があるが、承平五年(九三五)に来日した呉越《ごえつ》国の商人・蔣承勲《しょうしょうくん》が、呉越国王の信物(プレゼント)を天皇及び左右大臣に献上した際には(『玉葉』承安二年〈一一七二〉九月二二日条)、より詳細に大陸情勢を知ることができたのではなかろうか。とはいっても、先にも述べたように呉越国は地方政権(十国)のひとつで、杭州《こうしゅう》に都を置いていたものだから、どの程度同時代の中国情勢全般を把握できたかは疑問だが。

この時には、故右大臣藤原恒佐《つねすけ》が購入した唐物《からもの》の代金を支払うために、その子らが蔵人所に金二百両の借金を申し入れ、摂政藤原忠平が彼らの位禄《いろく》を担保としてそれを許可したり(『貞信公記《ていしんこうき》』天慶元年〈九三八〉八月八日条)、あるいは大宰大監《だいげん》源興国《おきくに》が、呉越商人から貨物を受け取りながら代価を支払わ

図31　杭州の銭元瓘墓

ずに死去したので、その分を大宰府の府庫《ふこ》から支払うように命ずる（『本朝世紀《ほんちょうせいき》』同月二三日条）などの事件が起こっている。貴族たちの唐物嗜好《しこう》は激しいものがあったことが、こういったことからも知られよう。また、現地の大宰府の官人が、半ば私的に貿易を展開しようとしている趨勢《すうせい》も知られるのである。

ただに唐物嗜好だけではない。天慶五年（九四二）五月には、兼明《かねあきら》親王が渤海の大使に、成明《なりあきら》親王（後の村上天皇）が首領《しゅりょう》という随行者に扮して、殿上で蕃客来朝を模した詩宴《しえん》を催し、ご丁寧にも餞別《せんべつ》の儀まで挙行したというのだから（『日本紀略』、『古今著聞集《ここんちょもんじゅう》』三・公事）、安心して朝貢を受けられる渤海のような国家があった時代へのノスタルジーは、貴顕の間で共有されていたように見える。ただ、現実に高麗に朝貢を望まれると、尻込みしてしまうのであった。やはり新羅末期以来の朝鮮半島への警戒心は、弛めることができなかったと見るべきだろう。

大臣外交の展開

さて、先に挙げた呉越国からの使者に対しては、呉越国王から天皇への信物（プレゼント）は返却して大宰府に返牒を出させ、一方、左右大臣への信物は受け取って左右大臣からの返牒を使者に託した。呉越国との交渉はその後も重ねられるが、その際にはいつも、天皇は表面に出ず、大臣から返牒という様式の文書を出し、大宰府が事務的な返答を交付するという方式の外交が展開され、天慶三年七月にも左大臣藤原仲平が呉越国王銭元瓘《せんげんかん》に書簡を送っている（『日本紀略』）。日本側としては、呉越国王を「大唐呉越王」と認識し、皇帝の臣下の一人としての王と対応するものとして大臣外交を展開したものとされている（石上英一一九八二）。

天慶八年（九四五）には、呉越商人ら百人が乗り組んだ三千石積みの船が来航して博多湾まで曳航された。彼らはここで抑留されたまま待たされたが、関白藤原忠平以下の判断で、延喜一一年（九一一）に定められた、唐船来航の間隔の規制（年期制《ねんきせい》。後述参照）を満たしているということで（『貞信公記』天慶八年七月二九日条）、大宰府鴻臚館《こうろかん》（福岡市）で接遇を受け、交易が行われた。この商人たちは天暦元年（九四七）に帰国するが、この時左大臣藤原実頼は、受け取った献上品への謝礼として砂金二百両を添えた呉越国王への書簡を託している（『本朝文粋』七）。実頼が送った二百両の砂金というのは、延喜九年に中国に残っていた僧中瓘《ちゅうかん》に送った仕送りや、また延長四年（九二六）に中国に渡った興福寺の僧寛建《かんけん》への餞別と同額で、さほど目立って高額というわけではない。

天暦七年（九五三）にも、右大臣藤原師輔から呉越国王銭弘俶《こうしゅく》に対して書簡が出されているが（『同』七）、この時には呉越国の領域内にあった天台山からの要請を国王銭弘俶が取り次いで、争乱で失われた天台宗の経典が求められていたため、延暦寺の僧日延《にちえん》が呉越国の商人蔣承勲の船に乗って彼の地に渡っている。ここで登場する呉越国王銭弘俶は、戦争で亡くなった人々を供養するために八万

図32　銭弘俶八万四千塔

四千の小塔を作り（九五五年）、その中に宝篋印《ほうきょういん》経《きょう》という仏典を納めているが、その小塔の一つが天徳元年（九五七）に帰国した日延によって日本にもたらされた。日本にいくつか伝存している独特の形をしたこの小塔が、この時のものかどうかは分からないが、これが中世に流行する宝篋印塔《ほうきょういんとう》の祖型になったといわれている。日延は、符天暦《ふてんれき》という新しい暦とともに、それまで日本に伝わってなかった仏典その他の漢籍合わせて千余点を持ち帰ったという（『日本紀略』同年七月二〇日条、『平安遺文』四六二三号）。

鴻臚館貿易

呉越国や、後には宋の商人たちとは、どのようなやり方で交易を展開していたのか、その点をかいま見てみよう。呉越国の商船の往来が一段落した応和三年（九六三）ころ、儀式書『新儀式』の編纂が成った（第三章2節参照）。今ではその一部しか残っていないが、幸いにもその第五巻の「大唐商客事」という項目が現存している。これを柱に大宰府における貿易のあらましを述べれば、次のようになる。

①唐商（中国商人）が来着したならば、大宰府がその管理に当たるとともに朝廷に報告する。その際、その報告は公卿聴政にかけられ、その上で必ず天皇に奏上されることになっていた。実例によれば、天皇はそれを陣定に諮り、公卿達の意見を徴したうえで、安置《あんち》か廻却《かいきゃく》かを決定し、これ

を官符ないし宣旨で大宰府に伝達する。

②安置ということであれば、朝廷から貨物の検領《けんりよう》（船上の物を検査し、朝廷の必要物を選別・差押さえて京に送ること）と和市《わし》（商客と価格を協議し、その場で代価を支払う交易方式）の管理のために蔵人を一人、その部下の出納一人を派遣する（彼らを「唐物交易使《からものこうえきし》」と呼ぶ）のが原則であるが、朝廷購入品の品目を指定したうえで大宰府の役人に交易を委任したり、蔵人所のさらに下級の職員である雑色《ぞうしき》のみを現地に派遣する場合もある。

③使者は朝廷の購入品を京に持ち帰り、蔵人所の出納や小舎人などを「返金使《へんきんし》」（これをも「唐物使」と呼ぶことがある）として派遣して代価を支払わせる。ただし、中央から代価をもたらすのを省略して、大宰府に「返金の官符」を下し、大宰府の保管している財貨をもって決済させることもあった。

④以上の経緯を天皇に奏上する。

という次第で交易を行うことになっていた。

ただし、これは年期を満たしている場合であり、もし中央政府によって商船の来航間隔が年期より短いと判断されれば、商客は大宰府鴻臚館での「安置供給」（滞在を許可されて食料等の必要物資を授けられること）を受けることはできず、「廻却《かいきやく》」といって、日本国外への退去を求められたのであった。もっとも貴族たちも唐物は欲しいから、「彼の志を優するべきか」（『左経記』長元元年〈一〇二八〉一一月二九日条。『小右記』同日条も参照）などといった理屈を付けては「年期違反」を軽視する解釈を捻り出し

図33　発掘調査開始直後の鴻臚館遺跡（旧平和台球場）右上に能古島。

がちではあったが。

ただし、外国人が来着した際には天皇に報告することについては、養老令の戸令《こりょう》16没落外蕃《ぼつらくげばん》条の、

> およそ外蕃に没落して還《かえ》るを得《う》、及び化外《けがい》の人の帰化《きか》する者は、所在《しょざい》の国郡、衣糧《いりょう》を給ひ、状を具《ぐ》し飛駅《ひえき》を発して申奏《しんそう》せよ。（下略）

という規定以来のものであり、また万寿《まんじゅ》四年（一〇二七）に宋人陳文祐《ちんぶんゆう》が来着した際に大宰府から進上された「新入《しんにゅう》宋人六十四人形体衣《けいたいいし》裳《よう》色絵《いろえ》図《ず》」は、養老令の公式令《くしきりょう》89遠方殊俗《えんぽうしゅぞく》条の、

> およそ遠方殊俗の人、来たりて入朝《にゅうちょう》する者は、所在の官司、おのおの図を造れ。其の容状《ようじょう》・衣服を画き、具《つぶ》さに名号《みょうごう》・処所《しょしょ》、并《あわ》せて風俗を序《つい》でよ。訖《おわ》るに随《したが》ひて奏聞《そうもん》せよ。

という規定に遡るといった具合に、律令の規定を基本にしている（山内晋次一九九三）。平安時代中期の政府が、こういった律令の規定を遵守していたことは、当時の史料によく見られる「渡海の制」、すなわち政府の許可なく国外に出ることの禁止が、決して一〇世紀に入ってから定められたものでは

なく、律令の規定に淵源している（榎本淳一一九九一）ことと同様である。したがって、日本政府の枠組みとしては、来航してくる商人も、かつての帰化希望者同様に、天皇の徳を慕って来る朝貢者とみなす姿勢を採っていた（山内晋次一九九六）。朝貢だからこその年期制、つまり来航年限の規定なのであり、具体的には、綱首《こうしゅ》（船長）は、来航から次の来航まで十余年（一二年？）以上の間隔を空けないと、安置を認めず、廻却するということにしたのであった（渡邊誠二〇〇九）。

このような交易のシステム自体は、遅くとも延喜一一年（九一一）に年期制が定められたころには成立したようで、要するに蔵人所がまず大宰府鴻臚館で天皇のために高級品を確保し、残りを貴族たちの交易用にしたのであった。唐物をどれだけ多く持ち、また賜与できるかが権威の源泉、権力の表象とされていた時代だったので（河添房江二〇〇七）、このような仕組みが案出されたのである。ただし、一〇世紀の前半には蔵人所の主導権が確保されていたが、一一世紀に入ると、唐物交易使の往来する路次の国々の疲弊（迎送の費用が嵩んだのであろう）を防ぐなどといった理由で、蔵人の鴻臚館派遣がなされなくなり、大宰府官人に交易の管理が任されるという経過をたどる（林呈蓉一九九〇）。しかしそういった段階にあっても、権門勢家による荘園内での密貿易という展開は辿らず、大宰府による貿易管理自体は一二世紀前半までは維持されていた（石井正敏一九九八）。

図34　中国人の綱主名を書いた陶磁器

ここで問題になるのは、では果たして大宰府官人は、中央政府の忠実なる下僕として事務的に処理していたのかという点である。制度的には中央が貿易統制権を握っているように見えるが、たとえば道長の家司でもあった大宰大弐藤原惟憲《これのり》が、任を止められて帰京した際には、

惟憲、明後日入洛《じゅらく》、随身《ずいじん》せる珍宝《ちんぽう》、その数を知らずと云々。九国二島の物、底を払ひて奪ひ取る。唐物もまた同じ。已《すで》に恥を忘るるに似たり。近代は富人をもって賢者となす。（『小右記』長元二年七月一一日条）

と藤原実資が憤慨しているように、また、これより先の同年三月には、その実資自身が薩摩守巨勢文任《こせのふみとう》・香椎《かしい》宮司（姓不詳）武・筑前国高田牧司宗像妙忠《むなかたのたつただ》らから唐物を進呈されているように（『小右記』三月二日条）、西海道の有力者、特に大宰府官人たちにとって唐物を手に入れるのは、さほど難しいことではなかったことが分かるのである。彼らの手に入れた唐物の中には、正規の交易から横流しされた物、つまり密貿易品も相当あったと見る方が自然であろう。

交易と砂金

さて、中国商人との貿易の際に支払われる対価については、従来は砂金が重視されてきており、陸奥の産金と交易との連動性や（五味文彦一九八八、渡邊誠二〇〇五）、金の保持による王権の威信確保（保立道久二〇〇四）といった論題が注目されてきた。また、大宰府に備蓄されている綿（真綿《まわた》）ではなく、蔵人所の管轄下の内蔵寮が保管する砂金を対価とすることによって、朝廷による貿易の統制が可能になるとの指摘もある（田島公一九九五）。

確かに遣唐使の手持ちの資金や中国に残留している僧侶への仕送りには砂金が使われていたし、朝

廷から大宰府への対価輸送に当たる使者は「返金使」と呼ばれるように、砂金を大宰府まで運んでいったはずである。しかしこれらはすべて搬送の便宜のためであろう。貿易相手の宋商は、必ずしも砂金を欲しがったわけではない。史料上に「金」とあるからといって砂金が対価とされた訳ではないことは、『権記』長保二年（一〇〇〇）七月一三日条に、とりあえず大宰府管内にあるもので支払っておくようにという命令を下す際、金一両あたり米一石という換算率を提示しようとしたが、宋商側は毎両三石を求めているという記事が見え、さらに仮に妥協するならば毎両二石ということもありうるとした上で、米ばかりで支払うと六千石以上になってしまうので（船に積みきれないので）、その場合は絹を与えてはどうかとしていることからも明らかである。金は価格を定める際の基準貨幣ではあるが、実際に中国商人が船に積み込んだのは米や絹、そしてやや後には硫黄などを重視すべきであって、そもそも砂金では帰路が軽くなりすぎるという主張（山内晋次二〇〇一）にも、十分に留意しなくてはなるまい。

退嬰か孤立主義か

呉越国の使者は天徳三年（九五九）を最後に史料から消え、呉越国自体、九七八年（日本の天元元年）に第五代国王銭弘俶が宋の第二代皇帝太宗に自国を献上して滅びるが、このころの日本と呉越国との交流は、もっと注目されて良いだろう（上川通夫二〇一五）。

いったいに、一〇世紀に入ると日本では正史の編纂が行われなくなり、貴族の日記や大寺院に残された文書等を中心にして史料を探さなければならなくなる。前者は一〇世紀半ば過ぎまで極めて少ないし、また後者は国政に関わったり海外との交渉を記すことは稀である。こうした悪条件にもかかわらず、先に見たように、呉越国の商人は、ほとんど往時の渤海使と同じ程度の頻度で来日していたことが知られるのである。これに便乗して中国との間を往復する僧侶もいたし、その僧侶の中国滞在中の日記を、朝廷で調査してもいる（『日本紀略』天徳《てんとく》元年〈九五七〉七月二〇日条）。

一〇世紀中頃の日本の朝廷は、決して自ら使節を派遣して国交を結ぼうとはしなかったが、中国の情勢については、情報収集に努めていたと考えて良いのではあるまいか。中国の文物への憧れも、ずっと衰えずに維持していた。こういう姿勢について最近では、「積極的孤立主義」と評価し（石上英一一九八二、渡邊誠二〇〇七）、海外の紛争に巻き込まれないようにする冷徹な外交姿勢（吉川真司二〇〇二）ととらえるべきだとする見解が有力になりつつある。

こうした中で、奝然《ちょうねん》の入宋が行われたのであった。

奝然の入宋

天元五年（九八二）、以前から中国に渡って五台山《ごだいさん》などの仏教の聖地を巡礼したいと考えていた東大寺の僧奝然（三論宗《さんろんしゅう》に真言宗《しんごんしゅう》を兼学）に、ようやく渡航の許可がおりた。前述の如く、律令制施行以来、「渡海の制」といって、勅許なくして国外に出ることは許されなかったが、東大寺や延暦寺が奝然の入宋に際して長安の青龍寺《せいりようじ》や天台山の国清寺《こくせいじ》宛の紹介状を出すなど、朝野を挙げての渡航の応援を受けることができ、勅許も下りて公的使節の体裁を整えたのだった。

永観《えいかん》元年（九八三）八月、宋商陳仁爽《ちんじんそう》の船に便乗して出航し、台州《たいしゅう》に到着、年末には宋の都の開封《かいふう》で太宗に拝謁し、日本国のはじめの神（天御中主命《あめのみなかぬしのみこと》）から当時の円融《えんゆう》天皇までの歴代天皇と、特に仏教にからむ彼らの事績、それに五畿七道の地誌を加えた『王年代紀《おうねんだいき》』、および日本の『職員令《しきいんりょう》』を献上したと伝える。このデータは、宋代に編纂された『新唐書《しんとうじょ》』や、元になって編纂された『宋史』の日本伝の重要な基礎データとなっている。

太宗から高僧のみに着用が許された紫衣《しえ》を授けられた奝然は、翌年には五台山の巡礼を果たし、九八五年には太宗に再度拝謁して法済《ほうさい》大師の称号と一切経《いっさいきょう》（仏教の全経典のセット）とを下賜され、さらに優塡《うてん》王が造立したと伝える栴檀《せんだん》釈迦像を、特に許されて模刻した。

寛和二年（九八六）に宋の商人鄭仁徳《ていじんとく》の船に便乗して無事帰国した奝然は、翌永延元年二月に入京する。長和五年（一〇一六）に歿した後に、嵯峨《さが》の棲霞寺《せいかじ》の釈迦堂が清涼寺《せいりょうじ》とされ、ここに持ち帰った栴檀釈迦像が安置された。この像は現存しており（国宝）、その体内には五臓のほか、奝然の入宋巡礼と釈迦像模刻の次第とを記した文書（「奝然入宋求法巡礼行並瑞像造立記《ぞうりゅうき》」）と、模刻の際に結縁した人々の名簿（「結縁交名記《けちえんきょうみょうき》」）などが入れられている。

奝然の入宋は、日本でも宋でも重要な出来事として当時認識されていたことがわかるが、それはなぜだろうか。宋が奝然に破格の厚遇を与えた理由としては、もちろん伝統的な中華思想から見て、遠方から来た使節は皇帝の徳化がそれほど遠くまで及んでいる証拠として歓迎されたということが挙げられるが、より切実には、当時北方の遼《りょう》（契丹《きったん》）と対立していた宋にとって、東海上の日本と連絡を密にすることが重要だったとからということも挙げられる（上川通夫二〇一五）。さらに宋にとっては、日本の国王（天皇）が、国初以来一系であって易姓革命を経験せず、大官も世襲的であることが、大きな感銘を与えたという（『宋史』日本伝）。

一方、日本から見た場合、これは事実上初めて宋の朝廷に遣わした使節であった。宋という王朝が起こり、太宗のもとで繁栄に向かっているという状況はある程度認識していたと思われるが、果たして皇帝に二度も拝謁を許されるほど厚遇を受けると予想していただろうか。日本の寺から中国の寺に派遣された巡礼僧というスタイルを取った方が、朝貢や冊封といった中国中心的な外交の枠内に入らずに済むという思惑があったと考えても不自然ではなく、だからこそ使節として持参すべき国書などは携帯させなかったのだが、この目論見は成功を収めたのであった。日本国の存在をアピールし、僧侶を通じた文物の輸出入に見通しが立ったのである。この時奝然がもたらした大量の仏典は、後に展開する中世仏教の重要な礎になったという（上川通夫二〇〇二）。

奄美と喜界

もう一つ興味深いのは、奝然の『王年代紀』には、当時行政区画としては存在しなかった多祢島《たねとう》（天長《てんちょう》元年〈八二四〉に大隅国に併合）が記載されており、さらに奝然は日本

図 35　清涼寺釈迦如来

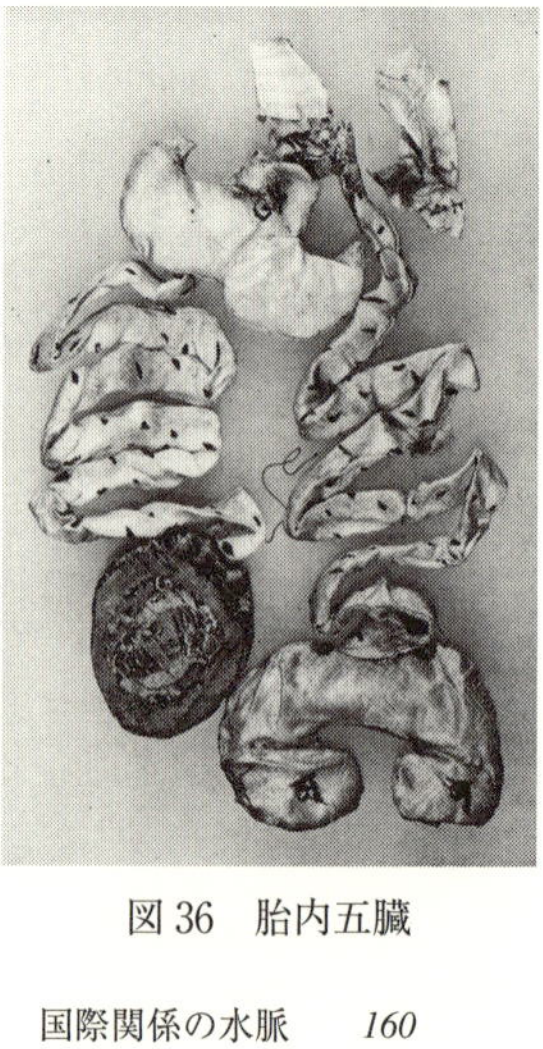

図 36　胎内五臓

に犀《さい》や象・水牛がいると述べたこと、奝然帰国の後、永延《えいえん》二年（九八八）に入宋させた弟子の嘉因《かいん》には、奝然から宋皇帝に宛てた上表文《じょうひょうぶん》とともに、大量の螺鈿細工品《らでんざいくひん》や法螺《ほら》、赤木《あかぎ》の梳《くし》、石流黄《いおう》などを献上物として携えさせたことであろう。螺鈿細工の原料は、南西諸島で採取される夜光貝《やこうがい》（ヤク貝）である。赤木・法螺貝も南島の、そして石流黄は硫黄島《いおうじま》（鹿児島県）の産物として著名であった。

奝然が日本列島の南方領域を強調していると見るのは穿《うが》ちすぎかもしれないが、これまで述べてきたような呉越国や宋の商船の動きを眺めてくると、日本の南方領域は、しだいににぎやかな交流の場になって来つつあったことは、確かなように思われる（坂上康俊二〇〇八）。

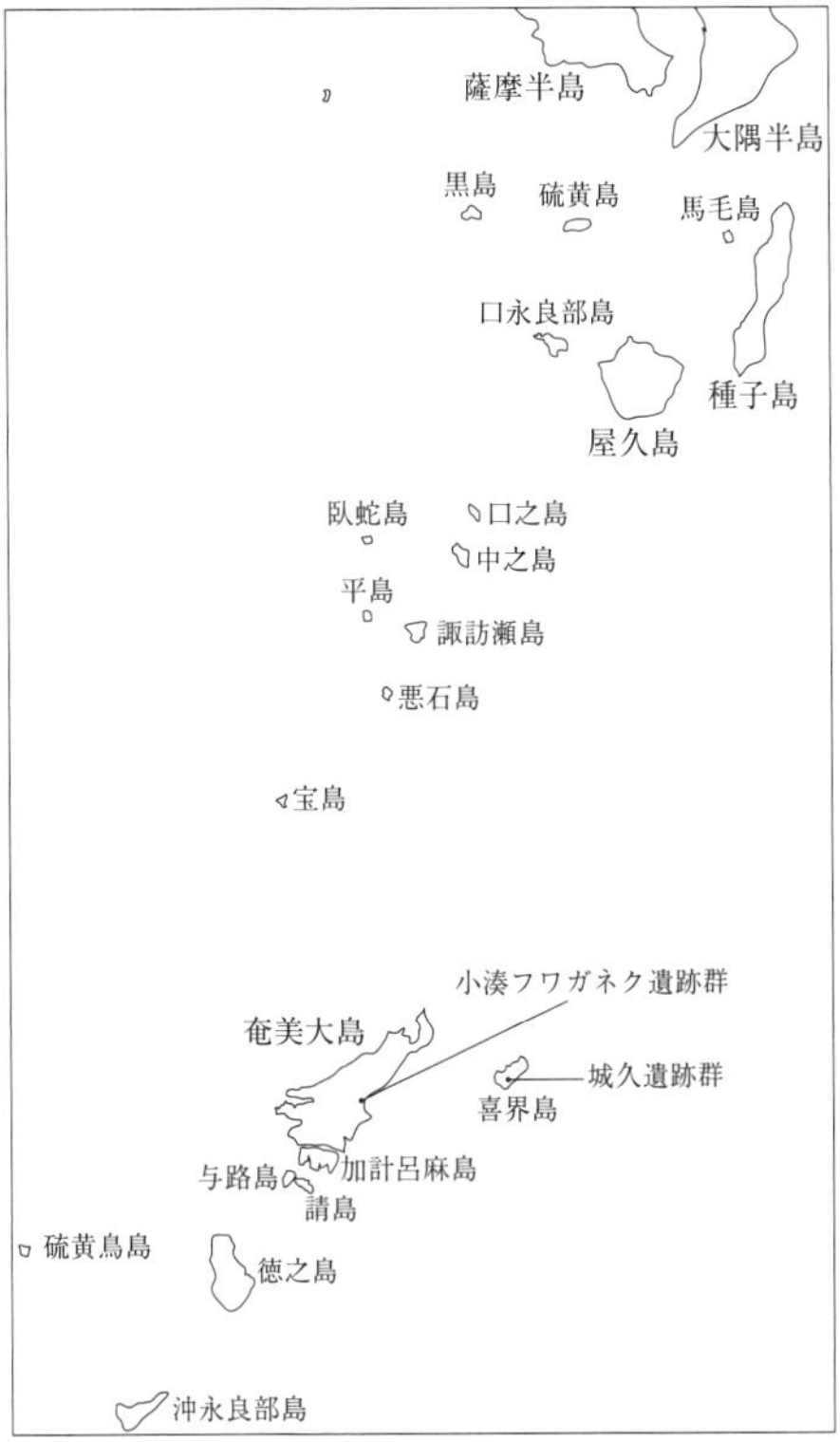

図37　南島の地図

奝然が帰国してしばらく経った長徳《ちょうとく》三年（九九七）一〇月一日、「大宰の飛駅使参入して云《い》はく『南蛮《なんばん》、（大宰府）管内《かんない》諸国に乱入し、人や物を奪ひ取れり』と」という事件が発生し、一一月二日には「大宰府の飛駅使来たりて、南蛮四十余人を伐《う》ち獲《え》たる由《よし》を申す」という連絡があった（いずれも『日本紀略』）。

大宰府からの報告については、藤原実資の日記『小右記』にも記事があり、それによると、「先年奄《あま》美《み》島《じま》の人が来たり、大隅国の人民四百人を奪ひ取り、もって将《ひき》ゐ去る。其の時には言上せず」と大宰府は言ってきているという。この三ヵ月ほど前に高麗から牒がもたらされていたこともあり（次節参照）、「すわ、高麗の来襲か」と一瞬の緊張が走っている。

ここに登場する「奄美人」については、『日本紀略』長徳四年一一月一四日条に「大宰府、貴《き》駕島《かのしま》に下知《げち》して南蛮を捕《とら》へ進めしむるの由を言上す」とあることから、喜界島《きかいじま》の西方にある奄美大島を拠

図 38　城久遺跡群　山田半田遺跡　掘立柱建物跡

図 39　小湊フワガネク遺跡　ヤコウガイ貝殻の集積

点とする者たちと大宰府は捉えていたらしい（山里純一二〇一二）。その正体ははっきりしないが、あるいは南方海域を縦横に往来する海民の存在を考えて良いのかも知れない。

興味深いのは、最近、喜界島の城久《ぐすく》遺跡群（九世紀～一二世紀）で大型の建物跡を含む集落が発見され、出土遺物の中には中国産白磁《はくじ》や長崎産の石鍋《いしなべ》のほか、太宰府市で出土したのと同様の越州窯青磁《えつしゅうようせいじ》も混じっていることである。奄美大島の小湊《こみなと》フワガネク遺跡群（七～一一世紀半）で発見された夜光貝や芋貝《いもがい》の加工現場とあわせて、平安中後期の南島と本土との交渉史に具体的なイメージが形成されつつあるのであって、奝然の入宋は、そうした南方との交渉史の中に置いて考えなければならないのかも知れない。

3―東アジア海域交流と巡礼僧

入宋僧寂照

奝然《ちょうねん》とその弟子の嘉因《かいん》が日宋間を往来した後にも、巡礼を目的とした入宋僧が現れた。長保四年（一〇〇二）、寂照《じゃくしょう》は五台山への巡礼を希望して勅許を得ようとするが失敗、結局、翌年の八月に弟子の元燈《げんとう》・念救《ねんぐ》・覚因《かくいん》と一緒に肥前国から出発し、翌月、明州（寧波）に到着した。寂照の俗名は大江定基《おおえのさだもと》で、蔵人等を経て参河守に至ったが、任地で妻に先立たれて発心し、寂心《じゃくしん》（慶滋保胤《よししげのやすたね》）を師として出家してしまった。源信《げんしん》に天台を、仁海《にんがい》に真言をと、当時の両巨頭から教学を学んでいる。寛弘元年（一〇〇四）、寂照は時の皇帝真宗に拝謁し、奝然の時と同様な質疑があった。寂照は帰国の意思はあったものの引き留められ、一〇三四年に彼の地で歿したが、在宋中、往来する宋商を介して、頻繁に藤原道長等との文通を続けている。

宋国内部での、宮廷―出先官僚―海商を繫ぐネットワーク、そしてその先の日本での大宰府―朝廷の連絡網の安定ぶりが印象的であるが、宋王朝の奝然・寂照に対する厚遇の背景には、当時の宋が置かれていた国際環境があった（上川通夫二〇一五）。というのは、燕雲《えんうん》十六州の帰属をめぐって対立していた北方の遼《りょう》（契丹）との関係が、遼の聖宗の南征によって一気に緊迫し、宋皇帝は遼皇帝に対して兄として臨むものの、毎年絹二〇万匹・銀一〇万両を送ることで和議（「澶淵《せんえん》の盟《めい》」）が成立したのが、寂照が真宗に拝謁した一〇〇四年の年末だったのである。宋から見れば、高麗、そしてその背後の日本とは友好関係を維持しておく必要があった。

既に早く九七一年、宋では広州に市舶司《しはくし》を置いており、九九九年には杭州・明州にも市舶司が置かれた。九八九年に出された詔書では、海商の出航に際しては必ず市舶司に通知し、公憑《こうひょう》（積荷目録を兼ねた許可書）を得なければならないとされており（『宋会要《そうかいよう》』職官四四）、海商たちの動きは宋朝の管理下に置かれていたのである。日本からの巡礼僧は、本人の意思とは関わりなく、宋朝のシグナルを日本に伝達するチャンネルとなったし、おそらく日本側でも情報収集に利用していた。

寂照の弟子の念救は、長和三年（一〇一三）に帰国して道長や実資たちに宋の情報を報告している。同五年に念救が再び入宋する際には、道長以下の諸卿から天台山に贈られる知識物《ちしきもつ》（結縁のための捧げ物）が預けられた。

こうした入宋僧を介した宋とのやりとりが行われている時に降ってわいたのが刀伊《とい》の来襲事件であるが、ここで高麗をめぐる国際関係について、少し遡って記しておこう。

高麗をめぐる国際関係

長徳三年（九九七）五月、日本人の漂流民に託して、高麗国から三通の牒が届いた。それぞれ日本国、対馬島司、対馬島宛である。詳細は不明であるが、日本人が高麗で事件を起こしたことに対する抗議であった可能性がある（石井正敏二〇〇〇）。中に、日本を侮辱する言葉が含まれていたということで、大宰大弐藤原有国は、直ちに筑・豊・肥六ヵ国の兵を動員して警戒に入り、六月には内裏で陣定が開かれた。当時、宋人が越前や西海道に来着していたこともあり、宋の謀略ではないか、宋人をさっさと帰国させるべきではないかなどという意見が飛び交っていることが注目される（上川通夫二〇一五）。

実は、当時の高麗は、国難といってもよい事態に陥っていた（池内宏一九三四）。九九三年に遼（契丹）は高麗に対して八〇万の兵を差し向け、領土の割譲、宋との断交、契丹への臣従を求めた（第一次侵入）。高麗は結局九九六年には遼の冊封を受ける。先に述べた日本への牒発送は、この翌年のことであり、高麗の置かれている状況が反映されたものであろうことは間違いない。一〇一〇年には高麗は再度契丹の侵入にあい（第二次侵入）、都の開城を破壊されるなどの被害を被った後に遼への朝貢を約束する。抗戦を考えた高麗は宋と接近するが、前述のように、宋は中原において直接遼と対峙しており、高麗との連携は求めるものの援兵まではできなかった。高麗はその後、一〇一八年に侵攻してきた遼を撃破したものの（第三次侵入）、結局は再び遼に降伏し、一〇二二年には再び遼からの冊封を

図40　能古島

受けることになる。

刀伊の来襲

宋や高麗が遼と対峙していた寛仁三年（一〇一九）三月二八日、対馬島司は大宰府に、刀伊の賊船五十余艘が来襲したとの報告を発した。その報告が大宰府に届いた四月七日、壱岐島から逃げてきた僧が、壱岐島守以下多数が賊徒に殺害されたとの報告をもたらしたが、その日の夕刻には、賊徒は筑前国の怡土《いと》・志麻《しま》・早良《さわら》郡を襲い、人々を連れ去り、民家を焼き払った。大宰権帥《ごんのそち》藤原隆家は、直ちに兵士を動員して応戦し、翌七日には飛駅使《ひえきし》を上京させ、急を知らせている。飛駅使は一七日になって乗馬のまま左《さ》衛門陣《えもんのじん》（建春門）に飛び込んできたが、隆家もよほど慌てたものか、飛駅は「奏」（天皇への文書）でなければならないのに、太政官の裁定を請う「大宰府解」で発したとして、公卿たちは難癖をつけている。現地では、それどころではなかったのだろうが。

七日には、賊徒が能古島《のこのしま》に来襲したので、隆家は前大宰少監大蔵種材《おおくらのたねき》らを能古島の対岸に置かれていた警固所《けごしょ》に派遣し、防御させた。北風が続いて賊徒がおとなしくしている間に態勢を整えた大宰府側は、一一日までのうちに糸島半島沿岸に精兵を配置、一二日には少弐平致行《たいらのむねゆき》らが兵船（三）十余艘に分乗して追撃戦に入った。この時、隆家が「先に壱岐・対馬島に至るべし。日本の境を限りて襲撃すべし、新羅の境に入るべからず」と命令したのは、当時の貴族の国際感覚・良識をよく示しているといえよう。

その後、賊徒は肥前国松浦《まつら》郡にも来襲したが、やがて引き揚げていった。その際、日本人捕虜多数を海に落としたりしていったが、高麗軍によって保護された捕虜もあり、九月になって約二七〇人の日本人捕虜を高麗が送還してきた。初めの頃は高麗の共謀も疑われ、日本で保護された高麗人の捕虜は、刀伊賊徒との関係を疑われて尋問を受けたほどであった。さすがに日本人捕虜が送還されてきた時には、大宰府から高麗国に宛てた返牒の発送と、使者への禄の支給を決定しているが、勲功を議論する際には、あらためて高麗人捕虜の尋問等が取りざたされている（『小右記』同年六月二九日条）。

府の止んごとなき武者

刀伊は女真《じょしん》人のことで、おそらく遼の勢力拡大と何らかの関連を持って高麗の東海岸から日本へと来襲してきたものであろう。その来襲は一過性のものであったが、かなり甚大な被害をもたらした。殺害・略取された人数は、筑前で八八五人、壱岐島で三八七人、対馬島では三八二人となり、『対馬国貢銀記』（大江維時《これとき》または匡房《まさふさ》の作）で有名な対馬の銀穴は焼かれ、あちこちで牛馬が切り喰われている。ただ、長い目で見た場合には、この事件を契機に北部九州の武力集団の構成があぶり出され、また、この時に活躍した者たちの子孫、ないしそう称する者たちが、西海道の武士団を組織していったという意義がある。

刀伊の撃退に際しては、前少監大蔵種材《おおくらのたねき》・傔仗《けんじょう》大蔵光弘親子、少弐藤原蔵規《まさのり》、前少弐平致行、散位平為賢ら「府の止《や》んごとなき武者《むさ》ら」（『小右記』寛仁三年五月二四条）が活躍した（関幸彦一九八九）。大蔵種材は、純友の乱に際して都から下向して鎮圧に当たった大蔵春実の孫にあたり、寛弘二年（一〇〇五）頃は大宰大監でありながら、同五年には息子が大隅守菅野重忠を殺害したとして訴えられた経歴を持つが、刀伊の来襲の際に直ちに追撃戦を主張したことが評価されて壱岐守に任じられ、その子の光弘も大宰大監に任じられた。大蔵氏系の武士団からは、平氏と結びついて治承・寿永の内乱の際に権少弐となつた原田（大蔵）種直らが出ている。少弐として活躍した藤原蔵規（政則）も勲功によって対馬守に任じられているが、その子孫は、藤原隆家の子孫と称して、南北朝時代に活躍する菊池氏となった（志方正和一九五九）。平氏系の武士団の中には、すぐ後に島津荘を開発している平季基が属していよう（野口実一九九一）。

成尋の入宋と皇帝からの親書

刀伊の来襲の際には、その背景について、さまざまな憶測を生んだものの、結果的には国際関係に影響することなく、相変わらず宋商の来航は盛んであり、また高麗との間にも、朝廷には知られないレベルでの交易が行われていたようである。

宋商たちは、年期制を融通無碍に適用されつつ、時に安置、時に廻却という処分を蒙りながら、しっかりと唐物の交易の実を挙げていった。この間に大宰府官長は、長元元年（一〇二八）に惟憲を訴えた周良史《しゅうりょうし》、長久元年（一〇四〇）に実成を訴えた慕《ぼ》晏誠《あんせい》のように、たびたび貨物横領の嫌疑を受けているが、実否のほどは定かでない。

延久二年（一〇七〇）、岩倉大雲寺の僧成尋《じょうじん》が、宋の海商の船に便乗しての入宋と五台山巡礼を申請してきた。さまざまな準備期間を要した結果、延久四年三月一五日、成尋等は弟子の頼縁ら七名とともに宋商曾聚らの船に乗り込み、肥前国松浦郡壁島を出航した（原美和子一九九二）。この日から、成尋の日記『参天台五台山記』が始まるが、耽羅島《たんら》（済州島）沖を通過した船は、二五日、蘇州に到着し、明州（寧波）・越州・杭州を経て天台山国清寺に至った後に上京、一〇月、皇帝神宗に拝謁の機会を得た。成尋自身はその後五台山巡礼を果たして宋に残ったが、弟子の頼縁らは宋商孫吉の船に乗り込んで、延久五年に帰国の途に就く。その際、『参天台五台山記』をはじめ、新訳の経典、仏像等を持ち帰ったのは結構なことであるが、宋皇帝の親書も携帯してきたことが、公卿たちの悩みの種となる。返礼をどうするかについて、承保二年（一〇七五）から承暦元年（一〇七七）まで延々と議論したようで、結局特別の使者を派遣することはせず、絹二百匹と水銀五千両の贈り物（宋側は「方物」と解釈する）のほかには、例によって大宰府からの返牒を僧仲回ら六人に託し、孫忠の船で入宋させただけで済ませてしまった（『続資治通鑑長編』巻二八六）。

この直後の承暦四年（一〇八〇）に、大宰府在住の府官王則宗《おうそくそう》の近親と思われる商人王則貞に託して、高麗国王（文宗）から風疾（中風）を治療してくれる医師の派遣を要請された際にも、さまざまに議論は交わされたが、結局拒絶した。これに先立つ一〇七九年に、同様の依頼を受けた宋王朝が、医師に加えて百種の医薬を下賜したのとは大違いである。これは、高麗側の出した文書に自尊意識が滲み出ており（奥村周司一九八五）、宋王朝に対する場合と同様に、相手国の構想する華夷秩序に嵌め込まれてしまうという危険を避けんがために、朝貢関係が確立し、遼をめぐって利害関係が一致する宋—高麗関係とは一線を画した対応をしたという解釈が一応可能ではあるが、公卿たちの議論自体からは、そのような積極的な方針が読み取れる訳ではないというところに、当時の国際感覚の実際を窺いがたい所以がある。

五　藤原道長・頼通の時代

1―道長の栄華

安和の変

村上天皇には、藤原師輔《もろすけ》（九〇八〜六〇）の娘安子《あんし》（九二七〜六四）との間に憲平《のりひら》（天暦四・九五〇年生まれ）・為平《ためひら》（九五二年生まれ）・守平《もりひら》（天徳三・九五九年生まれ）の三親王、及び選子《せんし》内親王（後の「大斎院《だいさいいん》」）ほか四内親王があった。藤原実頼の娘述子《じゅつし》も女御《にょうご》にはなったが子供が生まれず、また醍醐の皇子代明《しろあきら》親王の娘荘子《そうし》女王との間には具平《ともひら》親王（村上源氏の祖）が、師尹《もろただ》の娘芳子《ほうし》（宣耀殿《せんようでんの》女御。『枕草子』二〇段に、村上天皇から歌の暗誦試験を受けた際の二人の睦まじさが描かれている）との間には昌平《まさひら》・永平《ながひら》両親王が、さらには大納言藤原元方《もとかた》の娘との間にも広平《ひろひら》親王といったように、大勢の親王が生まれていた。しかし、摂政・関白を歴任した忠平の子供である右大臣師輔の娘安子の生んだ子が最有力な皇位継承候補であることは動かせない。そこで憲平親王が生後二ヵ月で皇太子に立てられた。時に筆頭公卿は左大臣実頼、次は右大臣師輔という布陣であり、順風満帆に見えたが、次第に皇太子の資質が疑わしいことが明らかになっていく。

康保四年（九六七）五月に村上天皇が死去すると（享年四二）、憲平は直ちに践祚、六月、実頼が関白となり（時に六八歳）、九月守平親王を皇太弟とした上で、一〇月に即位式を挙行した（冷泉天皇。時に一八歳）。既に師輔は死去しており、実頼は高齢なので、師輔の息子（安子の兄）たち、すなわち伊《これ》尹《ただ》・兼通《かねみち》・兼家《かねいえ》らが摂関の地位を窺うのは当然であるが、ただ康保四年末の段階での公卿の顔ぶれは、筆頭が関白太政大臣実頼、次は左大臣源高明《たかあきら》（五四歳）、右大臣藤原師尹（四八歳）、大納言藤原在衡《ありひら》（七六歳）、同源兼明（五四歳）と続き、伊尹はその年の正月に権中納言、年末に権大納言と駆け上がってきたばかりで（もちろん実頼の計らいである）、兼通・兼家らは公卿にもなっていなかった。

冷泉天皇にはその皇太子時代の応和三年（九六三）に朱雀天皇の娘昌子内親王が妃となっていたが、子供はいない。伊尹は冷泉即位の直前に、自らの娘懐子を女御に納れ、安和元年（九六八）一〇月に師貞親王（後の花山天皇）が生まれている。ただ皇太弟守平親王（当時一〇歳）にはもちろん子供がなく、藤原氏にとって外戚関係がかなり危い状態になっていた。その一方で、為平親王（一七歳）の妃には源高明の娘がなっていたらしく、であるが故に為平を跳ばして守平を皇太弟に立てたらしい。ただ、高明の娘と為平親王との間の子の憲定・頼定らは九七〇年代後半の生まれのようで、用心するには気が早いような気もするが、一応通説に従って、高明・為平親王の関係が、老齢の実頼、病弱の冷泉天皇を戴く藤原師尹・伊尹・兼家らにとって目障りだったものとしておく。

安和二年三月、中務少輔源連《みなもとのつらぬ》と左兵衛大尉橘繁信らが、皇太弟守平を廃して為平に換えようとする謀反を企てていると、左馬助源満仲《みつなか》らが密告し、これを承けて右大臣師尹らが直ちに内裏を警護、固関《こげん》（謀反人の逃亡を防ぐために三関《さんげん》を閉ざすこと）を行い、前相模介藤原千晴《ちはる》（将門を追討した藤原秀郷の子）を捕縛、翌日に臨時の除目を行って源高明を大宰権帥に左遷した。追いうちをかけるように高明の西宮邸が焼失したのは（同年四月）、果たして偶然だろうか。八月には冷泉天皇が譲位、九月には皇太弟守平の即位式が挙行された（円融天皇）。高明は剃髪して僧形となり在京を願ったが、許されずに赴任させられる。天禄二年（九七一）になって赦《ゆる》され、翌年帰京するが、高明の政治生命は安和の変で絶たれたのであった。

安和の変は藤原氏の他氏排斥の最後とされており、実際源氏はこれ以降、高位高官に昇りはするものの藤原氏の外戚政策と対抗する姿勢は控えたようで、廟堂での権力争いは藤原氏内部、それも師輔の子孫たちの中で展開されることになる。

なお、安和の変で忘れてはならないことに、密告の功で正五位下を授けられた源満仲の存在がある。満仲は天慶の東西の乱で動き回った源経基の子で、親に倣って密告で名を挙げた（?）ことになる。満仲が安和の変で側杖《そばづえ》を喰わせた藤原千晴は、満仲が摂関家と密着しながら東西、特に東国の受領を歴任していった過程で敵対していたものであろう。満仲は、兼家が花山天皇を出家・退位させようとした折にも、兼家から天皇説得に派遣された道兼と天皇とを護衛しつつ、謀略に邪魔が入らないように手配している。

道長登場

謀略を用いて一条天皇を即位させ、その摂政となった兼家は、その地位にあること僅か四年に満たずして病に冒され、辞職ののち出家、そして死去してしまった（正暦《しょうりゃく》元年（九九〇）七月）。前々年の永延《えいえん》二年（九八八）一一月に尾張国の郡司百姓らから訴えられた守《かみ》藤原元命《もとなが》が解任されたのは前年のことだから、この事件の裁定者は兼家ということになる。

兼家の後は、その長子の道隆《みちたか》が順当にその地位を引き継ぎ、摂政となり（正暦元年〈九九〇〉の一条天皇元服を承け、正暦四年に関白となる。ただし、准摂政とする史料もある。米田雄介一九七七）。この年正月、兼家の存命中に、道隆は娘の定子《ていし》を一条天皇の後宮に納れて女御とし、その年の内に中宮《ちゅうぐう》とした。彼女は脩子《しゅうし》内親王を産むが、長保元年（九九九）に一条天皇の第一皇子となる敦康《あつやす》親王を産んだとき、外祖父に当たる道隆は、既にこの世にない。

長徳元年（九九五）二月に、道隆は発病し（おそらく糖尿病だろうといわれている。服部敏良一九七五）、一旦は長子の内大臣伊周《これちか》に内覧の宣旨が下るが、四月に道隆が死去すると、関白に任ずる詔書は、道隆の弟である右大臣道兼《みちかね》に下る。しかし、その道兼もすぐに死去してしまった（七日関白《なのかかんぱく》）。ところが、伊周の期待はまたも裏切られ、一条の母の詮子《せんし》の覚えが良かったためだろう、五月、道隆・道兼の弟の道長に、内覧の宣旨が下ってしまった。地位もそれまでの権大納言から、内大臣伊周を抜いて一気に右大臣に引き上げられる。この年には流行病で納言以上八人、七月までに五位以上六三人が死去しているから（『公卿補任』『日本紀略』）、こういうことも起こりえたのだが、それにしても伊周の憤懣やるかたないのは当然であろう。

定子の悲劇　七月、伊周は仗座《じょうざ》（左近陣座《さこんのじんのざ》）で道長と大喧嘩をしたと伝えられるが（『小右記』）、翌長徳二年正月、花山院《かざんいん》が通っていた女を伊周が通っていた女と誤解し、伊周の弟の隆家《たかいえ》の従者が、花山院の衣の袖を射貫いてしまうという事件が起こる。これに連坐して伊周は、四月、大宰権帥に左遷されてしまった。伊周の左遷を悲観した中宮定子は、五月に出家、自らの居所としていた二条北宮も火災で失ってしまう。長保元年（九九九）八月、出産を控えた定子は、それまで居所としていた職御曹司《しきのみぞうし》から中宮大進平生昌《たいらのなりまさ》の宅に移る。その宅の門が小さくて、車が入らないことをなじる清少納言と、もと文章生《もんじょうしょう》生昌とのやりとりや、清少納言の憤慨をなだめる定子の様子など、その生き生きとした描写は、『枕草子』中の白眉であろう（六段）。本来ならば中宮が御産のために行啓《ぎょうけい》（転宅）するのだから、きちんと公卿が差配して然るべきところ、当日早朝に道長が宇治におもむいたため、公卿はだれも定子のもとに参上しなかったという。「行啓の事を妨ぐるに似たり。上達部《かんだちめ》憚《はばか》るところありて参内《さんだい》せざるか」とは、『小右記』の筆者藤原実資《さねすけ》の批判である。伊周は実際には大宰府に着任せず、長徳三年には帰京が許されていたものの、こういう状況の中での敦康親王の誕生では、先の望みはほとんどない。長保二年には、中宮定子が皇后に、それまで女御だった彰子が中宮にされた。出家した中宮では神事に携われないという理由を藤原行成から入れ知恵され、彰子の地位の確立を狙った道長が、前代未聞の一帝二后並存を実現したのである。

定子はその後、媄子《びし》内親王を出産した際に死去し（長保二年）、山城国愛宕郡《おたぎ》鳥辺野《とりべの》に土葬された。時にわずか二五歳であった。一条天皇は出家した後も定子を内裏に呼び寄せたほどであるから終生定子を偲び、寛弘八年（一〇一一）の譲位の際には、母定子の死後、道長の娘である彰子《しょうし》の庇護のもとで育てられた敦康親王を皇太子にと望んだとされているが、既に彰子との間には二人の皇子がいる状況とあっては、かなうわけもない。敦康親王はその後、村上源氏の祖に当たる具平《ともひら》親王の娘（藤原頼通の妻の妹）と結婚し、二人の間に生まれた嫄子《げんし》女王は、頼通の養女として後朱雀《ごすざく》天皇の中宮となり、殊寵を受けたと伝えられるが、親王自身は、寛仁二年（一〇一八）、道長家で一家三后が成ったのを傍目で見つつ、その年の暮れに亡くなる。享年二〇。

伊周の方は寛弘六年正月、前年に生まれたばかりの皇子敦成《あつひら》と母の彰子とを呪詛《じゅそ》したとの疑いをかけられ、翌年には死去するが、弟の隆家は、自らの眼病の治療を目的として望んで大宰権帥に任じられ、たまたま起こった刀伊《とい》の襲来に際して、北部九州の武士達を率い、その指揮のよろしきを得てこれを撃退、中には菊池氏のように隆家の子孫と称する武士団まで現れるという、思いがけない展開となる（第四章3節参照）。

摂政から大殿へ

こうして幸運にも政界のトップに立った道長は、一条天皇（在位九八六～一〇一一）から三条天皇（在位一〇一一～一六）の治世にかけて、内覧の左大臣として補佐に当たったが、長和五年（一〇一六）に三条天皇から、その子の敦明《あつあきら》親王の立太子と引き換えに、彰子が生んだ皇太子敦成《あつひら》への譲位を勝ち取った。ただ、こうして即位させた後一条天皇は、まだ九歳と幼少だったので、外祖父たる道長が摂政にならざるをえない。摂政になると同時に左大臣を辞めてしまったのは、父の兼家に倣ったものだろうか。ところが、翌年三月にはさっさと摂政を嫡長子の頼通《よりみち》に譲ってしまう。頼通は長和五年の時点で権大納言に過ぎず、彼の上には右大臣顕光《あきみつ》、内大臣公季《きんすえ》、大納言道綱《みちつな》・実資、上席の権大納言斉信がいたが、顕光を左大臣に、公季を右大臣にあげた後の内大臣に頼通を任じた上で、摂政にしたのである。さすがに大臣経験のない摂政はまずいと思ったのだろう。ただし兼家の時の例にならって「一座宣旨《いちざのせんじ》」という、摂政頼通の格は左右大臣より上という勅命を出してもらった。

結局、寛仁元年（一〇一七）三月以降、二年正月に挙行される後一条天皇元服の際の加冠役《かかんやく》を務めるために元年一二月から二年二月までの間、太政大臣に任じられた以外、道長は公的な役職に就かなかった。そこで人々は、彼を「大殿《おおとの》」と呼んだ（『小右記』）。そうとしか呼びようがなかったからだが、もちろん二六歳の摂政頼通は、「大殿」の意向を確かめながら除目その他の政事に当たったたし、敦明の皇太子の辞退、彰子の生んだ敦良《あつよし》親王の立太子という、寛仁元年秋の重要案件を処理したのも、「大殿」道長であった。公的には何の役職にも就かず、それでいてその意向が摂政に伝えられることによって全ての統治機構を支配するというのは、これまで前例のない事態といって良い。

一家三后

辞退させた敦明親王には直ちに小一条院《こいちじょういん》の院号を贈り（院号には、年官《ねんかん》・年爵《ねんしゃく》という、官職や位階の推薦権などの諸給与が付く。推薦した者から、謝礼を受け取るのである）、また、源明子（高明の娘）と道長との間に生まれた寛子を女御として納れた。彰子が「報賽《ほうさい》」（御礼詣り）を名目に発案して一一月に挙行された天皇・彰子同行の賀茂社行幸《かもしやぎょうこう》は、もともと正月に実資が道長から命じられて準備が始められたものなので、敦明の皇太子辞退、敦良の立太子とは元来無関係の筈であるが、この時の彰子・道長の得意や思うべし。山城国愛宕《おたぎ》郡を上《かみ》・下《しも》両社に神郡として寄進したいと彰子が言い出したことから、行幸の上卿としてこれまで奔走してきた実資は、寄進すべき範囲の確定、両社への公平な分配、延暦寺との争い等に、この後長らく悩まされることになる（土田直鎮一九六二）。

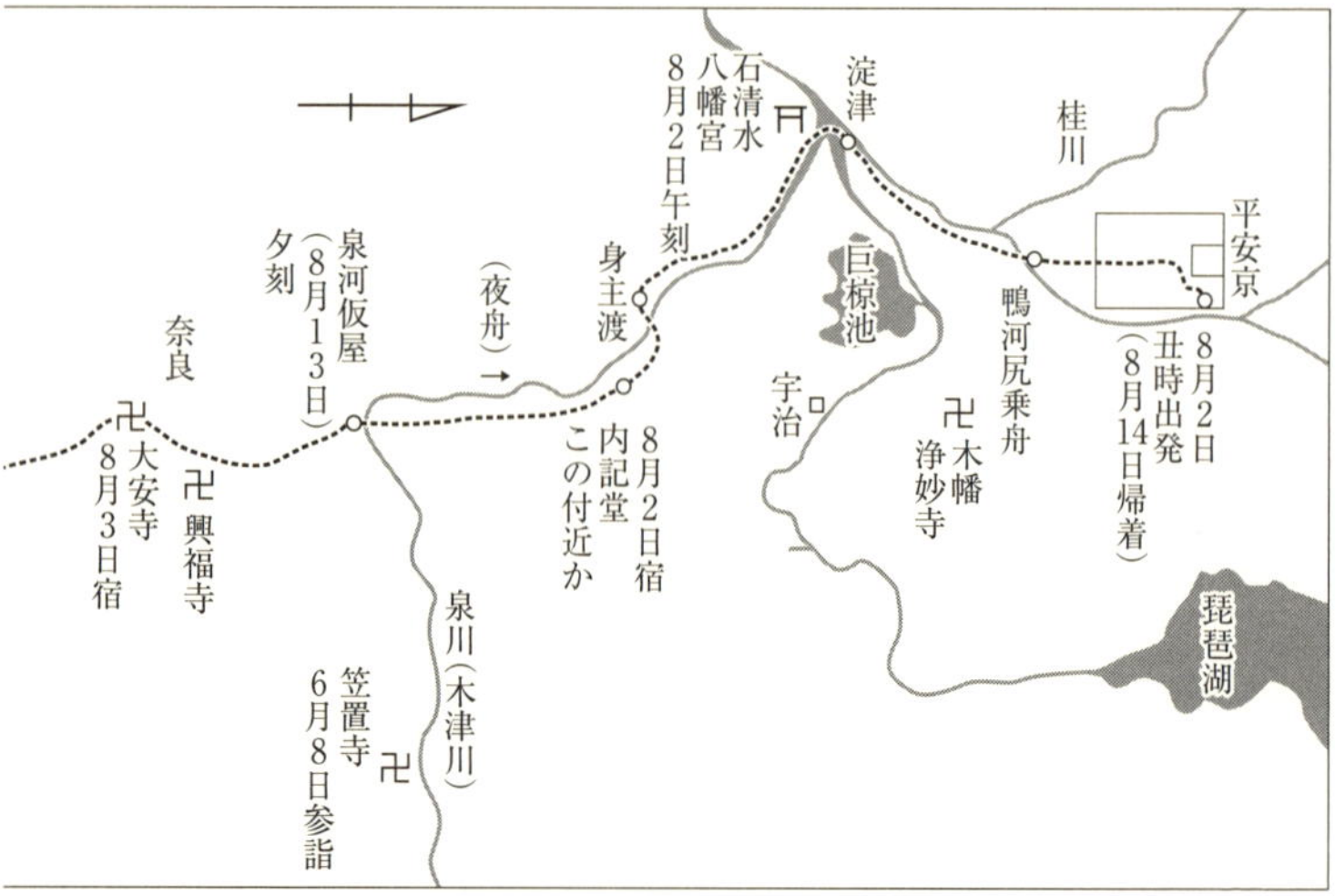

道長の金峯山参詣の道筋（往路）

寛仁二年一〇月には、先に甥の後一条天皇の女御になっていた娘の威子《いし》を中宮に冊立《さくりつ》し、この時点で太皇《たいこう》太后《たいごう》（故一条天皇の妻）彰子、皇太后（前年に歿した三条天皇の妻）妍子《けんし》と並んで、一家三后となった。有名な望月《もちづき》の歌が詠まれたのは、威子立后の際である。なお、同年の内に娘の嬉子《きし》を尚侍《ないしのかみ》とし、甥の皇太子敦良《あつよし》に仕えさせた。彼女はのちに後冷泉天皇の母となる。

法成寺建立と金峯山詣で

こうして自分の一家の将来を盤石にした道長は、寛仁三年三月、病により出家する。眼病（白内障）と飲水《いんすい》病《びょう》（糖尿病）に加えて胸病（心臓神経症）をも患っていたらしい（服部敏良一九七五）。九月には東大寺で、一二月には延暦寺で受戒するなど行い澄ます一方で、翌四年には阿弥陀堂の無量寿院《むりょうじゅいん》を建立し、康尚《こうじょう》とその高弟の定朝《じょうちょう》（?～一〇五七。両者は親子の可能性もある）の指揮のもと、百人あまりの仏師を動員して作らせた九体《くたい》丈六阿弥陀如来像《じょうろくあみだにょらいぞう》を安置した（『左経記』『栄花物語』『中

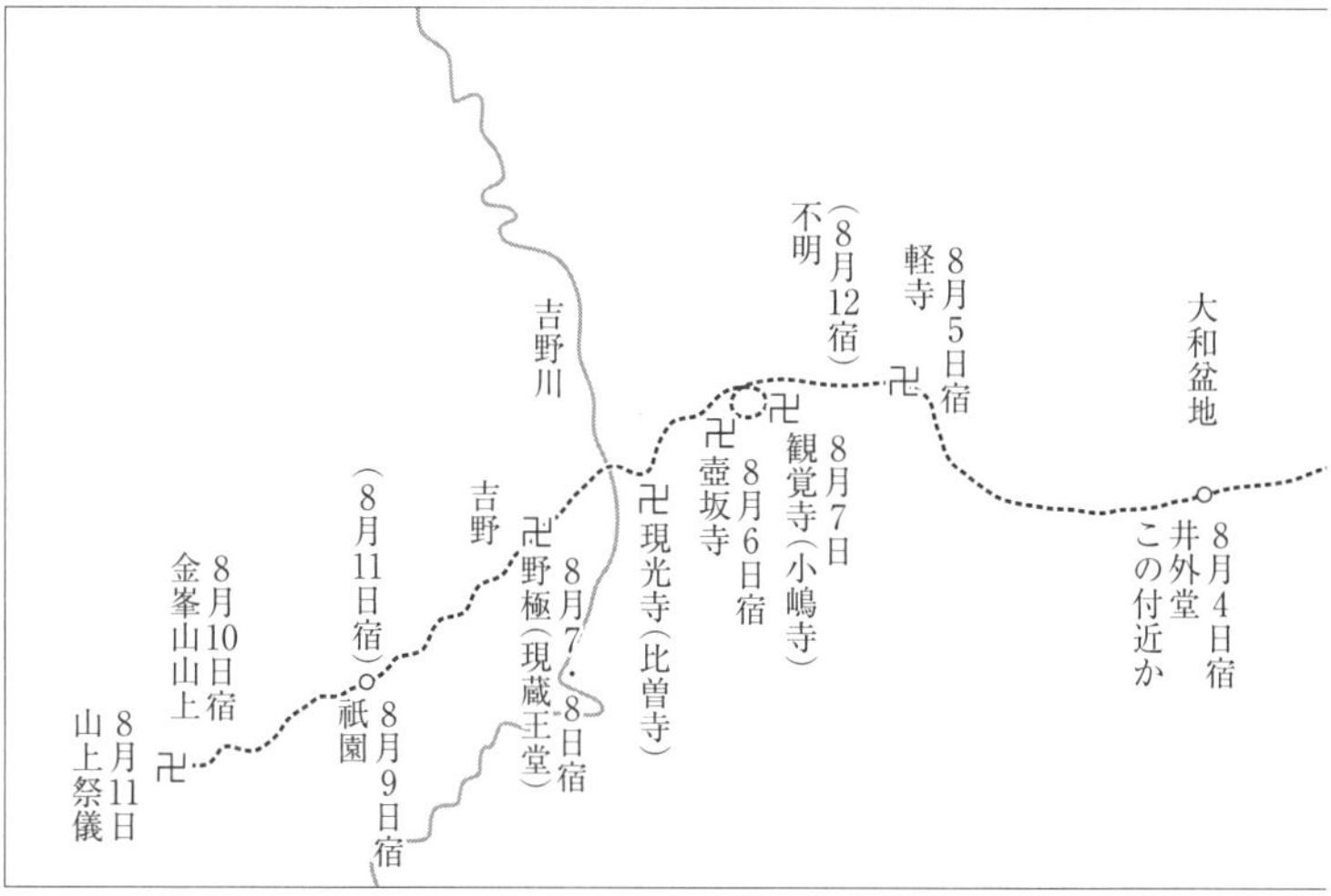

図41　寛弘4年（1007）8月，

外抄』）。世の流行に棹さし、阿弥陀浄土《あみだじょうど》（極楽《ごくらく》）への往生を願ったのである。この九体阿弥陀堂の造営に際しては、受領らに加えて公卿・諸大夫にも負担を命じており、この方式がのちの院政期の院発願による法勝寺《ほっしょうじ》以下の造営にあたっても踏襲されている（上島享二〇〇一）。

この阿弥陀堂には、のちに金堂・講堂が建て増され、治安二年（一〇二二）に挙行された金堂の落慶供養《らっけいくよう》の際には、後一条天皇の行幸を仰ぎ、皇太子敦良、太皇太后彰子、皇太后妍子、中宮威子、さらには小一条院まで参列した。この時、この伽藍《がらん》は「法成寺《ほうじょうじ》」と命名

図42　道長が埋納した経筒

された。造仏の功が認められて、定朝には法橋上人位《ほつきようしようにんい》という、仏師《ぶつし》としては前例のない、僧尼の統制機関である僧綱在任者に与えられる程の高い僧位が授けられている。

治安三年冬、道長は南都七大寺、高野山、四天王寺などを参拝した。道長が高野山金剛峯寺《こんごうぶじ》に参詣したのは、この時が初めてではなく、初度は寛弘四年（一〇〇七）八月のことであった。この時には法華経・無量義経・観普賢経・阿弥陀経・弥勒上生下生成仏経・般若心経といった計一五巻を納めた経筒（元禄四年〈一六九一〉発見。国宝）を埋め、自らの極楽往生と弥勒下生《みろくげしよう》時の際会を願っているが、当時はまだ彰子に皇子が生まれていなかったので、皇子誕生の祈願も含まれていたことだろう。それから一六年、現世での宿願を遂げ、有為転変を振り返る道長の姿は、治安元年に記述を終えた『御堂関白記』はもとより、ほとんど史料が残されず、想像の彼方である。

道長と行成の死去

やがて万寿三年（一〇二六）、彰子も出家して上東門院《じようとうもんいん》の号を奉られ（門院号の初め。これにも年官・年爵が付く）、翌四年一二月四日、道長は法成寺の阿弥陀堂で歿した。享年六二。

同日、道長に一帝二后の妙策を入れ知恵した藤原行成も亡くなった。行成は蔵人頭として一条天皇に仕え、出世して権大納言にまで昇進した。能書家として知られ、のちの世尊寺《せそんじ》流の祖となるが、その詳細な日記『権記《ごんき》』や、最近発見された著書『新撰年中行事《しんせんねんじゆうぎようじ》』（西本昌弘二〇一〇）からは、水際だった能吏ぶりが窺える。

道長の歿後の政界は、飾りの太政大臣公季（長元二年〈一〇二九〉歿まで。享年七三）をおきながら、摂政左大臣頼通をトップに、右大臣に実資（永承元年〈一〇四六〉歿まで。享年九〇）、内大臣に頼通の弟教《のり》通《みち》（永承二年に実資の後を襲って右大臣に転じ、康平三年〈一〇六〇〉に左大臣、治暦四年〈一〇六八〉に関白を継ぐ）、さらに権大納言に頼宗《よりむね》・能信《よしのぶ》といった明子が生んだ道長の息子たちが控えるという態勢が続く。

この期間は、基本的に内外とも大事件が発生せず、政界の動揺もなかった安定した時代であった。ただし、こう評価するには、多少の保留が必要である。道長の時代

史料の空白期

については、自身の『御堂関白記』、実資の『小右記』、行成の『権記』、源経頼《みなもとのつねより》の『左経記《さけいき》』といった、まとまった日記が伝存しており、これによって当事者の息づかいまで伝わってくる。これに対して、頼通の施政期にあっては、頼通自身が日記を記した痕跡がなく（松薗斉一九九三）、その他の廷臣たちの日記も、実資の孫の世代に当たる資房《すけふさ》の『春記《しゅんき》』（一〇二六～五四年の記述の一部が現存）や『水左記』（源俊房、一〇六二～一一〇八年の記述の一部が残存）・『帥記《そちき》』（源経信、一〇六五～八八年の記述の一部が残存）など、極めて限られたもの以外には、ほとんど伝わっていないという事情を勘案しなければならない。長元九年（一〇三六）に『日本紀略』の記述が終わるなど、史料的に政界の細部を描写することが難しいのである。もちろん『枕草子』（長保三年〈一〇〇一〉ころ成立）『紫式部日記』（一〇〇八～一〇年の記述）は道長の時代の産物であり、道長の栄華を描いた『栄華物語《えいがものがたり》』正編が、その死去で記述を止めているのは当然である。

こういった次第で、一〇三二年でもって『小右記』の現存部分が途絶える（記述は長元五年〈一〇四〇〉頃まで続いていたらしい）こともあり、一〇三〇年代後半から五〇年代までは、『百錬抄《ひゃくれんしょう》』『扶桑略《ふそうりゃっ》

記《き》』などの簡単な年代記以外に頼るべき史料が極めて限られる。その分、何事もなかったような印象を受けるのであるが、実際には平忠常の乱《たいらのただつね》（一〇二八～三一年）、次いで前九年合戦《ぜんくねんかっせん》（一〇五一～六二）が起こっており、一〇五二年に末法の時代に入るという当時の観念と相俟って、「澆季《ぎょうき》」に生を受けたことを歎き、この世のことはともかくとして来世を願う空気が充満していったのであった。

ただ、貴族社会が一応の安定を保ち、造寺・造仏や法会その他の儀式に勤しむことができたのも、摂関家の本邸たる東三条殿《ひがしさんじょうでん》、道長の土御門邸《つちみかどてい》、頼通の高陽院《かやのいん》なども同様に罹災しながらも再建され、実資の小野宮邸《おののみやてい》に斧《おの》の音が絶えなかったのは、彼らの豪奢を支える財政基盤がしっかりしていたからであった。その財政基盤の最大のものが受領制度であり、まだあまり表面化してはいなかったが、荘園に依存する面も大きくなりつつあった。次節では、道長・頼道政権を支えた受領たちの姿を追ってみよう。

2——受領の生態

受領になる

受領に任用されるには、そのための資格が必要である。受領候補者は大きく旧吏《きゅうり》・別功《べっこう》・新叙《しんじょ》の三つに区別されるが、このうち旧吏は、受領経験者で、任中の公文を勘済して受領功過定をパスし、現在浪人中で、次の受領の地位を待っている者であり、別功は戦功などによる特別コースである。これに対して新叙は、まだ受領に任官した経験のない者で、その内訳は、蔵《くろう》人《うど》・検非違使《けびいし》・式部丞・民部丞・外記《げき》・史などの要職を一定年間勤め上げて従五位下《じゅごいのげ》（栄爵《えいしゃく》と呼ぶ）を授けられた（叙爵《じょしゃく》）者たちであり、彼らの中から一定の規則に従って順に任じられていく。旧吏・新叙は、一般的には時代が降るに従って、待機期間が長引いていった（玉井力一九八一・一九八四）。

受領任官希望者は、自薦の申文《もうしぶみ》（申請書）を蔵人所に提出し、蔵人頭がこの中から除目《じもく》の場に出すものを選ぶ。選ばれた申文は、清涼殿で行われる除目にもたらされ、首席の大臣（一上《いちのかみ》）が勤める執筆《しゅひつ》が、申文を見ながら天皇と対座して任官者を決定し、結果を大間書《おおまがき》に書き込んでいくのが本来の姿である。ただ、摂政が置かれている場合は、摂政の直盧《じきろ》等で除目が開催され、もちろん彼が決定して、参議大弁が執筆を勤めるのが普通である。関白が置かれている場合は、向かい合って座る天皇と執筆の大臣とを関白が見守る形で除目が進むのであり、関白の意向に逆らう人事はできないといえる。摂関の人事権は、こういう形で確保されているのである。

家司受領

先に第二章では、初期の受領であった坂東平氏《ばんどうへいし》の始祖たち、また、一〇世紀中葉の受領であった紀貫之《きのつらゆき》や一〇世紀末の典型的な受領である藤原元命《ふじわらのもとなが》、さらには一一世紀に入ってから東国の受領を歴任した菅原孝標《すがわらのたかすえ》を紹介しておいた。しかしここでは、道長・頼道や実資といった摂関家の有力権門を支えた受領たちの生態をみていきたい。

道長や実資といった有力貴族は、正式に家司《けいし》（政所別当《まんどころべっとう》や侍所別当など）に任じている者たちのほかに、多くの「家人《けにん》」「近習《きんじゅ》」「お出入り」たちを抱えていた。それらの中には、忠平に名簿を捧げて臣従を誓った将門のように、主従関係を構築していたといって良いものも含まれていたし、あるいは代々の庇護―服属関係を継承していたものもいる。

かなり強い結合関係を持つ者たちの外縁には、状況次第でより有利な方との関係を築こうとするもの、二股をかけるものなど、実際の関係はかなりの流動性を帯びていた。たとえば将門を討ち取った平貞盛の子維衡《これひら》は、長徳二年（九九六）には右大臣顕光《あきみつ》の家人としてその邸宅の堀河院を修造し、その顕光の推挙によって寛弘三年（一〇〇六）に伊勢守に任じられたが、内覧の左大臣道長の反対にあってすぐに解任されてしまった。かつて伊勢国で同族の平致頼《むねより》と合戦を繰り広げ、伊勢神郡を騒がせた経歴を持っていたからである。困った維衡は、今度は道長に接近したようで、同年の内に上野介《こうづけのすけ》に任じてもらい、馬などを献じて家人と見なされている。ところがその後、実資の家人になり、寛仁四年（一〇二〇）に常陸守になった時には、実資から馬一匹を餞別とされている。この維衡は伊勢を拠点として住まい、その子孫が正度―正衡―正盛―忠盛―清盛、と続く伊勢平氏となる。京や地方でさまざまな紛擾を起こしていた維衡は、複数の有力者との間に主従関係を結んでおこうと必死だったに違いないが、一方で洛中の貴顕も、彼の武力を頼りにしていたのであった（高橋昌明一九八四）。

しかし、家司受領ともなれば、庇護と奉仕の交換関係は強固なものがあった（泉谷康夫一九八一）。

藤原保昌

家司受領としてまず紹介したいのは、藤原保昌《やすまさ》である。彼は、谷底に落ちても平茸《ひらたけ》を拾うのを忘れなかったという受領の貪欲ぶりを示す逸話（『今昔物語集』巻二八）で有名な信濃守藤原陳忠《のぶただ》の甥に当たるが、南家の流れで、祖父は大納言にまで昇進した元方《もとかた》である。元方には村上天皇の女御となり、広平《ひろひら》親王を生んだ娘がいたが、師輔の娘安子の威勢には抗しようもなく、元方とその娘は、安子が生んだ憲平《のりひら》親王（冷泉天皇）の血脈に代々祟った強力な怨霊として、後世に名を残している（『栄華物語』）。

保昌の父致忠《むねただ》は、従四位下右京大夫を極官としており、受領の経験はないようであるが、その兄弟の中には、従二位大納言にまで昇進した懐忠《かねただ》のほかは、受領経験者が多い。保昌の母は元明《もとあきら》親王の娘とあるので、保昌は、トップクラスとはいえなくとも、まずは上級貴族の一員と言えよう。ただし、弟には「強盗の張本《ちょうほん》、本朝第一の武略、追討の宣旨を蒙ること十五度、のちに禁獄、自害」と伝えられる保輔《やすすけ》、そして源満仲《みつなか》に嫁して頼信を生んだ姉妹がいる。保昌自身にも当時有名な強盗袴垂《はかまだれ》を恐れさせた逸話があり（『今昔物語集』巻二五）、『義経記《ぎけいき》』では「本朝の昔をたづぬれば、田村・利仁・将門・純友・保昌・頼光」と、また『十訓抄《じっきんしょう》』では「頼信・保昌・維衡・致頼とて、世に勝《すぐ》れたる四人の兵《つわもの》なり」と、その武勇を称えられている。

道長の庇護

その保昌は、日向（正暦三年〈九九二〉正月任命）・肥後（寛弘二〈一〇〇五〉）・大和（長和二〈一〇一三〉・万寿二〈一〇二五〉～長元元）・丹後（治安三〈一〇二三〉）・摂津（長元七〈一〇三四〉～九）の守を歴任、その間に大宰少弐も経験しているが、それは彼が藤原道長を始めとする摂関家の嫡流の庇護を受けていたからである。彼の受領としてのエピソードを紹介しよう。

一〇世紀末に日向守の任期を終えて交替した際には、彼は手続き上、二つの大きな問題を起こしている。第一には、彼が自分の任期の最後の年の正税帳《しょうぜいちょう》（公出挙の収支決算簿）まで監査を受けたといってきたことである。そもそも任期の最終年（任終年《にんしゅうねん》）の正税は、その年の内には収納を完了できないので、次の国司が決算を担当するのが慣例となっていたのに、保昌は功績をあげるために任終年の正税帳まで監査を受けたのである。そこで、受領功過定の際に、「どうしてそのようなことが可能なのか」、また、「このためにずれてしまうだろう後任の義務年限はどうなるのか」などの疑問が出された。

第二には、彼が提出してきた交替実録帳《こうたいじつろくちょう》が、きわめて奇怪なものだったことである。彼の前任者は任期中に死去したらしいが、それをよいことに、交替の際のやむを得ない欠失《かんしつ》（交替缺《こうたいけつ》）を大量に認定し、国衙に本来あるべきものを、かなり少なめに引き継いだことにしてしまったらしい。その際の帳簿には、大宰大弐（当時、事実上の大宰府の長官）の藤原佐理《すけまさ》が、追認の意味の押署《おうしょ》を加えたが、そのうちに佐理が宇佐宮との闘争の結果解任され、次の大弐藤原有国《ありくに》が、ようやくのことで府解《ふげ》を添えて中央に提出するというゴタゴタまで生じている。保昌の交替手続きにはこのように難点が目立ったが、公卿たちは、武力のほうにも恐れを抱いたのであろうが、保昌が家司として道長に仕えていることを知っていたので、「無過《むか》」（交替手続きに問題なし）としてしまった（藤原公任『北山抄』巻一〇吏途指南《りとしなん》、藤原行成『権記』長保四年〈一〇〇二〉二月一六日条、『西宮記』巻一〇裏書〈源経頼か〉）。

日向守某

ところで『今昔物語集』巻二九には、国書生《くにしょしょう》を殺した日向守某の話が採録されている。それによれば守は、新任が来るまでの間に、書生に交替用の書類を用意させたが、その際「旧《ふる》きことをば直しなどして」書かせた。書生は「自分が新任に告げ口することを今の守が恐れるだろうから、早く逃げよう」と思ったけれども、逃げる機会がなかった。やがて書類が整うと、案の定、守は郎等たちに書生を捕らえさせ、すぐに殺そうとした。書生は母と妻子に一目会って別れを告げることを許されたが、母はいきさつを聞いて急死してしまい、郎等たちももらい泣きした始末であった。いたたまれなくなった郎等たちは、書生を栗林に引き込んで射殺してしまった、という。この話の日向守は、先述した保昌の交替の実情から考えて、保昌である可能性が極めて高い。

和泉式部

保昌にはまた別の顔もあった。彼の妻は和泉《いずみ》式部だったのである。和泉式部は大江雅《まさ》致《むね》を父として生まれたが、雅致の弟には、『栄花物語』を著したとされる赤染衛門《あかぞめえもん》の夫、文人として有名で、自らも六国史を継ぐ「新国史」（未完成）の編纂に携わった匡衡《まさひら》がいる。赤染衛門は藤原道長の嫡妻源倫子《りんし》に仕えていたが、匡衡が長保三年・寛弘六年の二度にわたって尾張守に任じられた際には、ともに任地に下向している。

和泉式部は、長徳二年（九九六）頃、橘道貞《たちばなのみちさだ》と結婚したが、彼は清少納言の夫の則光《のりみつ》と同族であり、和泉式部と清少納言との間にも、早くから交友関係があった。長保元年に道貞が和泉守となると、彼女は夫に従って和泉に下向している。道貞との間に生まれた娘は、やがて母と共に中宮彰子に仕え、小式部内侍《こしきぶのないし》と呼ばれた。教通《のりみち》・頼宗《よりむね》といった道長の子供たちに求愛され、教通や参議公成《きみなり》の子を生んだが、若くして亡くなっている。

和泉式部の方は、やがて道貞と別れ、冷泉天皇の皇子為尊《ためたか》親王と、その死後は弟の敦道《あつみち》親王との恋愛関係に入った（『和泉式部日記』）。しかし、敦道とも死別してしまった式部は、道長に抜擢されたらしく、寛弘六年に、娘とともに中宮彰子のもとに出仕するようになり、翌年頃、道長の家司保昌と再婚したのである。その後、保昌の任地である丹後や大和に、ともに下向したらしい。小式部内侍が

「大江山　いく野の道の　遠ければ　まだふみも見ず　天《あま》の橋立《はしだて》」と『百人一首』に採られた歌を詠んだのは、「丹後にいる母に歌の代作をしてもらっているのでは」とからかわれた時の返しである。

受領と女房

当時の女流歌壇・文壇は、極めて近い交友・姻戚関係の中にあり、また彼女たちの方が道長などの摂関家嫡流よりは遙かに地方の生活に通じていた。彼女たちは受領の娘、あるいは妻として、父・夫の任地に同行していたからである。和泉式部は和泉・丹後・大和に下向しているが、紫式部も、長徳二年（九九六）に父の藤原為時《ためとき》が越前守に任じられた際には、父に従って下向しており（『紫式部集』）、その時の経験が『源氏物語』の中に活かされている（加藤正雄一九六九、河添房江二〇〇七）。彼女は、父の任期終了を待たず、長徳四年頃には帰京し、まもなく山城守藤原宣孝《のぶたか》と結婚した。一女（後の大弐三位《だいにのさんみ》賢子）に恵まれたものの、宣孝と死別した彼女は、やがて『源氏物語』を書きはじめ、その文才が認められたか、寛弘二年（あるいは寛弘三年とも）暮れ、彰子のもとに出仕するようになる。

清少納言にも田舎暮らしの経験がある。彼女の父は歌人としても有名な清原元輔《きよはらのもとすけ》であり、兄弟には藤原実資の家司であった為成《ためなり》や、大宰少監《だざいのしようげん》を歴任したものの、源頼親の郎等たちに殺害された致信《むねのぶ》（保昌の郎等でもあった）がいる。彼女は天延二年（九七四）、父の周防守赴任に伴われて下向しており（時に九歳）、任期中を周防で過ごしたらしい。帰京後の天元四年（九八一）に橘則光と結婚するが、その則光は、『今昔物語集』巻二三に「陸奥前司《むつのぜんじ》橘則光、人を切り殺せること」と題する逸話を残し（則光は寛弘元年〈一〇〇四〉前後に陸奥守、同三年には土佐守）、「兵《つわもの》の家にあらねども心極めて太くて思量賢く、身の力などぞ極めて強かりける」と描かれ、また、『江談抄《ごうだんしょう》』三にも、大納言斉信の宅で、自ら盗人を搦め捕ったことが記されているように（事件は『権記』長徳四年一一月八日条に載せる）、腕っぷしの強い受領経験者である。もっとも、正暦四年（九九三）には、彼女は則光と別れ、定子のもとに出仕した。そしておそらくは、長保二年（一〇〇〇）の定子の死去とともに宮仕えをやめたことだろう。後に摂津守藤原棟世《むねよ》と再婚しているが、任地に下向したかどうかは分からない。

その清少納言が、定子の御乳母《おんめのと》の大輔《たいふ》の命婦《みょうぶ》が日向へ下る際に、都と田舎の風景を両面に描いた扇に定子が手ずから気の利いた歌を書いて与えたのを回想しているが（『枕草子』二三〇段）、女房たちは、摂関家などの息のかかった受領、あるいはそのコースに乗りつつある男との出会いに恵まれ、彼らと結婚して任地に赴く者が多く、その娘たちは母から聞いた女房生活に憧れ、同じようなライフサイクルを繰り返す、といったことが、かなりあったのではないかと思われてくる。受領菅原孝標の娘が、父の任地の上総国で物心ついて以来、宮仕えと文芸サロンに憧れたとあるのは（『更級日記』）、決して特異な事例ではない。そもそも彼女の母は藤原倫寧《ともやす》の娘であり、母の姉妹には兼家が通って道綱《みちつな》を生ませた女性（『蜻蛉日記《かげろうにっき》』の作者）がいる。源経基の娘を母とする倫寧は、藤原実頼家の別当（家司のトップ）を務めたことがあり、丹波・河内・陸奥・伊勢の受領を歴任、陸奥に下向する際には、兼家に後事を託すほど（『蜻蛉日記』）摂関家とつながりが深かった。孫娘が後宮に憧れるのは当然である。

源満仲

兼家・道長・頼通という摂関家嫡流と密接な関係を構築した受領の家柄としては、清和源氏が有名である。将門の反乱を密告し、純友の追討にも動いた経基《つねもと》の子である満《みつ》仲《なか》は、伊尹《これただ》・兼家ら藤原師輔の遺児たちが画策して源高明《みなもとのたかあきら》（醍醐源氏）を陥れ、大宰権帥に左遷した安和《あんな》の変（九六九年）において、高明の女婿の為平《ためひら》親王の擁立計画があると密告するという、変のきっかけを作ったことは先述した。満仲は恩賞として正五位下に叙され、摂関家との密接な関係を維持して、越前守・武蔵守・常陸介（親王任国なので、介が受領）・摂津守といった受領を歴任、摂津国川辺郡多田（現・川西市）に多田院を建立し、ここを拠点として多くの郎等を養成、武士団を形成していった（元木泰雄二〇一一）。

源頼光の摂関家への奉仕

満仲には頼光《よりみつ》・頼親《よりちか》・頼信《よりのぶ》という息子たちがいた。彼らはまず花山《かざん》天皇の出家・退位事件の際（九八六年）に暗躍している。外孫の皇太子懐平《かねひら》（後の一条天皇）を一刻も早く即位させたかった藤原兼家は、寵妃の死去で弱気になり、出家の意思を示した花山天皇を、息子の道兼《みちかね》に連れ出させ、山科《やましな》の花山寺に向かわせた。天皇の出家を見届けた道兼は、「もう一度父に挨拶して、また来ます」と逃げ帰ったが、道兼が無理矢理に出家させられることがないようにという兼家の計らいで、「京のほどは隠れて、（賀茂川の）堤《つつみ》のわたりよりぞ、うち出でまゐりける」「何がしかがしといふいみじき源氏の武者達」に護送させたという（『大鏡』）。この事件の翌年に死去した満仲の指揮の下、彼の息子達が動いたことは、新しく東宮となった居貞《おきさだ》（のちの三条天皇）の春宮大進《とうぐう》に頼光が任命されていることから明らかである。

頼光は坂田公時《さかたのきんとき》（金太郎のモデル）・渡辺綱《わたなべのつな》・平貞道《たいらのさだみち》・平季武《たいらのすえたけ》ら四天王を率いた大江山の酒呑童子《しゅてんどうじ》退治の説話（御伽草子《おとぎぞうし》）で有名であるが、史実としては、花山天皇出家事件や、藤原伊周追放の際の護衛役が武者めいているくらいで、むしろ、兼家が二条京極《にじょうきょうごく》邸を新築した際に馬三〇頭を献上したり（永延二年〈九八八〉）、道長の土御門《つちみかど》邸が焼失した際に任国の美濃から見舞いに駆けつけ（長和五年〈一〇一六〉）、二年後に同邸が再建された際には、家具・調度類一切を献上し、それが運び込まれるのを見物に群衆が殺到したというような（『小右記』）、財力をもって摂関家に奉仕することの方が、彼の本領といえよう。その延長線上に、娘婿として道長の兄の道綱《みちつな》（兼家と『蜻蛉日記《かげろうにっき》』の作者との間にできた子）を迎えている。その財力の基盤には、摂関家に取り入って歴任した、備前・但馬・美濃（二度）・伊予等の受領の地位があり、治安元年（一〇二一）には摂津守に任じられて同国を勢力の拠点としたため、摂津《せっつ》源氏《げんじ》の祖とされている。

源頼親の大和国支配

頼光の弟の頼親は、兄同様に伊周追放の際に招集を受けるなど摂関家の侍としての活躍から始まり、やがて周防・大和・淡路・伊勢・信濃守といった受領を歴任したが、特に大和守には三度も任じられ、同国に大きな勢力を築いたため、大和源氏の祖とみなされている。もちろん藤原道長の推挽によるものだが、実資にも贈答するという気配りを忘れていない。

任国支配に際しては、興福寺・春日社など藤原氏の氏寺・氏社の対策に苦労し、しばしば武力衝突を起こしている。最初の大和守の時、寛弘三年（一〇〇六）には、頼親の配下の当麻為頼《たいまためより》と興福寺の僧蓮聖《れんしょう》との間で領田をめぐる争いが勃発し、頼親の訴えを納れた道長が蓮聖を処罰した。これに対して興福寺の大衆《だいしゅ》三千人が上洛、さまざまに脅しをかけたので実資以下の公卿も不安がったが、結局は道長に追いやられている。二度目の大和守に任じていた時には、背景はよく分からないが、前述したように、頼親の郎等が保昌の郎等清原致信（清少納言の兄）を殺害している。この時には「乗馬の兵七、八騎、歩者十余人ばかり」が動員されており、道長は「件の頼親は殺人の上手なり。度々この事あり」と日記に記している（寛仁元年〈一〇一七〉三月一一～一五日条）。永承元年（一〇四六）、彼は三度目の大和守に任じられたが、任終年にあたる同四年一二月、息子の頼房（加賀・肥前・肥後守を歴任）が、頼親の館に押し寄せてきた興福寺の大衆と合戦し、複数の僧侶を射殺すという事件が起こった（『扶桑略記』）。そのため翌年正月（まだ在任中）に、自らは土佐に、頼房は隠岐に配流されてしまった。もっとも老齢の頼親が、この判決に従って土佐に赴いたかは不明である。

大田犬丸負田結解

ところで、大和国広瀬郡には、大田犬丸名という一〇町を越す国衙領の名《みょう》が設定されており、その名の年次別収支決算書（結解《けちげ》）が、永承元年から天喜二年（一〇五四）まで連続して残されている。これらを通覧すれば、名からの徴税が受領の任期を区切りとしていること、つまり任終年が四年分の納税の総決算に充てられていることが分かる。恐らく頼親・頼房父子と興福寺との間の紛争も、それまでの遺恨もあったであろうが、任終年の歳末を控え、取り立て側とそれを拒否する側との間の緊張の中で生じたものであろう。

また、結解に署名している徴税に当たる役人（収納使）の顔ぶれも、受領の任期と対応して変化しており、頼親の時期のそれは、修理進《しゅりのじょう》藤原某や明法生《みょうぼうしょう》中原某といった都びとが任じられている点に特徴がある。これは受領の頼親が、自分の郎等を引き連れて大和国に乗り込んで支配に当たっていることを示しており、次の受領の時期の収納使が惣大判官代《そうだいはんがんだい》という在庁官人の肩書しか持たない、おそらく大和在住の人物だったことと、好対照をなしている（坂上康俊一九八九）。一時期、頼親と交互に近い状況で大和守に任じられていた藤原保昌も、同様の国衙支配を展開したことであろう。武力を備えた専門家集団でなければ、興福寺・春日社以下の有力寺社がひしめく、しかし実入りのよい大和のような国柄では、任務を全うできなかっただろうし、程度の差こそあれ、状況は諸国に共通しており、有能な受領は、どの国に任じられてもよいように、自前の事務能力と武力とを用意しておかなければならなかった。

源頼信と平忠常の乱

頼光・頼親の弟である頼信は、初めは左兵衛尉《さひょうえのじょう》という都の警備担当から出発した。道兼（七日関白）の家人《けにん》を経て、道長の「近習」となったが、実資にも奉仕に余念がなかった。その甲斐あってか、寛仁三年（一〇一九）の石見守を皮切りに受領を歴任する。

長元二年（一〇二九）、頼信は甲斐守に任じられたが、ちょうどその前年、坂東では下総国相馬《そうま》郡を本拠とする平忠常《たいらのただつね》が、反乱を起こしていた。忠常は、それまでに武蔵国押領使《おうりょうし》や上総介を歴任していることから分かるように、広く坂東諸国に勢力を張っており、坂東平氏の中での主導権争いを繰り広げるとともに、受領への反抗も繰り返していたが、とうとう安房守（姓不詳）惟忠《これただ》殺害という挙に出たのである。

長元元年という年は、前年の暮れに道長・行成が歿したばかりであり、関白頼通以下だけで対処しなければならないという反乱のタイミングであった。政府は坂東諸国に追討の宣旨を下して受領の配下の軍事力を動員させるとともに、検非違使右衛門少尉平直方《たいらのなおかた》と、同じく少志中原成道を追討使として派遣したが、埒《らち》が明かず膠着状態に陥ってしまった。長元三年に入ると、惟忠に代わって任じた安房守藤原光業が、印鑰《いんやく》（国印と不動倉のカギ）を捨てて都に逃げ帰るという始末だった。そこで政府は直方らを罷免し、あらためて、たまたま甲斐守だった源頼信を追討使に任命した。忠常は頼信の家人だったからである。

政府の思惑通り、忠常は四年四月、頼信に降伏する。忠常自身は、連行される途中の美濃で病死してしまい、同年六月に忠常の首級を捧げて頼信が入京することで一件落着した。功績を認められた頼信は、翌春、本人の希望を尋ねられた上で大国の美濃守に転任（『左経記』『小右記』『類聚符宣抄』巻八）、その後、伊勢・常陸などの守、さらには鎮守府《ちんじゅふ》将軍まで歴任した。東国一帯に声望を確立した頼信は、子孫の頼義・義家と続く武士団の棟梁としての家柄を作り上げていく。ただ、『小右記』長元四年九月一八日条には「坂東は多く以て相従ふ」とあるが、この段階では所領といえるようなものはほとんど考えられないので、主従関係が成り立っていたのもかなり狭い範囲と見るべきだろう。

以上、駆け足で道長・頼道時代の受領の生態を紹介してきたが、彼らが任地で収益を上げようとする際に腐心したものの一つに荘園への対応があった。

3—荘園公領制の形成

荘園の展開

荘園というのは、これまでも時折触れてきたが、貴族・寺社などの権門の土地所有として、一〇世紀にも存続していた。権門はその土地を買い取ったり、交換したり、寄進を受けたりして所有することになったのだが、単なる所有権では、特段の租税免除の特権は付随しない。だから、現地で田地の経営に当たるもの（売主や寄進者）が今までどおりの経営、すなわち、国衙に官物と雑役《ぞうやく》を納入・奉仕し、作人からは小作料を取り立てるという経営を続けていれば、荘園領主の取り分が捻出できない。そこで、荘園領主側としては、あらためて官物や雑公事《ぞうくじ》（臨時雑役）の免除（不輸《ふゆ》）といった特権を、太政官符・民部省符で認めさせ、あるいはせめて国衙に認めさせ、本来国衙に納入するべき分のなにがしかを荘園領主に入れさせるという構造を創り出そうとすることになる。

ところで、国衙から見れば、官省符荘《かんしょうふしょう》として認められている土地をも含めて、官物・臨時雑役が免除されているところ（本免田）以外からは、現地に検田使・収納使を派遣して、境界ぎりぎりまで徴税する権利があることになる。こうして、常に荘地の認定が問題になるので、荘園領主としては、国衙の支配領域や、他の荘園領主の土地と交換したり、あるいは国衙との闘争を経て、本免田をなるべくまとまった形で確保するばかりでなく、あわよくば本免田以外に免除の特権を持つところ（加納）

を拡げようとする。最終的には、荘園全体をまとまった免田にしてもらうことによって、その一帯への国衙からの調査を避けようとする。官物や臨時雑役がかからないのだから、国使に検査される謂われはない、というわけである。理屈としてはそうだから、ここに不入《ふにゅう》の特権も認められることになる。

荘園整理令

受領としては、自ら招いた面もあるとはいえ、国内に目障りな土地が増えていく趨勢は黙視できない。また、基本的に受領による徴税活動を基盤に国家財政が成り立っており、その一部としての給与と、受領のサービスとによって権門の経営が成り立っている面が大きい時期には、受領から荘園の制限・停止を求められたなら、一応、これを認めるのが筋というものである。ここに荘園整理令の出番がある。

いわゆる延喜の荘園整理令（延喜二年〈九〇二〉）は、その法令の権威というよりは、受領制度の展開により、事実として長く守られてきた、あるいは放置されてきたが、摂関家などに荘園が集まりつつあった情勢は、師輔の息子の尋禅を通じた荘園の寄進によって比叡山の中興、妙香院の造営がまかなわれた点からもうかがい知れる（第三章3節）。また、受領の支配が強まるにつれて、地方の有力者が貴族層と結びつき、寄進する動きが目立ってもきた。そこでこれを抑止するために出されたのが、永観二年（九八四）一一月の整理令であり、この時には「格後」、すなわち延喜二年三月一三日官符以後の新立荘園は一律に否定された（『日本紀略』）。ついで永延元年（九八七）には王臣家が荘園を設けて国郡の妨げをなすことが制止されたようで（「尾張国郡司百姓等解文」）、寛弘三年（一〇〇六）にも、同様の命令が出されている。このころまでは政府の方も、受領制度の根幹を維持することに熱心だったことが窺える。

しかし、一一世紀半ば近くになると、開発領主がますます増え（それだけ荒廃地が広がっていたこと、またこれを打開するために受領の方でも開発を奨励するようになったことが背景にあるのだろう）、長久元年（一〇四〇）六月には、後朱雀天皇と関白頼通との間で新しい荘園整理令の発布が意見交換され、当任国司以後の新立荘園が停止された（『春記』）。それでも立荘の動きはとどまるところを知らず、寛徳二年（一〇四五）一〇月になると、前司任中以後の新立荘園を停止し、これに違反する国司は解任、百姓は重く罰せられることとされた（『平安遺文』六八一・補二七三号）。逆に言えば、一〇四〇年代半ばまでの荘園は、公認されてしまうことになる訳である。この後の天喜三年（一〇五五）・延久元年（一〇六九）・承保二年（一〇七五）といった荘園整理令は、いずれも寛徳二年以後の新立荘園の停止を命じたものであり、中でも延久の荘園整理令は、寛徳以前の荘園でも証拠文書がはっきりしないものはこれを停止すべく、太政官内に記録荘園券契所を設けて審査させたことは有名である。これらの荘園整理令発出の直接的な契機としては、たびたび焼亡する内裏の再建のための費用捻出（造内裏役の賦課）という現実的な目的があったが（市田弘昭一九八一）、このころまでの政府は、新立荘園の増加を何とか押しとどめようとしており、だからこそ天皇の代替わりの象徴のように荘園整理令が発出されつづけたのであった（五味文彦一九八四）。

島津荘の成立

一一世紀半ば頃までの荘園整理令の効力を一般的にいうのは難しいが、少なくとも摂関家にとっては、ほとんど痛みを感じなかったのではないかと思われる。摂関家の荘園は、道長から頼通に氏長者の地位が譲られた寛仁元年の時点で、備前国鹿田荘・越前国方上荘・河内国楠葉牧・大和国佐保殿が殿下渡領《でんかわたりりょう》とされていた。この段階での摂関家の家財政は、大きくは律令制的給与と、任免権に基づく受領のサービスに依存していたから、まだ荘園を大量に所有していたわけではなかったと思われる。

しかし、最高の権門である摂関家が、荘園寄進の対象にならない筈がない。その例を鎮西島津荘に見てみよう。藤原惟憲《これのり》は、藤原道長・頼通に家司として仕えた、典型的な家司受領である。彼は因幡・甲斐・近江・播磨の受領を歴任し、治安三年（一〇二三）には大宰大弐に任じられた。事実上の大宰府の長官、即ち受領中の受領である。長元二年（一〇二九）に帰任した際に「九国二島の物、底を払ひて奪ひ取る。唐物《からもの》も又同じ」（『小右記』）と、実資の憤激を買っていることは先述した（第四章2節）。もっとも実資が憤慨するには、以下に述べるように、裏の事情もあったようだ。

大弐惟憲の下僚である大監平季基《だいげんたいらのすえもと》（野口実一九九一）は、万寿年間（一〇二四～二八）に、日向国諸県《もろかた》郡の島津駅近辺の土地を開発し、惟憲を通じてこれを宇治関白家（頼通）に寄進した。摂関家領荘園の中には、このように家司受領を仲介として成立した寄進地系荘園が多い（柴田房子一九七〇）。こうして成立した島津荘は、平安末～鎌倉初期には日向・大隅・薩摩に跨がる八千町の日本最大の荘園に発展することになる（『鎌倉遺文』二〇〇二・一六八四三号）。その季基は、長元二年（一〇二九）には、実資の家人であった大隅国司（姓不詳）守重との対立がきっかけで、大隅国の国庁・守館《かみのたち》・官舎等を焼き払う挙に出ている。こうした点からみれば、島津荘の設定（開発と寄進）に際しては、季基―惟憲―

頼通のラインと守重―実資のラインとの対抗関係があり（永山修一一九九五）、前者による開発・寄進は、後者と対立しつつ行われたことが分かる。この時に寄進されたのは、存外狭い範囲ではなかったかと思われるが、これを契機として、恐らくは院政期に広大な荘園へと成長したのであろう。

島津荘の成立に関して、もう一点注意しておきたいのは、季基が「無主荒野の地」を開発したと称していることである。こういった物言いは、一見、自分の開発の功績を強調するため、そして開発したことによる占有権を主張するためのようにも見えるが、どうもそうでもないらしい。島津荘の発祥地である都城盆地では、八世紀後半〜九世紀初頭に集落が営まれるようになり、九世紀半ばから一〇世紀前半に格段に増加するが、一〇世紀後半になると集落がほとんど見えなくなり、再び増加に転じるのは一二世紀に入ってからであるという（桒畑光博二〇〇九）。こうした趨勢を見れば、季基のいうように、当時、「無主荒野」が広がっていた可能性が大きい。一一世紀を「大開墾時代」と呼ぶことについては、先に述べた理由から疑わしいという見解もあるが、一〇世紀後半から一一世紀にかけての集落の発掘調査の結果は、「大開墾時代」「再開発時代」の存在をあらためて裏付けてくれるかも知れない。

耕地の荒廃

受領の収奪に晒されている地方の人々にとっては、尾張国郡司百姓等解文に代表されるような、受領訴追（苛政上訴《かせいじょうそ》）に立ち上がらざるをえない事態がしばしば生じた。その原因には、受領郎等の乱暴なども混じっていたが、根本的には受領による強圧的な徴税を契機とする場合が多い。受領は国内の耕地を名に編成し、負名から徴税するわけであるが、うまく納税できなかった場合には、耕作・占有権（作手《つくて》）を取り上げてしまう。先述したように一〇世紀に入ってからは、貴族や寺社などではない一般の人々の土地所有権は公的に認定されない仕組みになっていたので、負名に未納が生じると、その家族にも支払い責任が行き（飯沼賢司一九八四）、さらには、後に紹介する安芸国高田郡で進行した事態のように、私人間で取引されていた作手が没収されたり、他人を新しい負名とされてしまうのである。負名は、一年の納税さえ怠りなく済ませれば、居着くことも移住することも自由で、受領との関係はドライな契約関係とも言えるが、一旦受領に睨まれると、経営が破綻してしまうという危険と隣り合わせである。

もう一つの問題は耕地の維持である。受領の徴税が厳しいと、負名が逃散してしまうことは、尾張国郡司百姓等解文に見た通りである。そうした場合、新たな負名が見つからなければ（耕作を申請して来なければ）、その名は耕作放棄地となってしまう。当時の耕作状況は、これも先述した一一世紀半ばの大田犬丸名の七年分の結解（収支決算書）での作付けと収穫の状況から推測することが許されるならば、必ずしも安定したものとは言えなかった（稲垣泰彦一九六二）。しかも、これも前述したように、八・九世紀に存続した集落遺跡が、一〇世紀になると消えてしまう例が多く、中世の集落は一一世紀末頃から継続するようになる。となると、一〇世紀から一一世紀半ばにかけては、かなり広大な荒地が展開していた可能性があることになる。

開発領主秦為辰

荒地の拡がりを眼前にした受領の中には、有力な田堵に、一定の特権を認めた上での開発を期待する者もいた。たとえば、寛弘九年（一〇一二）和泉国符では、作手を所有していると称する富豪の輩は、実際には耕作しようとせず、その結果、かえって耕作しようとする者たちの妨げになっている、そもそも国衙から見れば作手は公認されたものではないのだから、荒廃させてしまった土地については、新規参入者の再開発申請を認め、彼らを負名として認める、という方針を打ち出している。また、現在の耕作を継続しながら、一方で開発を進める場合には、実役ではない臨時雑役を免除するほか、官米（普通は一段につき米三斗）のうち五升を免除するともいう（『平安遺文』四六二号）。この時の和泉守は、能吏として著名な源経頼であり、政府中枢の発想を代弁していると考えて良いだろう。

実際に開発が推進された例を挙げよう。播磨国大掾《だいじょう》兼赤穂《あこう》郡司であった秦為辰《はたのためたつ》は、自ら先祖相伝と称していた郡内の久富《ひさとみ》保を拠点に、承保二年（一〇七五）、周辺の住民延べ五千余人を動員して荒井溝を修築、荒田五〇町を開発し、国衙から私領とすることを認められた。さらに承暦三年（一〇七九）には、石井溝をも修築し、三〇町を私領としている（『平安遺文』一〇五九・一一一三・一一七一号）。但し、実際に開発し終えた面積はかなり少なく、開発を名目とした大土地占有といった観があるが。

ところで、こうして開発した私領は、周辺の農民に耕作させ、彼らから加地子という小作料（国衙からの免除分に相当する）を徴収するのが通例である（西谷地晴美一九八五）。仮に雑公事免等の特権を得たとしても、あるいは私領としての占有権を認められただけだとしても、それらの特権は、それを認めた国司が交替するとどうなるか分からない。そもそも私領自体が作手（占有耕作権）の集合に過ぎず、所有権とは言えないものであるから、開発者としての権利は、かなり覚束ないものと言わざるを得ない。そこで秦為辰は、開発したという実績にもとづく作手を確保すべく、嘉保元年（一〇九四）にいたって所領を白河上皇の乳兄弟であった播磨守藤原顕季《あきすえ》に寄進し、自らは久富保の公文職《くもんしき》・地主職を認めてもらうこととした。顕季の子長実は白河院の近臣であり、その娘得子（美福門院）は鳥羽天皇の寵愛を受けて女御、のち皇后となり、近衛天皇を生んだ。長実は先の所領を得子に譲り、保延二年（一一三六）に鳥羽院庁牒によって検注がなされ、得子の荘園となった（『平安遺文』二三三九号）。

立券荘号

今の例はやや時代が降ったものであるが、注目しておきたいのは「寄進」という行為である。開発者や、そうでなくとも作手の保持に不安を抱くものは、これを何らかの権威によって保証してもらいたくなるのは自然である。その際に考えられた権威とは、受領よりも上に立つものであり、院政期には事実上、院・女院、摂関家に限られる。彼らであれば、太政官から使者を現地に派遣させて荘園としての範囲を確定する「立券荘号《りっけんしょうごう》」という手続きを踏むことによって、太政官符と民部省符とにより公認された土地所有権を持つことができるからであり、これは受領によっては覆せないのである。土地は寄進されたので、それまで作手を持っていた者は、形式的には無権利となるが、寄進された側も、必ずしも自ら現地の経営に乗り出せるわけではないので妥協が成立し、寄進者は荘園の公文《くもん》等の下級荘官（下司）として従来通りの経営を続けることになる。

ここで肝腎なことは、実際に立荘される際には、既開発地だけでなく、広大な開発予定地を含み込むのが普通だったらしいことである（川端新一九九六）。単なる耕地片ではなく、領域的な一体性をもった荘園が、こうした「立荘」行為を通じて、権門の所有地として、白河・鳥羽院政期に確立されていった。

国衙領の再編成

以上に見てきたように、荘園整理の時代の受領は、一方で開発・再開発が待たれる荒地を目前にしつつ、一方では現地の荘園領主側の人間達と熾烈な闘争を展開していた。在庁官人・郡郷司（両者は事実上同一の階層であり、ただ単に後者が地域分担をしているに過ぎない）を指揮しつつ徴税を実現しなければならない身としては、何とか任初には荘園を停止し（国司申請の荘園整理令）、任終には後難を恐れて（なにしろ受領功過定や、次の除目が控えており、有力者の顔色を窺わなければならない）再び免除を認めるといった（国免荘）やりくりをしていくことになるが、徴税のために在庁以下を叱咤激励し続けると、彼らが離反して荘園領主側につかないともかぎらず、また、なまじいに開発を奨励しても、その成果をごっそり荘園領主の側に持って行かれてはたまったものではない。そこで、一一世紀の後半になると、在庁官人・郡郷司たちに、一定の免税特権（雑公事免除や官物の一部免除）を与えて、受領の側に取り込もうとした。受領と負名とが直接対峙する負名体制を揚棄して、中間に新たな請負層を人工的に創り出そうとしたのである。結果的には郡司・郷司・保司・院司といった肩書きを持って受領に奉仕する人々に、数十町規模の領域からの収取を任せてしまうことになった。

そうなる過程はさまざまに考えられるが、一つの例として安芸国高田郡の場合を挙げることができる。ここでは一一世紀の後半に入った頃から、郡郷司や書生、刀禰《とね》、公文《くもん》といった徴税に携わる役人たちが、未納分の代わりに負名から所領（「相伝私領」等と記されているが、作手であろう）を没収し、それを自らの経営地に組み込んでいたようである。一二世紀に入ると、そうしてかき集められた所領は三田郷・風早郷に関しては「別符重行名《べつぷしげゆきみょう》」という九〇町規模の「名」（別名《べつみょう》）にまとめられ、高田郡司藤原氏の所領とされた。受領側からいえば、その土地からの収入を藤原氏に保証してもらいたかったのである。ところが、もともと税滞納の土地を集めたものだからか、経営は順調とはいいがたく、藤原氏はその所領をまとめて中原氏に預け、権門への寄進を画策した。結果的には厳島神社の社領に納まるが、受領から見れば、免税率の算定を誤った結果、広大な公領を失ってしまったことになろう（坂上康俊一九八五）。

高田郡の場合は失敗したが、このような試みがうまくいくと、郡郷司、院司・保司たちは、自分の徴税＝納税担当領域に一括して一定の免税措置を受け、受領のもとでの請負層を構成することになる。この担当領域を「郡（分）」とか「郷（分）」「院」「保」などと呼び、また起請田《きしょうでん》と呼ぶ場合もあった。因幡守に任命された平時範《ときのり》が任国に下向した際に記した『時範記《じはんき》』康和元年（一〇九九）三月二日条には、「諸郡司等、一把半利田《わりでん》の請文《うけぶみ》を出す」とあり、翌日条には「未剋《ひつじのとき》、宇倍宮（因幡国の一宮）に詣《いた》る。奉幣《ほうへい》し、告文《ごうもん》を読ましむ。件の文に利田起請《きしょう》の趣を載す」とある。一把半利田の請文とは、徴税を担当する田地の一割五分を控除されたならば納税を請け負う旨を郡郷司、院司・保司が誓約（起請）した文書であり、その内容を受領が神に告げることで、郡郷司たちが当該受領の任期中に納入すべき毎年の税額が決定されるのである（佐藤泰弘一九九二）。起請の対象になった土地は起請田とも呼ばれ、もちろん控除分が、郡郷司たちの利得となる。起請田となったら検田は行わないから、一定の納税を果たせば、事実上、不入の特権を得るに等しい。

在庁たちには、「御館分田《みたちぶんでん》」などと呼ばれる在庁名・在庁別符名が割り当てられ、これも一種の免田として受領への奉仕の代償とされた。こういったさまざまな方策を通じて受領は公領（国衙領）の確保に努め、政府からのさまざまな要求に応えたのである。鎌倉時代の大田文《おおたぶみ》に見られるところでは、こうして残された公領は、地域によってばらつきはあるが、総体としてはほぼ荘園に匹敵する面積を維持していた。

4―そして舞台は回る

前九年合戦

永承五年（一〇五〇）、都から遠く離れた陸奥国で、陸奥守《むつのかみ》藤原登任《なりとう》と秋田城介《あきたじようのすけ》平繁（重）成とが連合して、奥六郡《おくろくぐん》（胆沢《いさわ》・和賀《わが》・江刺・稗貫《ひえぬき》・志波《しわ》・岩手の諸郡）の「六箇郡の司」を自称し、衣川関《ころもがわのせき》を越えて南進してきた安倍頼良《よりよし》と戦い、敗れるという事件が起こった（鬼切部〈宮城県鳴子町鬼首《おにこうべ》〉の合戦）。『陸奥話記《むつわき》』では、ここから前九年合戦を説き起こしている。翌年には、頼良の動きは叛乱と認定され、これを討たせるために源頼義《よりよし》が陸奥守に任命されて下向していった。天喜《てんぎ》元年（一〇五三）に入ると、源頼義は鎮守府将軍《ちんじゆふしようぐん》をも兼ねた。天喜二年には、安倍頼良の息子の貞任《さだとう》が頼義の陣営を襲うなど、不穏な動きもあったが、先述の鬼切部事件に関しては、上東門院彰子の病気平癒を願う大赦によって、頼義の着任直後の五月には不問に付されており、頼良自身は、源頼

図43『前九年合戦絵巻』

義と名前が音通なのを憚《はばか》って、頼時と改名するなど恭順の意を示すことに努め、なんとか頼義の機嫌をとっていた。ところが陸奥守・鎮守府将軍頼義の任期終了直前の天喜四年（一〇五六）早春に、陸奥国の在庁官人父子が襲撃され、頼時の息子の貞任に嫌疑がかかるという事件が起こり（阿久利《あくと》川事件）、安倍氏側は衣川関を閉じ、戦闘態勢を整えた。そこで朝廷では、同年八月に追討宣旨《ついとうせんじ》を発し、一旦任命していた後任の陸奥守をよそに転任させ、一二月、源頼義を陸奥守に再任、あらためて安倍頼時追討を命じた。

こうなると頼義は、受領のキャリアの一階梯として安倍頼時を討たざるを得なくなる。頼時は戦傷を受け、天喜五年七月、鳥海《とのみ》柵（岩手県胆沢郡金ケ崎町。八木光則一九八九）で死去したので、その遺志は貞任・宗任《むねとう》らの兄弟に引き継がれることになり、一一月、黄海《きのみ》（東磐井郡藤沢町）での戦闘で、迎え撃つ貞任軍四千余人が、輜重《しちょう》を軽視して風雪の中を進んできた頼義軍千八百余人を撃破するなど、安倍氏側優勢に推移した。頼義は、東海・東山の諸道から兵士や兵糧を調達したり、出羽の清原光頼《きよはらみつより》・武則《たけのり》らとの連携を模索することになる。

そうこうしているうちに、陸奥守頼義の二度目の任期が切れてしまい、康平《こうへい》五年（一〇六二）春には、新任の陸奥守として高階経重《たかしなつねしげ》というごく普通の貴族が任命され、着任してきた。しかし、このままでは頼義は、期待されていた役割を果たしていないことが明白であり、また事態を処理しきれないことを悟った経重は、さっさと帰洛してしまう。そこで既に前司となっていた頼義は、「出羽山北の俘囚の主」清原武則に要請して、公称一万の援軍を率いて陸奥に来てもらい、翌年九月、衣川関、ついで鳥海柵で安倍貞任軍を連破、厨川柵《くりやがわ》（盛岡市）で貞任を討ち取り、その数日後には弟の宗任の投降をみた。

康平六年（一〇六三）二月、貞任らの首級が都に届けられると、頼義は直ちに正四位下を授けられて伊予《いよ》守に任じられ、息子でともに戦った義家《よしいえ》（八幡太郎《はちまんたろう》）は従五位下出羽《でわ》守に、そして援軍を率いてきた清原武則は従五位下鎮守府将軍になった。おそらくは鎮守府将軍を望んでいただろう義家は、この人事に不満で、翌年、伊予にいる頼義に親孝行するには出羽は遠すぎるとして、さっさと出羽守を辞任しようとしたが、代わりに望んだのが越中《えっちゅう》守というのでは（『朝野群載《ちょうやぐんさい》』巻二二）、ちょっと皮肉がすぎると言うべきか。結局この希望は叶えられなかったようである。

図44　安倍宗任の墓
（筑前大島）

頼義の帰洛は、康平七年三月のことになるが（残党の始末と配下への恩賞の処理に手間取ったらしい。『本朝続文粋《ほんちょうぞくもんずい》』巻六　治暦《じりゃく》元年頼義上疏文《じょうそぶん》）、なんとか面目を保ったという次第である。頼義が、鎌倉由比郷に石清水八幡宮を勧請《かんじょう》したのは康平六年八月のことと伝えられているが（『吾妻鏡《あづまかがみ》』治承《じしょう》四年一〇月一二日条）、「勅定《ちょくじょう》を奉《うけたまは》りて安倍貞任を征伐するの時、丹祈《たんき》の旨《むね》ありて」そうした、というのは、時期的に見て、帰洛途中の報賽《ほうさい》ででもあったのだろうか。これに義家が修復を加え、後の鶴岡《つるがおか》八幡宮になっていく。

頼義の陸奥守任命から貞任が討たれるまで、一二年かかったことになり、だからこそ『吾妻鏡』承元《しょうげん》四年（一二一〇）一一月二三日条や『古今著聞集《ここんちよもんじゆう》』には「十二年（の）合戦」、慈円《じえん》の『愚管抄《ぐかんしょう》』にも「十二年のたたかひ」とあり、鎌倉時代の末に成立した『平家物語』『保元物語』あたりから「前九年」の呼称が現れるという（関幸彦二〇〇六）。結局、頼義のキャリアの一二年が陸奥で連続して費やされたことになるが、この間に頼義・義家親子と東国の武士たちとの間で培われた主従関係が、その後の武家の棟梁としての源氏の財産となったことは言うまでもない。

この後奥州は、院政期に入ろうかという永保《えいほう》三年（一〇八三）に、源義家が陸奥守兼鎮守府将軍に任じられ、清原武則の子孫の中で起こった内紛に介入して、後三年合戦（一〇八三〜八七）が繰り広げられるまで、鎮守府将軍家としての清原氏のもとで小康状態を得たのであった。

末法到来

最澄が『顕戒論《けんかいろん》』であらためて主張し、その後、日本で主流となった正法《しょうほう》・像法《ぞうほう》・末《まっ》法《ぽう》の数え方に従えば（田村圓澄一九六三）、永承七年（一〇五二）が末法第一年に当たる。この年三月、藤原頼通は、河原左大臣《かわらのさだいじん》源《みなもとのとおる》融の別荘に淵源を持ち、その後、宇多法皇―敦実《あつみ》親王―源重信と代々継承されてきたのを買い入れた道長から伝領していた宇治の別荘を寺とし、平等院《びょうどういん》と命名した（福山敏男一九八八）。翌年二月には定朝《じょうちょう》の造った阿弥陀如来像が平等院に運び込まれ、三月四日、阿弥陀堂（鳳凰堂《ほうおうどう》）の落慶供養《らっけいくよう》が営まれる。

しかしその一方で、興福寺・法成寺《ほうじようじ》など、名だたる伽藍の焼失が相継いだ。たとえば興福寺は、寛仁元年(一〇一七)、塔と東金堂とを落雷により失ったが、長元四年(一〇三一)に再建、永承元年(一〇四六)には北円堂・唐院・伝法院を除く殆どの堂舎を焼失したが、藤原氏出身の受領に負担させて同三年には再建された(『造興福寺記《ぞうこうふくじき》』)。ところが翌年には先年焼け残っていた三カ所が焼失、天喜三年(一〇五五)には講堂と僧坊とを焼失し、康平三年にも大火災に遭い、治暦元年(一〇六五)に再建供養が執り行われている。法成寺の方は、康平元年(一〇五八)に焼亡し、頼通は木幡《こわた》の道長の墓にこれを報告させ、翌年には阿弥陀堂・五大堂の落慶供養を挙行、治暦元年には金堂・薬師堂などの再建供養が行われ、時の後冷泉天皇の臨席を仰いだ。

たびたびの火災に遭いながらも、そのたびに再建されているのは、当時の摂関家および藤原氏総体の財政的ゆとりのたまものであるが、それにしても内裏・里内裏の連年の焼失(明らかな放火も混じっている)は、まるで箍《たが》が外れたようなありさまである。延暦寺や興福寺の衆徒が何かにつけて強訴する風潮も、一一世紀前半には起こっていた。

頼通退場

興福寺・法成寺の再建を一応成し遂げ、後冷泉天皇の平等院行幸を迎え、准三宮となった頼通は、これを潮時とばかりに治暦三年(一〇六七)一二月、関白の辞任を申し出る。道長の意向は、頼通の次は教通《のりみち》にというものであったとの、姉の彰子の申し入れに、しぶしぶ従ったとも言われている。頼通は、これまで通りに政事の諮詢に預かるようにとの勅命は受けるものの、翌年正月には弟の教通が関白に任じられた。その任命者たる後冷泉は、同年四月に歿し、ここに外戚関係の無い後三条天皇の即位を見た。三五歳の壮年である。まるで舞台が一回りし、今まで陽の当たらなかった役者たちが一斉に躍り出るような気配が漂う。

後三条天皇は延久元年（一〇六九）、荘園整理令を発出、寛徳二年以後の新立荘園を禁止し、特に太政官に記録荘園券契所《きろくしょうえんけんけいしょ》を設けて、厳密な書類審査を図った。宣旨枡《せんじます》の制定など、積極的な政策を進めながらも、病気がちであった天皇は、延久四年（一〇七二）に貞仁《さだひと》親王に譲位した（白河《しらかわ》天皇）。譲位後も後の院政期に匹敵するほどの規模の院蔵人所を設置するなど、政治への関心を失わなかったとみられる後三条上皇の、院政への展望の有無は議論があるところであるが、結局は四〇歳の若さで死去してしまう。延久六年二月、藤原頼通が八三歳で死去、八月に改元して承保元年となったその年の一〇月に上東門院彰子が八七歳で死去、ここに摂関時代の立役者が消え去ったのであった。

摂政・関白になれる家筋としての摂関家が確立し、それ以下の大臣を極官とする家格などが次第に固まりつつある間に（橋本義彦一九七六）、官司請負制など特定の家筋が朝廷の職務を世襲する傾向も強まっていく（曽我良成一九八三、佐藤進一一九八三）。次の世代はどのようなレジームを作っていくのか、世の中全体が煮詰まってしまったような、漠然とした「末代」「澆季」の予感・不安の中で、強力なリーダーシップを握った白河・鳥羽・後白河の三上皇による院政が展開していくことになるが、その世界は、もはや本巻の対象からは外れている。

摂関時代を振り返る——エピローグ

九世紀後半から一一世紀半ばにかけて日本で展開した摂関政治と地方社会の状況というテーマに絞って、その概要を述べてきた。この時代に生じた事象として触れられるべきテーマは他にも多い。都市平安京の変貌は言うまでもなく、家族や一族結合の様相、貴族や庶民の日常生活、文学や美術といった芸術の生まれ出るさま、そして神仏習合から王権を支えるイデオロギーまでの思想・宗教世界、陰陽道・ケガレなど習俗・呪術の明暗などがすぐに思い浮かぶが、こういった当時の人々の主として内面世界については、不敏な著者の分け入ることのできる分野ではない。ただひたすら制度や事件など、外面に現れた事象を、ほぼ二〇〇年の時間軸の中に位置づけ、大まかな流れを描いてみたに過ぎない。

さて、九世紀後半から一〇世紀半ばにかけての貴族政権は、確かに地方社会の変容ぶりを的確に把握し、律令制度の杓子定規《しゃくしじょうぎ》な運用は放棄して、受領制度という効率的な富の収取・再分配の仕組みを確立した。これを十分以上に駆動させることによって、道長から頼通の時代の貴族社会の繁栄がもたらされたと言える。

しかし、この二〇〇年間に貴族政権の政治的判断力、ひいては統治能力には、一種の空洞化が生じていたように思えてならない。本文第四章の末尾で少し紹介しておいたエピソードを、ここでもう少し詳しく見てみよう。承暦《じょうりゃく》三年（一〇七九）一一月、高麗《こうらい》国王の文宗《ぶんそう》の意を受け、同国の外交をつかさどる礼賓省《れいひんしょう》が、国王の風疾《ふうしつ》（中風）を治療してくれる医者を派遣してくれないかという依頼状を、日本・高麗間を往復していた商人に託して届けてきた。これを承けて何度も公卿会議が開催されたのだが、その様子を記録した大納言源俊房《としふさ》の『水左記《すいさき》』や権中納言源経信《つねのぶ》の『帥記《そちき》』といった当時の貴族の日記によれば、最初の陣定では派遣積極派が多数を占め、二度目の陣定でも、人道的な配慮が必要ということで、具体的な医師名まで挙げており、貴族たちはどちらかといえば派遣しても良いと考えていたようである。三度目の陣定では、治癒できなかったら恥になるという心配が頭をもたげてはきたが、それでも派遣してはどうかとの意見がかなりあった。そもそも何度も再審議を命じること自体が、白河天皇の消極姿勢を現わしているのかもしれないが、天皇は医師の意向を尋ねるように命じてもいるので、頭から反対というわけでもなかったようである。ところが、当の医師達が尻込みしてしまい、結局のところ、当時関白左大臣であった藤原師実《もろざね》の夢に父の故頼通が現れ、派遣を控えるように指示したということが師実から披露され、これが流れを決定してしまった。このあとでは、何故派遣できないか、派遣すべきでないかということを如何に回答文に盛り込むかというテーマに問題が矮小化され、高麗の文書の中の自尊意識が現れた部分をあげつらい、大江匡房《おおえのまさふさ》の「扁鵲《へんじゃく》（中国古代の伝説上の名医）、いずくんぞ鶏林《けいりん》（本来は新羅を指すが、ここでは高麗のこと）の雲に入るを得んや」、つまり「お前の所になぞ名医が遣《や》れるか！」という捨てぜりふで、この交渉にケリをつけたのであった。

医師たちが尻込みしたのは本当だろう。治療できなかったら確かに恥ずかしいことになるだろう。派遣する義理はないという理屈も分からないではない。ただここで注目したいのは、最後の瞬間の直前まで、「積極的孤立主義」の方針について議論された形跡が無いということである。この経緯を書き記していた『水左記』と『帥記』という二つの日記が、たまたま残っていたから良いものの、そうでなくて『本朝続文粋《ほんちょうぞくもんずい》』巻一一に採られた大江匡房の回答文のみが残されていたとしたら、高麗の中華意識を敏感に嗅ぎとり、的確かつ断固として拒否した案件として記憶されたことだろうが、事実はそうではないのである。

「行かせなくていいんじゃないか」という、明確な根拠も示されない関白の判断が下れば、公卿のだれも「何故?」と問うことなく自説を放棄してしまう。議論は議論として一応の意見は述べるが、本音はだれも結論に関わりたくないのである。その雰囲気を察する役割が関白には求められ、関白は夢判断を持ち出して、雰囲気を目に見える形にする。この過程のどこにも、経験を踏まえて眼前の課題への対応策を検討する姿勢は窺えない。新しい判断・施策は、とりあえず避けておいた方が良さそうだという、そういう姿勢のみが印象に残ることになる。換言すれば、かつて行っていたように処置すれば、ひどいことにはならないだろう、という発想である。これを更に言い換えれば、成功体験の呪縛といっても良い。一一世紀半ばまでの貴族たちが、東アジアの緊張の中で、個々の外交案件を処理してきた、その結果、特段の問題が生じてはいないので、一一世紀の後半に生きている我々も、これまで採られた「かかわらない」という方針を墨守さえしていれば、当面の責任を回避できるだろうという発想である。

この成功体験依存症は、実はもっと深刻な方面で重篤になりつつあった。それは、軍事力の編成の方面である。将門・純友の反乱の際、朝廷は一応征討軍の首脳部を任命するが、その軍事力については、朝廷の責任で組織するというよりはむしろ、位階、そして受領の地位などをちらつかせて軍首脳部に編成させるものであり、実際に直接に朝廷からの征討の恩賞に預かったのは、際だった活躍をした秀郷・貞盛・経基ら、少数の名だたる者たちに限られていた。律令制下の兵士に対するような軍功制度（単純に言えば、討ち取った首の数に比例して勲位《くんい》が上がり、さまざまな負担の免除と社会的地位とが約束されるというもの）は放棄されて久しく、殊勲者を褒賞しておけば、あとは彼らが自身の才覚で部下を養うだろう、そういう暗黙の前提で組み立てられた軍事力であった。受領が国内で編成する軍事力と同様、その編成の内実に朝廷は立ち入らないのである。

問題は、それでなんとか天慶の乱が収まってしまったことにある。ほぼ一〇〇年後の平忠常の乱も、性格は違うが刀伊の来襲も、基本的にこれで始末してしまった。それでも兵が将についていったのは、将個人がそれなりに兵の面倒を見たからである。あるいは、直接面倒を見なければならない兵をできるだけ絞っていたからだろう。功成った将は、前九年合戦を切り抜けた頼義がそうしたように、受領としての収益で兵を養った。後三年合戦を私戦と見なされ、平定したのに朝廷からなんらのご褒美にも預かれなかった義家は、苦しい中から兵たちを扶養せざるを得なくなったが、これが源氏の棟梁の声望を高めたのは当然であり、こうした棟梁と兵との結合は、生死を共にするだけに、朝廷の設けた善・悪、正・不正、公・私の枠を、軽く乗り越えてしまう。こういった紐帯を棟梁と兵の間に作らせたのは、朝廷の方針そのものであると言わざるを得ない。

一一世紀半ばまでは、これで何とかなった。問題は、そのあとであろう。軍事力編成を将帥個人にまかせることは、やがては国家のもつ暴力的な側面、つまり警察などの治安維持能力や、ひいては徴税能力までその将帥に委ねてしまうことになりかねない。なによりその将帥が朝廷の干渉をうけないところで自己の権力基盤を自在に編成することを、認め続けることにこそ問題があろう。天慶の乱以降の争乱は、「兵《つわもの》の家」の誕生伝説として武者の追憶の対象となっていったが、むしろ、その平定の過程、成功体験が、後世の朝廷の対応を規制してしまったことの方を重視してしかるべきではあるまいか。

統治という観点から見ると、朝廷は国内統治を受領個人に任せ、受領は耕作・納税を負名個人に任せ、その関係に問題が生じた場合は、特定の有力武者の暴力に任せる。この関係の中では、生産の場で律令国家が曲がりなりにも標榜していた国家の公的機能は、そのすべての影を潜めるのであった。公出挙に象徴される勧農はもちろん、灌漑や開発など、生産の現場で具体的に要請される諸機能は、有力な個人の請負に丸投げされるか放棄される、そういった時代が一定程度続いたことを率直に認めるべきであろう。当時の村落像の希薄さは、こうした状況を反映していると考える。

もちろん朝廷では五穀豊穣を祈り、災厄を除く法会や奉幣を欠かすことはなく、神事・仏事の用途には、正蔵率分や永宣旨料物などのように、歳入の一部を優先的に確保してあった。むしろこれのみが、利害関係が鋭く対立する諸権門から構成され、その利害関係の調整すらままならない朝廷が、自らの存立の正当性の根元的な拠り所としたものというほうが相応しく、いかにその意識形態《イデオロギー》の中に社会を包み込んでいくかが、実は彼らの最大の課題だったという方が的確なのかもしれない。摂関家や、後には上皇（院）による狂躁的なまでの造寺・造仏、そして法会の盛行は、受領の奉仕の拡大、大規模な寄進地系荘園の成立、荘園公領制への道程と表裏の関係にあり、だからこそ同時代に起こっているのである。浄土教も末法思想も、この流れを創り出すための道具立ての一つという言い方すらできよう。

最後に注意しておきたいのは、律令制の支配システムが崩れていく中で、太政官制や国郡制などの本来の律令制度の外観を残しながらも、上は摂関、蔵人から、家司・受領や軍事貴族、在庁官人あるいは負名に典型的なように、もっぱら個人的な資質・能力を見出し、それを自在に組み合わせることで秩序を維持し、支配システムを運営していくことが、この時代に顕著になってきたことである。官僚制的な仕組みと対比させて、これを私的な関係の展開と表現することもあるが、日本古代にあっては、公・私は対立概念ではなくて方向性を示すもの、究極の「公」に天皇を置き、その中心からの距離によって判定される相対的な観念であること（より天皇に近い方が「公」）を想起すれば、むしろ個人的、パーソナルな関係の展開と表現する方が誤解が無い。やがてこの個人的な関係は、世襲的に継承されるようになり、上は貴族の家格の形成、家による官司請負から、下は在地領主の生成や名主・村落結合の成熟など、社会の階層化・系列化が進んでいくことになる。

参考文献

プロローグ

石井　進　一九六九「中世成立期の軍制」（『石井進著作集　第五巻　鎌倉武士の実像』岩波書店、二〇〇五年）

石井　進　一九七〇「院政時代」（『石井進著作集　第三巻　院政と平氏政権』岩波書店、二〇〇四年）

石井　進　一九七〇「荘園寄進文書の史料批判をめぐって」（『石井進著作集　第七巻　中世史料論の現在』岩波書店、二〇〇五年）

石井　進　一九七六「中世社会論」（『石井進著作集　第六巻　中世社会論の地平』岩波書店、二〇〇五年）

石井　進　一九九一「荘園の領有体系」（『講座日本荘園史2　荘園の成立と領有』吉川弘文館）

石上英一　一九八二「日本古代一〇世紀の外交」（『東アジア世界における日本古代史講座7』学生社）

大石直正　一九七〇「平安時代後期の徴税機構と荘園制」（『東北学院大学論集（歴史学・地理学）』一号）

大津　透　一九九〇「平安時代収取制度の研究」（『律令国家支配構造の研究』岩波書店、一九九三年）

大津　透　一九九三「律令国家の展開過程」（『律令国家支配構造の研究』岩波書店、一九九三年）

鎌倉佐保　二〇一三「荘園制と中世年貢の成立」（『岩波講座日本歴史』第6巻　中世1）

川端　新　一九九七「公家領荘園の形成とその構造」（『荘園制成立史の研究』思文閣出版、二〇〇〇年）

黒板勝美　一九〇八『国史の研究』文会堂書店（更訂版　岩波書店、一九三一〜三六年）

黒田俊雄　一九六三「中世の国家と天皇」（『黒田俊雄著作集　第一巻』法蔵館、一九九四年）

坂本賞三　一九七二『日本王朝国家体制論』（東京大学出版会）

桜井英治　二〇一三「中世史への招待」（『岩波講座日本歴史』第6巻　中世1）

佐々木宗雄　一九九四『日本王朝国家論』（名著出版）
佐藤泰弘　一九九三「立券荘号の成立」（『日本中世の黎明』京都大学学術出版会、二〇〇一年）
下向井龍彦　二〇〇一『日本の歴史7　武士の成長と院政』（講談社。のち講談社学術文庫、二〇〇九年）
高尾一彦　一九五六「荘園と公領」（歴史学研究会・日本史研究会編『日本歴史講座』第二巻、東京大学出版会）
竹内理三　一九五二「貴族政治とその背景」（『竹内理三著作集　第五巻　貴族政治の展開』角川書店、一九九九年）
竹内理三　一九五四「藤原政権と荘園」（『竹内理三著作集　第五巻　貴族政治の展開』角川書店、一九九九年）
土田直鎮　一九六一「摂関政治に関する二、三の疑問」（『奈良平安時代史研究』吉川弘文館、一九九二年）
土田直鎮　一九六五『日本の歴史5　王朝の貴族』（中央公論社。のち中公文庫、一九七三年）
土田直鎮　一九七四「平安時代の政務と儀式」（『奈良平安時代史研究』吉川弘文館、一九九二年）
土田直鎮・永井路子・早川庄八　一九七四「座談会　律令と日本人」（『日本の歴史』月報四、小学館）
戸田芳実　一九六七『日本領主制成立史の研究』（岩波書店）
戸田芳実　一九七〇「国衙軍制の形成過程」（『初期中世社会史の研究』東京大学出版会、一九九一年）
戸田芳実　一九八六「初期中世武士の職能と諸役」（『初期中世社会史の研究』東京大学出版会、一九九一年）
中田　薫　一九〇六「王朝時代の庄園に関する研究」（『法制史論集　第二巻』岩波書店、一九三八年）
永原慶二　一九六八「日本の中世社会」（『永原慶二著作集　第一巻』吉川弘文館、二〇〇七年）
西谷正浩　二〇〇六『日本中世の所有構造』（塙書房）
北條秀樹　一九七五「文書行政より見たる国司受領化」（『日本古代国家の地方支配』吉川弘文館、二〇〇〇年）
村井康彦　一九六五『古代国家解体過程の研究』（岩波書店）
元木泰雄　一九九四『武士の成立』（吉川弘文館）

森　　克己　一九七五『日宋貿易の研究』（国書刊行会）
森田　悌　一九八〇『研究史　王朝国家』（吉川弘文館）
吉川真司　一九九五「摂関政治の転成」（『律令官僚制の研究』塙書房、一九九八年）
吉田　孝　一九八八『大系日本の歴史３　古代国家の歩み』（小学館）
吉村茂樹　一九三四「藤原氏の栄華と院政」（国史研究会編『岩波講座日本歴史』）
龍福義友　一九七七「平安中期の例」（『日本の思考』平凡社、一九九五年）

第一章

北村有貴江　二〇〇〇「贈官としての太政大臣」（『寧楽史苑』四五）
黒田日出男　二〇〇二『謎解き　伴大納言絵巻』（小学館）
河内祥輔　一九八六『古代政治史における天皇制の論理』（吉川弘文館）
坂上康俊　一九九三「関白の成立過程」（笹山晴生先生還暦記念会編『日本律令制論集』下巻、吉川弘文館）
坂上康俊　二〇〇三「初期の摂政・関白について」（笹山晴生編『日本律令制の展開』吉川弘文館）
笹山晴生　一九九七「滝口の武者」（『白山史学』三三）
佐々木恵介　二〇一四『日本古代の歴史４　平安京の時代』（吉川弘文館）
佐藤宗諄　一九六四「平安初期の官人と律令政治の変質」（『平安前期政治史序説』東京大学出版会、一九七七年）
佐藤全敏　一九九八「『為房卿記』と政務文書」（五味文彦編『日記に中世を読む』吉川弘文館）
関晃・熊田亮介　一九八九『狩野文庫本　類聚三代格』（吉川弘文館）
曽我良成　一九九四「王朝国家期政務研究の現状と課題」（『歴史評論』五二五）
竹内理三　一九六五『日本の歴史６　武士の登場』（中央公論社。のち中公文庫、一九七三年）

玉井　力　一九七五「九・十世紀の蔵人所に関する一考察」（『平安時代の貴族と天皇』岩波書店、二〇〇〇年）
角田文衛　一九六八「二条の后　藤原高子―業平との恋」「あやなくの恋―二条の后　藤原高子」「陽成天皇の退位」（いずれも『王朝の映像』東京堂出版、一九七〇年）
角田文衛　一九七一「平安内裏における常御殿と上御局」（『角田文衛著作集』四、法蔵館、一九八四年）
時野谷滋　一九七七「年給制度の研究」（『律令俸禄制度の研究』吉川弘文館）
所　京子　一九六八「「所」の成立と展開」（『平安朝「所・後院・俗別当」の研究』勉誠出版、二〇〇四年）
虎尾俊哉　一九六四『延喜式』（吉川弘文館）
虎尾俊哉　一九八五「「延喜式覆奏短尺草」について」（『国立歴史民俗博物館研究報告』六）
西本昌弘　一九九八「「蔵人式」と「蔵人所例」の再検討」（『日本古代の年中行事と新史料』吉川弘文館、二〇一二年）
藤田佳希　二〇一五「源経基の出自と『源頼信告文』」（『日本歴史』八〇五）
藤原克己　一九八三「平安朝の知識人」（『菅原道真と平安朝漢文学』東京大学出版会、二〇〇一年。「詩人鴻儒菅原道真」と改題）
古尾谷知浩　一九九三「『蔵人所承和例』に関する覚書」（『史学論叢』一二）
星野　恒　一九〇〇〜一九〇一「世ノ所謂清和源氏ハ陽成源氏ナル考」（『史学叢説第二集』富山房、一九〇九年）
古瀬奈津子　一九八七「昇殿制の成立」（『日本古代王権と儀式』吉川弘文館、一九九八年）
村井康彦　一九六三「元慶官田の史的意義」（『古代国家解体過程の研究』岩波書店、一九六五年）
目崎徳衛　一九七〇「文徳清和両天皇の御在所をめぐって」（『貴族社会と古典文化』吉川弘文館、一九九五年）
桃　裕行　一九四七『桃裕行著作集1　上代学制の研究』（思文閣出版、一九九四年）
山本信吉　一九七二「平安中期の内覧について」（『摂関政治史論考』吉川弘文館、二〇〇三年）

吉川真司　一九九七「女房奉書の発生」(『律令官僚制の研究』塙書房、一九九八年)

第二章

赤松俊秀　一九六六「領主と作人」(『古代中世社会経済史研究』平楽寺書店、一九七二年)
石井　進　一九六九「中世成立期の軍制」(『石井進著作集　第五巻　鎌倉武士の実像』岩波書店、二〇〇五年)
石母田正　一九五六「将門の乱について」(『石母田正著作集7古代末期政治史論』岩波書店、一九八九年)
稲垣泰彦　一九六二「初期名田の構造」(『日本中世社会史論』東京大学出版会、一九八一年)
井上寛司　一九七一「刀禰の成立と展開」(『待兼山論叢』四)
入間田宣夫　一九七六「平安時代の村落と民衆の運動」(『百姓申文と起請文の世界』東京大学出版会、一九八六年)
上島　享　二〇一〇「中世王権の創出とその正統性」(『日本中世社会の成立と王権』名古屋大学出版会)
大石直正　一九七三「平安時代の郡・郷の収納所・検田所について」(豊田武教授還暦記念会編『日本古代・中世史の地方的展開』吉川弘文館)
大津　透　一九九三「力役制度の展開」(『律令国家支配構造の研究』岩波書店)
大津　透　二〇〇三「律令制的人民支配の特質」(『日唐律令制の財政構造』岩波書店、二〇〇六年)
大津　透　二〇一五「財政の再編と宮廷社会」(『岩波講座日本歴史』第5巻　古代5)
小田和利　一九九六「製塩土器からみた律令期集落の様相」(『九州歴史資料館研究論集』二一)
小原嘉記　二〇一一「中世初期の地方支配と国衙官人編成」(『日本史研究』五八二)
勝山清次　一九八七「公田官物率法の成立とその諸前提」(『中世年貢制成立史の研究』塙書房、一九九五年)
加藤友康　一九八八「九・一〇世紀の郡司について」(『歴史評論』四六四、一九八八年)
鐘江宏之　一九九四「平安時代の「国」と「館」」(佐藤信他編『城と館を掘る・読む』山川出版社)

川尻秋生　一九九四「平安時代における格の特質」（『日本古代の格と資財帳』吉川弘文館、二〇〇三年）
川尻秋生　二〇〇七『戦争の日本史4　平将門の乱』（吉川弘文館）
木村茂光　一九七五「王朝国家の成立と人民」（『日本初期中世社会の研究』校倉書房、二〇〇六年）
木村茂光　二〇一四「住人等解と住人身分」（『日本中世百姓成立史論』吉川弘文館）
黒田弘子・鈴木哲雄・峰岸純夫　二〇一三「座談会　日本史の論点・争点　御成敗式目四二条論」（『日本歴史』七八四）
斉藤利男　一九七八「『住人・百姓等』と荘園制の形成」（『高野山史研究』一号）
斉藤利男　一九七九「十一～十二世紀の郡司・刀禰と国衙支配」（『日本史研究』二〇五、一九七九年）
坂井秀弥　一九九六「東日本における古代集落の展開」（『古代地域社会の考古学』同成社、二〇〇八年）
坂上康俊　一九八五「負名体制の成立」（『史学雑誌』九四―二）
坂上康俊　二〇〇一『律令国家の転換と「日本」』（講談社。のち講談社学術文庫、二〇〇九年）
坂本賞三　一九六九「公田官物率法の成立」（『日本王朝国家体制論』東京大学出版会、一九七二年）
佐藤泰弘　一九九〇「徴税制度の再編」（『日本中世の黎明』京都大学学術出版会、二〇〇一年）
佐藤泰弘　一九九二「国の検田」（『日本中世の黎明』京都大学学術出版会、二〇〇一年）
佐藤泰弘　一九九三「立券荘号の成立」（『日本中世の黎明』京都大学学術出版会、二〇〇一年）
佐藤泰弘　二〇〇二「受領の成立」（吉川真司編『日本の時代史5　平安京』吉川弘文館）
下向井龍彦　二〇〇一『日本の歴史7　武士の成長と院政』（講談社。のち講談社学術文庫、二〇〇九年）
下向井龍彦　二〇一一『純友追討記』（山川出版社）
高田　実　一九六八「中世初期の国衙機構と郡司層」（『東京教育大学文学部紀要　史学研究』六六）
高島英之　一九九七「墨書土器が語る在地の信仰」（『古代出土文字資料の研究』東京堂出版、二〇〇〇年）

高島英之　二〇〇五「古代東国集落遺跡出土人面墨書土器再考」（『古代東国地域史と出土文字資料』東京堂出版、二〇〇六年）
高橋浩明　一九八七「伊賀国薦生牧争論と十世紀の郡司制」『国史学』一三一
高橋昌明　一九七一「将門の乱の評価をめぐって」『文化史学』二六
竹内理三　一九四〇「名発生の一考察」（『竹内理三著作集　第三巻　寺領荘園の研究』角川書店、一九九九年）
田村憲美　一九八〇「十・十一世期における国衙支配の一様相」（『日本中世村落形成史の研究』校倉書房、一九九四年）
寺内　浩　一九九一「平安初期の受領と任用」（『受領制の研究』塙書房、二〇〇四年）
寺内　浩　二〇一三「天慶の乱と承平天慶の乱（一）（二）」『愛媛大学法文学部論集　人文学科編』三四・三五
寺内浩・北條秀樹　一九九八「「清胤王書状」の研究」『山口県史研究』六
戸田芳実　一九五八「国衙領の名と在家について」（『日本領主制成立史の研究』岩波書店、一九六七年）
戸田芳実　一九五九「平安初期の国衙と富豪層」（『日本領主制成立史の研究』岩波書店、一九六七年）
富田正弘　一九七五「平安時代における国司文書」（『中世公家政治文書論』吉川弘文館、二〇一二年）
虎尾達哉　二〇〇二「鹿児島県京田遺跡出土木簡の「田刀□」について」（『律令官人社会の研究』塙書房、二〇〇六年）
虎尾達哉　二〇〇三「刀祢源流考」（『律令官人社会の研究』塙書房、二〇〇六年）
中込律子　一九八五「十・十一世紀の国衙機構と国内支配構造」（『平安時代の財政構造と受領』校倉書房、二〇一三年）
中込律子　二〇〇〇「国衙機構研究の問題と課題」（『平安時代の財政構造と受領』校倉書房、二〇一三年）
錦織　勤　二〇〇五「中世的郡郷と別名の成立をめぐる諸問題」（『中世国衙領の支配構造』吉川弘文館）

西山良平　一九八五「『刀祢證書』私考」（『奈良古代史論集』創刊号）
原秀三郎　一九六五「田使と田堵と農民」（『日本史研究』八〇）
原田　重　一九五八「国司連坐制の変質についての一考察」（『九州史学』一〇）
早川庄八　一九八四「選任令・選叙令と郡領の『試練』」（『日本古代官僚制の研究』岩波書店、一九八六年）
平川　南　二〇〇〇「むすびにかえて―墨書土器の終焉」（『墨書土器の研究』吉川弘文館）
平川　南　二〇〇八『全集日本の歴史二　日本の原像』（小学館）
広瀬和雄　一九八九「畿内の古代集落」（『国立歴史民俗博物館研究報告』二二）
藤木邦彦　一九六四「藤原穏子とその時代」（『平安王朝の政治と制度』吉川弘文館、一九九一年）
古尾谷知浩　二〇〇〇「「前分」について」（『律令国家と天皇家産機構』塙書房、二〇〇六年）
北條秀樹　一九七五「文書行政より見たる国司受領化」（『日本古代国家の地方支配』吉川弘文館、二〇〇〇年）
松崎英一　一九六七「国雑掌の研究」（林陸朗編『論集日本歴史3　平安王朝』有精堂、一九七六年）
村井康彦　一九五七「田堵の存在形態」（『古代国家解体過程の研究』岩波書店、一九六五年）
村井康彦　一九六〇「公出挙制の変質過程」（『古代国家解体過程の研究』岩波書店、一九六五年）
村井康彦　一九六四「国衙領の構造」（『古代国家解体過程の研究』岩波書店、一九六五年）
森　公章　二〇〇〇「九世紀の郡司とその動向」（『古代郡司制度の研究』吉川弘文館）
山口英男　一九九一「十世紀の国郡行政機構」（『史学雑誌』一〇〇―九）
山口英男　一九九三「郡領の銓擬とその変遷」（笹山晴生先生還暦記念会編『日本律令制論集』下巻、吉川弘文館）
山口英男　一九九五「平安時代の国衙と在地勢力」（『国史学』一五六）
山中敏史　一九九四「国衙・郡衙の成立と変遷」（『古代地方官衙遺跡の研究』塙書房）
山村信栄　二〇〇七「大宰府における八・九世紀の変容」（『国立歴史民俗博物館研究報告』一三四）

吉川真司　二〇一一「九世紀の調庸制」（古代学協会編『仁明朝史の研究』思文閣出版）

第三章

井上光貞　一九五六『日本浄土教成立史の研究』（『井上光貞著作集』第七巻、岩波書店、一九八五年）
今井源衛　一九六八『花山院の生涯』（桜楓社）
今江廣道　一九八四「公事の分配について」（『国史学』一二三）
磐下　徹　二〇一五「国司苛政上訴寸考」（倉本一宏編『日記・古記録の世界』思文閣出版）
上島　享　二〇〇四「日本中世の神観念と国土観」（『日本中世社会の形成と主権』名古屋大学出版会、二〇一〇年）
梅村恵子　一九八七「摂関家の正妻」（青木和夫先生還暦記念会編『日本古代の政治と文化』吉川弘文館）
大津　透　一九九〇「平安時代収取制度の研究」（『律令国家支配構造の研究』岩波書店、一九九三年）
大津　透　一九九一「雇役から臨時雑役へ」（『律令国家支配構造の研究』岩波書店、一九九三年）
大津　透　一九九五「摂関期の陣定」（『山梨大学教育学部研究報告』四六）
大津　透　二〇〇一『日本の歴史6　道長と宮廷社会』（講談社。のち講談社学術文庫、二〇〇九年）
大津　透　二〇一五「財政の再編と宮廷社会」（『岩波講座日本歴史』第5巻　古代5）
岡田莊司　一九八七「十六社奉幣制の成立」（『平安時代の国家と祭祀』続群書類従完成会、一九九六年）
岡田莊司　一九九二「二十二社の成立と公祭制」（『平安時代の国家と祭祀』続群書類従完成会、一九九六年）
小倉慈司　一九九四「八・九世紀における地方神社行政の展開」（『史学雑誌』一〇三―三）
小原　仁　一九八七『文人貴族の系譜』（吉川弘文館）
小山田義夫　一九六三「造内裏役の成立」（『一国平均役の成立と中世社会』岩田書院、二〇〇八年）

勝山清次　一九七五「「弁済使」の成立について」（『中世年貢成立史の研究』塙書房、一九九五年）
川尻秋生　二〇〇一「日本古代における『議』」（『史学雑誌』一一〇―三）
川尻秋生　二〇〇二「日本古代における合議制の特質」（『歴史学研究』七六三）
川本龍市　一九八三「正蔵率分制と率分所」（『弘前大学国史研究』七五）
川本瀧市　一九八八「切下文に関する基礎的研究」（『史学研究』一七八）
工藤重矩　二〇一二『源氏物語の結婚』（中公新書）
倉本一宏　二〇一三『藤原道長の権力と欲望』（文春新書）
甲田利雄　一九七六『年中行事御障子文注解』（続群書類従完成会）
坂上康俊　二〇〇二「符・官符・政務処理」（池田温編『日中律令制の諸相』東方書店）
坂本賞三　一九九〇「一人諮問の由来」（『神戸学院大学人文学部紀要』創刊号）
桜井英治　二〇一一『贈与の歴史学』（中公新書）
佐々木恵介　二〇〇四『受領と地方社会』（山川出版社）
佐藤全敏　二〇〇四「古代天皇の食事と贄」（『平安時代の天皇と官僚制』東京大学出版会、二〇〇八年）
佐藤泰弘　一九九〇「徴税制度の再編」（『日本中世の黎明』京都大学学術出版会、二〇〇一年）
清水　潔　一九八二『類聚符宣抄の研究』（国書刊行会）
末松　剛　一九九六「節会における内弁勤仕と御後祇候」（『平安宮廷の儀礼文化』吉川弘文館、二〇一〇年）
末松　剛　一九九九「即位式における摂関と母后の高御座登壇」（『平安宮廷の儀礼文化』吉川弘文館、二〇一〇年）
曽我良成　一九八七「太政官政務の処理手続」（『王朝国家政務の研究』吉川弘文館、二〇一二年）
高群逸枝　一九五三『高群逸枝全集第二・三巻　招婿婚の研究』（理論社、一九六六年）

竹内理三　一九四〇「口伝と教命」（『竹内理三著作集　第五巻　貴族政治の展開』角川書店、一九九九年）
竹内理三　一九五四「藤原政権と荘園」（『竹内理三著作集　第五巻　貴族政治の展開』角川書店、一九九九年）
田島　公　一九九五「延喜・天暦の「聖代」観」（『岩波講座日本通史』第五巻　古代四）
田島　公　二〇〇九「「公卿学系譜」の研究」（同編『禁裏・公家文庫研究』第三輯、思文閣出版）
谷口　昭　一九七三「続文攷」（『法制史研究』二二）
玉井　力　一九九五「一〇・十一世紀の日本」（『平安時代の貴族と天皇』岩波書店、二〇〇〇年）
中世諸国一宮制研究会　二〇〇〇『中世諸国一宮制の基礎的研究』（岩田書院）
土田直鎮　一九六二「上卿について」（『奈良平安時代史研究』吉川弘文館、一九九二年）
土田直鎮　一九六五『日本の歴史5　王朝の貴族』（中央公論社。のち中公文庫、一九七三年）
土田直鎮　一九六九「類聚三代格所収官符の上卿」（『奈良平安時代史研究』吉川弘文館、一九九二年）
寺内　浩　一九九二「受領考課制度の成立」（『受領制の研究』塙書房、二〇〇四年）
寺内　浩　一九九八「弁済使の成立過程」（『受領制の研究』塙書房、二〇〇四年）
鳥羽重宏　一九九〇「摂政・関白の神斎について」（『古代文化』四二―四）
鳥羽重宏　一九九〇「大嘗祭と神宮奉幣と摂政・関白」（『神道宗教』一四〇・一四一合併）
所　　功　一九八二「三代御記の伝来過程」（『三代御記逸文集成』国書刊行会）
所　　功　一九八四「『小野宮年中行事』の成立」（『平安朝儀式書成立史の研究』国書刊行会、一九八五年）
中原俊章　二〇〇二「蔵人方の展開」（『中世王権と支配構造』吉川弘文館、二〇〇五年）
西本昌弘　一九九八「東山御文庫所蔵の二冊本『年中行事』について」（『日本古代の年中行事書と新史料』吉川弘文館、二〇一二年）
西本昌弘　二〇〇九「九条家本『神今食次第』にみえる「清涼御記」逸文」（『日本古代の年中行事書と新史料』吉川弘文館、二〇一二年）

川弘文館、二〇一二年）
橋本義彦　一九五三「太政官厨家について」（『平安貴族社会の研究』吉川弘文館、一九七六年）
橋本義彦　一九六五「外記日記と殿上日記」（『平安貴族社会の研究』吉川弘文館、一九七六年）
橋本義彦　一九七二「藤氏長者と渡領」（『平安貴族社会の研究』吉川弘文館、一九七六年）
服部敏良　一九七五『王朝貴族の病状診断』（吉川弘文館）
早川庄八　一九六五「律令財政の構造とその変質」（『日本古代の財政制度』名著刊行会、二〇〇〇年）
速水　侑　一九九八『地獄と極楽』（吉川弘文館）
春名宏昭　一九九七「草創期の内覧について」（『律令国家官制の研究』吉川弘文館）
伴瀬明美　二〇〇五「東三条院藤原詮子」（元木泰雄編『王朝の変容と武者』清文堂出版）
服藤早苗　一九九八「王権と国母」（『民衆史研究』五六）
藤木邦彦　一九六四「藤原穏子とその時代」（『平安王朝の政治と制度』吉川弘文館、一九九一年）
古瀬奈津子　一九八六「平安時代の「儀式」と天皇」（『日本古代王権と儀式』吉川弘文館、一九九八年）
古瀬奈津子　二〇〇一「摂関政治成立の歴史的意義」（『日本史研究』四六三）
堀　大慈　一九八六「横河仏教貴族化の一面」（二葉憲香博士古稀記念論集刊行会編『日本仏教史論叢』永田文昌堂）
松薗　斉　二〇〇一「王朝日記の〝発生〟」（『王朝日記論』法政大学出版局、二〇〇六年）
増渕　徹　一九八六「『勘解由使勘判抄』の基礎的考察」（『史学雑誌』九五―四）
桃　裕行　一九四七『桃裕行著作集1上代学制の研究』（思文閣出版、一九九四年）
諸星由美枝　二〇〇〇「前期摂関政治における摂政・関白の権能」（『学習院大学人文科学論集』九）
山中　裕　一九七二『平安朝の年中行事』（塙選書）

山本信吉　一九七二「平安中期の内覧について」（『摂関政治史論考』吉川弘文館、二〇〇三年）
山本信吉　一九七五「一上考」（『摂関政治史論考』吉川弘文館、二〇〇三年）
吉川真司　一九九四「申文刺文考」（『律令官僚制の研究』塙書房、一九九八年）
吉川真司　一九九五「摂関政治の転成」（『律令官僚制の研究』塙書房、一九九八年）
米田雄介　一九八九「一座の宣旨について」（『摂関制の成立と展開』吉川弘文館、二〇〇六年）
渡邊　誠　二〇〇五「俸料官符考」（『史学雑誌』一一四—一）
渡邊　誠　二〇一〇「俸料官符追考」（『史学研究』二六九）
渡辺直彦　一九七二「蔵人所召物」（『日本古代官位制度の基礎的研究』吉川弘文館）

第四章

池内　宏　一九三四「契丹聖宗の高麗征伐」（『満鮮史研究　中世第二冊』吉川弘文館、一九七九年）
石井正敏　一九九〇「いわゆる遣唐使の停止について」（『中央大学文学部紀要史学科』三五）
石井正敏　一九九八「肥前国神崎荘と日宋貿易」（皆川完一編『古代中世史料学研究』下、吉川弘文館）
石井正敏　二〇〇〇「日本・高麗関係に関する一考察」（中央大学人文科学研究所『アジア史における法と国家』中央大学出版部）
石井正敏　二〇〇七「『日本書紀』金春秋来日記事について」（佐藤信他編『前近代の日本列島と朝鮮半島』山川出版社）
石上英一　一九八二「日本古代一〇世紀の外交」（『東アジア世界における日本古代史講座7』学生社）
李　成市　二〇〇〇「三国の統一と新羅・渤海」（『世界各国史2朝鮮史』山川出版社）
榎本淳一　一九九一「律令国家の対外方針と『渡海制』」（『唐王朝と古代日本』吉川弘文館、二〇〇八年）

奥村周司　一九八五「医師要請事件に見る高麗文宗朝の対日姿勢」（『朝鮮学報』一一七）
愛宕　元　一九九六「唐代後期の政治」（『世界歴史大系　中国史2』山川出版社）
金子修一　一九九六「唐代後期の社会経済」（『世界歴史大系　中国史2』山川出版社）
上川通夫　二〇〇二「奝然入宋の歴史的意義」（『日本中世仏教形成史論』校倉書房、二〇〇七年）
上川通夫　二〇一五「北宋・遼の成立と日本」（『岩波講座　日本歴史』第5巻　古代五）
川端　新　一九九六「院政初期の立荘形態」（『荘園制成立史の研究』思文閣出版、二〇〇〇年）
河添房江　二〇〇七『NHKブックス　源氏物語と東アジア世界』（日本放送出版協会）
河内春人　二〇一四「東アジア史上の日本と後百済」（吉村武彦編『日本古代の国家と王権・社会』塙書房）
五味文彦　一九八八「日宋貿易の社会構造」（今井林太郎先生喜寿記念論文集刊行会編『今井林太郎先生喜寿記念国史学論集』同会）
坂上康俊　二〇〇八「八～十一世紀日本の南方領域問題」（九州史学研究会編『拡大する境界』岩田書院）
志方正和　一九五八「菊池氏の起源について」（志方正和遺稿集刊行会『九州古代中世史論集』私家版、一九六七年）
関　幸彦　一九八九「「寛仁夷賊之禍」と府衙の軍制」（安田元久先生退任記念論集刊行委員会編『中世日本の諸相』上、吉川弘文館）
武田幸男　二〇〇〇「高麗王朝の興亡と国際情勢」（『世界各国史2朝鮮史』山川出版社）
田島　公　一九九五「大宰府鴻臚館の終焉」（『日本史研究』三八九）
中村栄孝　一九二六「後百済王および高麗太祖の日本通史」（『日鮮関係史の研究　上』吉川弘文館、一九六五年）
野口　実　一九九一「鎮西における平氏系武士団の系譜的考察」（『中世東国武士団の研究』高科書店、一九九四年）

原美和子　一九九二「成尋の入宋と宋商人」（『古代文化』四四―一）
保立道久　二〇〇四『黄金国家』（青木書店）
山内晋次　一九九三「中国海商と王朝国家」（『奈良平安時代の日本とアジア』吉川弘文館、二〇〇三年）
山内晋次　一九九六「東アジア・東南アジア海域における海商と国家」（『奈良平安期の日本とアジア』吉川弘文館、二〇〇三年）
山内晋次　二〇〇一「平安期日本の対外交流と中国海商」（『奈良平安期の日本とアジア』吉川弘文館、二〇〇三年）
山里純一　二〇一二「平安時代中期の南蛮人襲撃事件をめぐって」（鈴木靖民編『日本古代の地域社会と周縁』吉川弘文館）
吉川真司　二〇〇二「平安京」（同編『日本の時代史5　平安京』吉川弘文館）
林　呈蓉　一九九〇「大宰府貿易の再検討」（『海事史研究』四七）
渡邊　誠　二〇〇五「平安期の貿易決済をめぐる陸奥と大宰府」（『平安時代貿易管理制度の研究』思文閣出版、二〇一二年）
渡邊　誠　二〇〇七「平安貴族の対外意識と異国牒状問題」（『歴史学研究』八二三）
渡邊　誠　二〇〇九「年紀制と中国海商」（『平安時代貿易管理制度史の研究』思文閣出版、二〇一二年）

第五章
飯沼賢司　一九八四「「職」とイエの成立」（『歴史学研究』五三四）
泉谷康夫　一九八一「摂関家家司受領の一考察」（『日本中世社会成立史の研究』高科書店、一九九二年）
市田弘昭　一九八一「平安後期の荘園整理令」（『史学研究』一五三）

稲垣泰彦　一九六二「初期名田の構造」(『日本中世社会史論』東京大学出版会、一九八一年)
上島　享　二〇〇一「藤原道長と院政」(『日本中世社会の形成と王権』名古屋大学出版会、二〇一〇年)
加藤正雄　一九六九「源氏物語の地方性」(『福岡国際大学・福岡女子短期大学研究紀要』二)
河添房江　二〇〇七『NHKブックス　源氏物語と東アジア世界』(日本放送出版協会)
桒畑光博　二〇〇九「島津荘は無主の荒野に成立したのか」(『南九州文化』一〇九)
五味文彦　一九八四「前期院政と荘園整理の時代」(『院政期社会の研究』山川出版社)
坂上康俊　一九八二「安芸国高田郡司藤原氏の所領集積と伝領」(『史学雑誌』九一―九)
坂上康俊　一九八九「大田犬丸負田結解の世界」(『南都仏教』六三)
佐藤進一　一九八三『日本の中世国家』(岩波書店)。
佐藤泰弘　一九九二「国の検田」(『日本中世の黎明』京都大学学術出版会、二〇〇一年)
志方正和　一九五八「菊池氏の起源について」(志方正和遺稿集刊行会『九州古代中世史論集』私家版、一九六七年)
柴田房子　一九七〇「家司受領」(『史窓』二八)
関　幸彦　二〇〇六『東北の争乱と奥州合戦』(吉川弘文館)
曽我良成　一九八三「官務家成立の歴史的背景」(『王朝国家政務の研究』吉川弘文館、二〇一二年)
高橋昌明　一九八四『清盛以前』(平凡社選書)
玉井　力　一九八一「受領巡任について」(『平安時代の貴族と天皇』岩波書店、二〇〇〇年)
玉井　力　一九八四「平安時代の除目について」(『平安時代の貴族と天皇』岩波書店、二〇〇〇年)
田村圓澄　一九六三「欽明十三年仏教渡来説と末法思想」(『日本歴史』一七八)
土田直鎮　一九六二「上卿について」(『奈良平安時代史研究』吉川弘文館、一九九二年)

永山修一　一九九五「『小右記』に見える大隅・薩摩からの進物記事の周辺」（『鹿児島中世史研究会報』五〇）
西本昌弘　二〇一〇『新撰年中行事』（八木書店）
西谷地晴美　一九八五「中世成立期における「加地子」の性格」（『日本中世の気候変動と土地所有』校倉書房、二〇一二年）
野口　実　一九九一「鎮西における平氏系武士団の系譜的考察」（『中世東国武士団の研究』高科書店、一九九四年）
橋本義彦　一九七六「貴族政権の政治構造」（『平安貴族』平凡社、一九八六年）
服部敏良　一九七五『王朝貴族の病状診断』（吉川弘文館）
福山敏男　一九八八「平等院の歴史」（『平等院大観』第一巻建築、岩波書店）
松薗　斉　一九九三「摂関家」（『日記の家』吉川弘文館、一九九七年）
元木泰雄　二〇一一『河内源氏』（中公新書）
八木光則　一九八九「安倍・清原氏の城柵遺跡」（『岩手考古学』創刊号）
米田雄介　一九七七「准摂政について」（『日本歴史』三四九）

略年表

西暦	年号	天皇	事項
八五〇	嘉承 三	文徳	仁明天皇歿。道康親王即位（文徳天皇）。
八五七	天安 元		藤原良房太政大臣となる。
八五八	二	清和	文徳天皇歿。惟仁親王即位（清和天皇）。
八五九	貞観 元		元興寺領近江国依知荘検田帳（「名」の初見）
八六三	五		神泉苑で御霊会を行う。
八六六	八		応天門の変。
八七六	一八		清和天皇譲位。
八七七	元慶 元	陽成	貞明親王即位（陽成天皇）。藤原基経摂政となる。
八七八	二		出羽国夷俘の反乱（元慶の乱）。
八七九	三		畿内五ヵ国に官田を設ける（元慶官田）。
八八四	八	光孝	陽成天皇譲位。時康親王即位（光孝天皇）。藤原基経関白となる。
八八五	仁和 元		藤原基経、「年中行事御障子」を献上。
八八七	三	宇多	光孝天皇歿。源定省、親王にもどり即位（宇多天皇）。藤原基経を関白とする。阿衡の紛議。
八八八	四		受領は任期中の調庸を納入しなければ解由状を受け取れないことと定める。
八九一	寛平 三		藤原基経歿。宇多親政（寛平の治）。菅原道真を蔵人頭に任じる。
八九四	六		菅原道真、遣唐使の派遣中止を提言する。
八九七	九	醍醐	宇多天皇譲位。敦仁親王即位（醍醐天皇）。
八九九	昌泰 二		藤原時平を左大臣、菅原道真を右大臣とする。

九〇一	延喜 元		菅原道真を大宰権帥に左遷。このころ、東国に群盗が横行。
九〇二	二		延喜の荘園整理令。
九〇七	七		唐滅ぶ。
九〇八	八		延喜格施行。
九一四	一四		三善清行、意見封事十二箇条を提出。
九二六	延長 四		渤海滅ぶ。
九二七	五		延喜式撰上。
九三〇	八	朱雀	醍醐天皇譲位。寛明親王即位（朱雀天皇）。藤原忠平摂政となる。
九三五	承平 五		紀貫之、土佐守の任を終え帰京（土佐日記）。平将門、伯父国香を殺す。高麗、朝鮮半島を統一。
九三八	天慶 元		空也、市で布教を始める。
九三九	二		源経基、京に上り、将門の謀反を訴える。将門、関東八ヵ国を支配下におさめる。藤原純友、伊予国から出撃。
九四〇	三		政府、藤原忠文を征東大将軍に任じる。藤原秀郷・平貞盛、将門を討つ。純友、諸国を襲撃。政府は小野好古らを追捕凶賊使として派遣。
九四一	四		純友、伊予日振島で討たれる。
九四六	九	村上	朱雀天皇譲位。成明親王即位（村上天皇）。
九四九	天暦 三		藤原忠平歿。天皇親政始まる（天暦の治）。
九五二	六		正蔵率分の制度を定める。
九五八	天徳 二		乾元大宝鋳造（皇朝十二銭の最後）。
九六〇	四		初めて平安京内裏が焼亡する。
九六三	応和 三		『新儀式』編纂成る。

西暦	年号	天皇	事項
九六四	康保 元		勧学会を始める。
九六六	三		清胤王書状。
九六七	四	冷泉	村上天皇歿。藤原実頼関白となる。憲平親王即位（冷泉天皇）。
九六九	安和 二	円融	源高明を大宰権帥に左遷（安和の変）。冷泉天皇譲位。藤原実頼摂政となる。守平親王即位（円融天皇）。
九七〇	天禄 元		藤原伊尹摂政となる。永宣旨料物制が定められる。
九七二	三		藤原伊尹歿。
九七四	天延 二		藤原兼通関白となる。
九七七	貞元 二		藤原兼通歿。藤原頼忠関白となる。
九八三	永観 元		奝然入宋。
九八四	二	花山	円融天皇譲位。師貞親王即位（花山天皇）。関白藤原頼忠。
九八五	寛和 元		源信、『往生要集』を著す。
九八六	二	一条	花山天皇出家。藤原兼家摂政となる。懐仁親王即位（一条天皇）。奝然帰国。翌年入京。
九八八	永延 二		尾張国郡司百姓等、守藤原元命の苛政を訴える。
九九〇	正暦 元		藤原兼家歿。藤原道隆摂政となる。
九九三	四		藤原道隆関白となる。
九九五	長徳 元		藤原道隆歿。藤原道兼関白となるもすぐに死去（七日関白）。藤原道長に内覧の宣旨下る。
九九六	二		藤原伊周、弟隆家の従者が花山院に矢を射る事件で失脚、大宰権帥に左遷される。
一〇〇三	長保 五		寂照入宋。

一〇〇七	寛弘　四		藤原道長、金峯山に参詣し、経筒を埋納する。
一〇一一	八	三条	一条天皇譲位。居貞親王即位（三条天皇）。内覧左大臣藤原道長。
一〇一二	長和　元		和泉守源経頼、国内の大小田堵らに荒廃公田を耕作させる。
一〇一六	五	後一条	三条天皇譲位。敦成親王即位（後一条天皇）。藤原道長摂政となる。三条天皇皇子敦明親王立太子。
一〇一七	寛仁　元		藤原頼通摂政となる。敦明親王、皇太子を辞退（小一条院）。敦良親王立太子。
一〇一八	二		道長娘威子中宮となる（一家三后）。道長、望月の歌を詠む。
一〇一九	三		刀伊の来襲。藤原頼通関白となる。
一〇二〇	四		上総介菅原孝標、任を終え帰京の途に就く（更級日記）。
一〇二二	治安　二		法成寺阿弥陀堂落慶供養。
一〇二六	万寿　三		藤原彰子出家。上東門院となる。このころ平季基、島津荘を頼通に寄進。
一〇二七	四		藤原道長、法成寺で歿。
一〇二八	長元　元		平忠常の乱起こる。当任国司以後の新立荘園を停止。
一〇三九	長暦　三		二十二社奉幣の成立。
一〇四五	寛徳　二	後冷泉	後一条天皇譲位、親仁親王即位（後冷泉天皇）。前司任中以後の新立荘園を停止。
一〇五〇	永承　五		興福寺の訴えにより、大和守源頼親とその子の頼房を、土佐・隠岐国に配流。
一〇五一	六		前九年合戦始まる。
一〇五二	七		この年末法第一年に入る。
一〇五三	天喜　元		平等院阿弥陀堂（鳳凰堂）落慶法要。
一〇六九	延久　元	後三条	延久の荘園整理令。記録荘園券契所を設置。
一〇七四	四	白河	成尋入宋。翌年同行者帰国。『参天台五台山記』などとともに宋皇帝の親書をもたらす。

あとがき

卒業論文の題は「日唐律令官制の特質」（一九七九年）で、修士論文の方は「国衙領における古代から中世への道程」（一九八一年）であった。卒論と修論のテーマがこれほど離れているのは珍しい。時間にして四〇〇年、分野も官僚制と社会経済史とかなり違う。修論執筆後の年月は、この間を埋めて両者を繋ぐのに費やすこととなった。

幸い機会をいただいて、九世紀を中心に描いた『日本の歴史05 律令国家の転換と「日本」』（講談社、二〇〇一年。のち講談社学術文庫、二〇〇九年）、八世紀を中心とした『シリーズ日本古代史④ 平城京の時代』（岩波新書、二〇一一年）、そして九世紀後半から一一世紀半ばまでを述べた今回の『日本の古代5 摂関政治と地方社会』を上梓することができ、問題の四〇〇年間について、それぞれの時点での研究状況を纏め、かつこれまで発表してきた個別論文の内容を、この三冊の中に破綻なく盛り込むことができた。各シリーズの編集に当たられ、お引き立てをいただいた大津透、吉村武彦、佐藤信・佐々木恵介の諸氏に、そしてまた、お目通しいただいた読者のみなさんに、心から感謝申し上げる次第である。こうして纏めてみたところで、今後の課題も見えてきたような気がするが、もともと気まぐれな性分ゆえ、どの課題から手を付けるか、それは分からない。

最後にはなったが、執筆が大幅に遅れ、吉川弘文館の歴代の編集担当、大岩由明・一寸木紀夫・上野純一の三氏には、多大のご迷惑をおかけした。加えて、既刊とは少しく参考文献の掲げ方を変えるというわがままをも許していただいた。心からお詫びとお礼を申し上げます。

二〇一五年十月三十一日

坂上康俊

著者略歴

一九五五年　宮崎県に生まれる
一九八三年　東京大学大学院文学研究科博士課程中途退学
現　在　九州大学名誉教授

〔著書〕
『日本の歴史5　律令国家の転換と「日本」』（講談社、二〇〇一年）、『平城京の時代』（シリーズ日本古代史4、岩波書店、二〇一一年）

日本古代の歴史

日本古代の歴史5
摂関政治と地方社会

二〇一五年（平成二十七）十二月二十日　第一刷発行
二〇二二年（令和　四　）三月二十日　第二刷発行

著　者　坂《さか》上《うえ》康《やす》俊《とし》
発行者　吉川道郎
発行所　株式会社 吉川弘文館
郵便番号一一三―〇〇三三
東京都文京区本郷七丁目二番八号
電話〇三―三八一三―九一五一〈代表〉
振替口座〇〇一〇〇―五―二四四
http://www.yoshikawa-k.co.jp/
印刷＝株式会社 三秀舎
製本＝誠製本株式会社
装幀＝河村　誠

ISBN978-4-642-06471-2

日本古代の歴史

刊行のことば

近年の古代史像は、古代史学の精密な分析と地道な考古学の発掘調査成果によって、高度で具体的なすがたが再現されるようになってきている。古代史の中でも、政治史、社会史、対外関係史、環境史、生活史など各分野での研究の進展は目をみはるものがあり、あらたに大きな成果をあげてきた。

しかしながら、研究が精密になるとともに分野が専門化したためか、一般の方々が理解しやすい書籍は、むしろ少なくなっているように思われる。そこで、本シリーズでは一般読者が理解しやすいように、第1巻から第5巻までを政治史を軸に時系列の通史として編成し、さらに第6巻では古代全体の時代像を示すことにより、あたらしい古代史の輪郭を明確に示すことを主眼とした。また、史料や考古学の遺物から、歴史的にたしかな事象をみちびきだすことを基本としつつ、美術・文学作品にもふれ、現在につながる日本文化の源流を描くことを心がけた。

次代を担う学生はもちろん、あたらしい古代史像を求める方々に、本シリーズを広く手にとっていただき、古代社会のすがたと歴史の流れの全体像を理解していただければ幸いである。

企画編集委員　佐藤　信
佐々木恵介